Alain FERNANDEZ

Le bon usage des technologies expliqué au manager

Éditions
d'Organisation

Remerciements

Je tiens tout particulièrement à remercier Marie-Claude Sonzini pour ses lectures, relectures et corrections, Gérard Balantzian qui, avec son talent habituel, sait toujours pointer du doigt là où ça coince et Christian Fernandez qui m'a généreusement fait profiter de son esprit de synthèse. Merci à tous deux pour leurs remarques, conseils avisés, commentaires et suggestions.

Sommaire

Conseils de lecture

Ce livre propose trois niveaux de lecture :

- Vous désirez vous forger une solide opinion et disposer d'une vue d'ensemble des technologies sous l'angle de leur utilisation et de leurs rôles au service de l'entreprise. Je vous recommande de lire les chapitres dans l'ordre et de vous attarder sur tous les concepts portant une étoile en marge.
- Vous êtes intéressés par un thème particulier : CRM, ERM, SCM... Repérez le chapitre dans la table des matières et lisez-le en entier.
- Un ou plusieurs concepts vous préoccupent : e-learning, gestion de la connaissance, EAI.... Utilisez l'index pour les retrouver.

Pour une plus grande facilité de lecture et de compréhension en fonction de vos préoccupations, tous les concepts majeurs sont traités selon le cadre suivant :

1. *Quoi ?* : courte définition (qu'est-ce que c'est ?).
2. *Pourquoi ?* : rôle (pourquoi existe-t-il ?).
3. *Comment ?* : principe de fonctionnement (comment ça marche ?).
4. *Quelles tendances ?* : évolutions à court et moyens termes.
5. *Remarques et commentaires* : précautions d'usage.

6. ***Pour aller plus loin :*** les 5 rubriques précédentes ne sont qu'un survol pour comprendre le concept en termes d'utilisation et de portée. Pour approfondir, cette rubrique présente une sélection de livres français disponibles en librairie et de sites Internet.

7. ***Concepts voisins :*** liens croisés et articulation avec les autres concepts définis dans ce livre.

* Les concepts les plus importants sont marqués d'une étoile. Pour une bonne compréhension, ils doivent être lus systématiquement.

A Les concepts plus techniques sont indiqués avec le symbole A comme « approfondi ». Ils ne sont pas indispensables pour un premier niveau de lecture.

Remarque 1
Les adresses de sites sont éphémères et il n'y a rien de plus désagréable que de repérer un site intéressant et de voir s'afficher sur son écran *Error 404 page not found*. Pour éviter cela, je vous invite à visiter régulièrement le site associé au livre : ***www.abctechno.net.*** Toutes les références citées dans ce livre sont mises à jour régulièrement et complétées.

Remarque 2
Les sites web proposés sont malheureusement en majorité anglo-saxons. Les Français ont encore tendance à conserver jalousement leurs précieuses connaissances... Je vous remercie de me signaler les sites francophones que je n'aurais pas vus et qui vous semblent dignes d'intérêt. Toutes les remarques et suggestions de sites ou de livres peuvent être postées à l'adresse : ***info@abctechno.net***

Remarque 3

La rubrique « *Pour aller plus loin* » contient parfois des références à des sites commerciaux édités par des acteurs majeurs du monde des technologies de l'information. Je n'ai (malheureusement) aucun accord avec lesdites marques. Je les ai sélectionnées pour la qualité des informations délivrées, dépassant la simple offre commerciale et illustrant parfaitement les thèmes traités.

Préface

« La différence entre un désert et un jardin
n'est pas l'eau mais l'homme »
Voltaire

Depuis quelques années, les nouvelles technologies de l'information et de la communication, provoquent un changement brutal dans la conception de l'entreprise et de ses modes de travail. Devenus aujourd'hui les acteurs d'une nouvelle économie, la cinquième selon les spécialistes de la prospective, nous portons encore l'héritage d'un monde d'industrialisation débuté dès la fin du XVIIIᵉ siècle avec le métier Jacquard. À son arrivée l'ordinateur s'inscrivait dans cette logique et les technologies étaient vouées à remplacer l'homme en toutes situations.

Aujourd'hui, en nous ouvrant à la communication et au partage des connaissances, l'ère Internet met en évidence que la production de masse n'est plus l'unique modèle économique. La personnalisation des produits, l'écoute des clients et la vente avant fabrication imposent de nouveaux modèles privilégiant l'externalisation des processus dits « pas cœur de métier », la construction d'équipes projet multi-disciplines et le partage étendu de la connaissance, avec un collègue, une entreprise, un partenaire ou un client...

Pour répondre à ces nouveaux besoins, les concepts technologiques arrivent en masse. Je me demande toujours comment le manager pourra les intégrer dans son activité tout en maîtrisant son temps disponible. Désormais, il ne s'agit plus de conduire un projet, où tout est défini à l'avance et de choisir les prestataires sur appels d'offres. Il faut engager des coopérations avec l'ensemble des acteurs du projet et l'accompagner pendant toute sa durée. L'engagement est réciproque, et c'est ensemble que nous renforçons nos liens et mettons en commun nos moyens techniques et humains. Contrairement aux apparences, cette nouvelle approche projet n'est ni évidente, ni naturelle. Elle implique une totale adhésion des femmes et des hommes de l'entreprise au partage des connaissances et surtout une grande perméabilité à d'autres solutions que les leurs. Manager un projet, c'est s'engager dans le temps. Il faut en comprendre les tenants et aboutissants, savoir déléguer, faire adhérer, faire partager les enjeux et bien définir le tableau de bord pour éviter toutes dérives.

Nous sommes tous concernés par les nouvelles technologies. C'est pourquoi je recommande vivement la lecture de ce livre qui va vous aider à les comprendre étape par étape. Alain Fernandez, par son expérience de concepteur, d'intégrateur et de consultant nous démontre que les nouvelles technologies, vues sous l'angle de l'usage, ne sont pas si complexes à appréhender. Ce ne sont que des moyens. Encore faut-il les maîtriser.

Bonne lecture,

Michel Favier
Directeur projet-coopération
Schneider Electric
Vice-président du club automation *www.clubautomation.org*

Introduction

S'il était encore de bon ton, il y a quelques années, de s'afficher publiquement en profane[1], il faut savoir que la principale cause d'échecs des projets nouvelles technologies est justement le désintérêt des décideurs pour la « chose » technique.

Longtemps jugées par les managers comme un « mal nécessaire », les technologies de l'information ont déjà pris une place de choix dans notre quotidien et il n'existera plus de stratégies durables qui ne les mettent en jeu. Pour le constater, il suffit de se pencher sur le contenu des projets en cours ou en prévision dans les entreprises. Ils reposent, en grande partie, sur la mise en œuvre des technologies de l'information. Le constat est évident, me direz-vous ! Les entreprises ne sont plus refermées sur elles-mêmes, et la compétitivité dépend désormais de la capacité de communication et de gestion de l'information, en interne comme en externe. Il faut en effet échanger vite et bien avec ses partenaires, collecter les informations pour mieux connaître ses clients, repérer les tendances, et partager la connaissance... Bref, toutes les fonctions essentielles qui font déjà la différence entre ceux qui ont franchi le pas et les autres.

---

1. *Et ça qu'est-ce que c'est ? – Une souris monsieur le président. – Ah ? Comme c'est intéressant...*

Pourtant, malgré des enjeux clairement identifiés, de trop nombreux projets n'atteignent pas leurs objectifs et sont castrés, suspendus, détournés de leur vocation initiale ou purement et simplement abandonnés. L'explication la plus vraisemblable à ces échecs tient au décalage existant entre les enjeux initiaux et la conduite du projet proprement dite. Un système technologique, une solution de CRM ou un ERP par exemple, ne s'achètent pas comme un produit de supermarché. Son installation impose une adaptation étroite avec l'organisation, les hommes et la stratégie d'entreprise. Pour cela, les décideurs ne doivent pas rester à l'écart du projet, mais bien au contraire le porter dans toutes ses dimensions, technologies comprises. En demeurant à distance des questions de mise en œuvre, les décideurs ne font rien d'autre que déléguer la totalité du pouvoir aux informaticiens. Il ne faut pas être surpris, lorsqu'au final, le projet répond précisément aux exigences techniques, mais se tient bien loin des ambitions initiales de créations de valeurs. Posez donc cette question à un informaticien : « Pourquoi avoir choisi cette gamme de produits » ? Il vous répondra : « Parce que c'est celle qui a obtenu les meilleurs résultats lors des derniers benchmarks, elle est conforme à la prescription X544, et comme on est déjà équipé de BT511 de JCN, la migration ne posera pas trop de problèmes ». Il sera très précis sur les critères techniques. C'est son métier. Par contre, il ne vous parlera pas ou il restera dans de vagues considérations pour tout ce qui concerne l'amélioration du service au client, du raccourcissement des délais de livraison, ou encore de la simplification du travail des utilisateurs[1]. C'est pourtant bien pour cela que l'entreprise investit

---

1. Le propos se veut provocateur à dessein. Il est vrai que de plus en plus d'ingénieurs et de consultants regardent de près l'usage des technologies. Mais le dialogue avec les fonctionnels et opérationnels reste toujours difficile à établir.

quelques millions d'euros ! Seulement, ce n'est plus (tout à fait) son rôle ! C'est celui du manager. C'est lui qui prend la décision et signe (ou ne signe pas) au bas du bordereau de commande. Même si vous n'êtes pas informaticien et n'avez nullement l'intention de le devenir, il vaudrait peut être mieux comprendre un peu de quoi il en retourne. Pour cela, il faut communiquer avec les spécialistes qui ne pourront utiliser d'autres langages que celui des technologies. Pour vous aider à mieux maîtriser les projets, ce livre décrypte en langage clair et tourné vers l'utilisation, les principaux concepts technologiques en vigueur actuellement.

1 | COMPRENDRE LE RÔLE DES TECHNOLOGIES

En peu de temps, notre quotidien a été envahi par une profusion de termes relatifs aux technologies de l'information. Il ne se passe pas un jour sans que l'on nous parle des déboires ou succès d'un éditeur de logiciel, il ne se passe pas un instant sans qu'un nouveau terme rattaché à un concept mal défini voie le jour. Bien sûr, un certain nombre de néologismes ont une finalité essentiellement marketing et quelquefois, l'originalité et l'innovation se limitent exclusivement au choix du sigle ! L'idée sous-jacente étant dans ce cas de capter une clientèle sensible à la nouveauté : « Ralliez vous à ce nouveau concept... et achetez nos produits, ils sont (curieusement...) particulièrement conformes... »

Néanmoins, il faudrait être inconscient pour limiter son jugement au seul vu de l'agitation émergente au-dessus des flots. Par-dessous, le changement est en cours, et c'est une véritable mutation de nos systèmes organisationnels que nous sommes en train de vivre. Bien qu'il ne soit pas encore en phase d'achèvement, le changement est déjà suffisamment engagé pour que nous puissions dès à présent en tracer les grandes lignes ; en tout cas, pour les aspects concernant les impacts des technologies sur l'évolution des entreprises.

Optimiser la chaîne de création de valeurs en rationalisant les cycles...

Depuis quelque temps déjà, les entreprises et les organisations en général focalisent leur énergie sur la question de l'optimisation de la chaîne de valeurs orientée client. C'est en effet devenu le passage obligé pour améliorer la rentabilité de l'entreprise et peut-être prendre l'avantage sur ses concurrents. Les technologies de l'information disponibles aujourd'hui apportent des solutions inédites pour optimiser au mieux la chaîne de valeurs. Leur usage radical mais raisonné ouvre la voie à de nouveaux modes de fonctionnement inconcevables auparavant. Il devient ainsi beaucoup plus aisé de répondre avec précision aux attentes des clients, de détecter de nouveaux marchés, de choisir les clients les plus rentables ou encore de s'allier avec les meilleurs partenaires. Pour obtenir un service toujours plus rapide et une maîtrise au plus fin des coûts induits[1], les technologies de l'information permettent de pousser plus en avant la rationalisation des cycles. La quête d'une rationalisation maximale des cycles n'est pas récente. Mais avec les nouvelles technologies et plus spécifiquement les techniques dérivées de l'Internet, il est désormais possible d'interconnecter l'ensemble des systèmes d'information de tous les acteurs de la chaîne et d'automatiser ainsi les processus dans leur quasi-totalité, depuis le consommateur jusqu'au dernier fournisseur de la chaîne de valeurs. La voie est ouverte pour de nouvelles formes de création de valeurs. De toute façon, quel que soit notre sentiment sur la question, engoue-

---

1. Une entreprise améliore sa rentabilité globale en développant ses parts de marché, en augmentant la rentabilité des clients et en réduisant ses coûts...

ment ou réticence, nous sommes déjà tous impliqués. La quasi-totalité des entreprises ont au minimum un doigt dans le système. Même les plus réfractaires sont contraintes de franchir le pas malgré elles. Autant prendre les devants et intégrer les nouvelles technologies dans la démarche stratégique.

Avec la dynamique Internet, la courbe de croissance du nombre de systèmes d'information interconnectés adopte un profil exponentiel. La simplicité de mise en œuvre et le coût abordable de sa technologie, dont la plupart des concepts font partie du domaine public, sont autant d'atouts expliquant l'engouement pour Internet. Et malgré quelques velléités des grands éditeurs pour contrecarrer dans un premier temps, puis chercher à s'approprier les concepts, la tendance à la banalisation de l'interconnexion est bien engagée. Les différents protocoles de l'Internet, devenus normes de fait en un laps de temps relativement court, sont maintenant officialisés. La création des nouveaux standards de l'Internet, indispensables au développement de l'e-commerce, est devenue le terrain d'ententes, inimaginables il y a peu encore, entre les acteurs majeurs comme IBM ou Microsoft pour ne citer qu'eux. Bien entendu, ces acteurs sont toujours à couteaux tirés pour bien d'autres domaines. Mais continuer à pratiquer le culte de l'hégémonie en verrouillant les protocoles de base, invalide tous les scénarios de développement à grande échelle. Pour échanger et coopérer, il faut en effet parler la même langue...

Reprenons dès à présent le schéma présenté figure 1-1. Lors de la construction de la chaîne de valeurs, on recherchera en permanence l'optimisation de la triade : meilleure qualité/ meilleur coût/meilleur[1] délai, globalement en terme de flux et

---

1. La notion subjective de « meilleur » s'apprécie sous l'angle de vue du client.

Marge

Activités internes ou externes

A1 A2 A3 A4 A5

Clients

Valeur ajoutée

Optimisation : coûts/délais/qualité

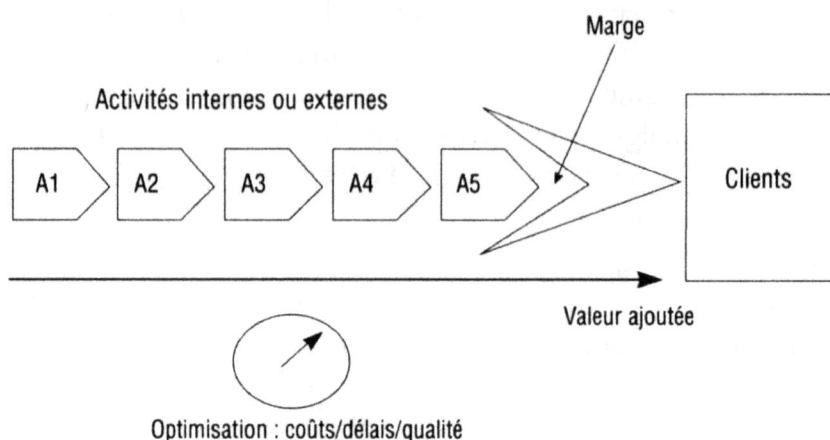

Figure 1-1 La chaîne de valeur

pour chacun de ses maillons. De plus en plus souvent, c'est en confiant à l'extérieur le traitement d'une étape de la chaîne, auprès des partenaires spécialistes du domaine considéré, que l'on saura maximiser la rentabilité et l'efficacité globale. La recherche d'alliances avec les acteurs les plus performants du marché est aujourd'hui l'une des caractéristiques des stratégies gagnantes. Et l'interconnexion des systèmes d'information à grande échelle, viabilise de nouveaux types de coopération et permet une automatisation toujours plus poussée.

... Et en facilitant la réactivité à tous les niveaux

Cependant, tout n'est pas prévisible. L'incertitude et l'imprévisibilité sont devenues deux des caractéristiques essentielles du monde actuel. Notre quête d'optimisation de la chaîne de valeurs pour le client ne saurait être complète si on ne considérait l'importance de la réactivité à tous les niveaux. Il faut en effet se donner les moyens de réagir face aux aléas contrecarrant nos prévisions les plus fines et autres grains de sable susceptibles de se glisser dans une machine trop bien huilée (voir figure 1-2).

Acctivités internes ou externes
(sous-traitants, prestataires...)

Processus automatisables

Clients

Boucle de réactivité : ajuster l'offre, réagir face aux aléas...

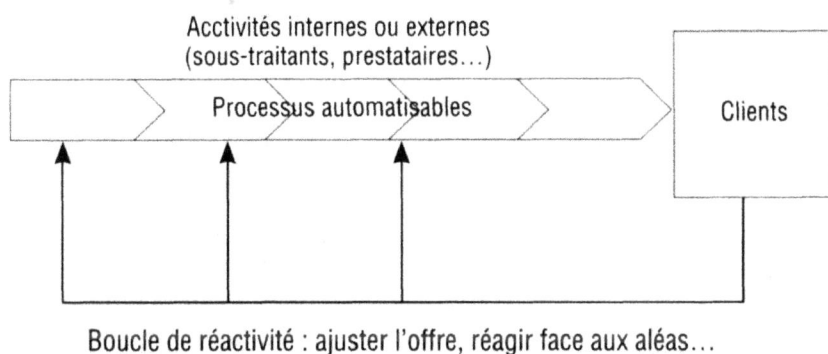

Figure 1-2 Temps opérationnel

À un second niveau d'abstraction (voir figure 1-3), il faut prendre en compte la notion d'instabilité. Il n'existe plus de position durable et seule la recherche permanente de l'innovation permet de conserver une position commerciale rentable. La boucle de réactivité peut alors être perçue comme le moyen d'être à l'écoute du marché et de ses tendances. La notion d'innovation ne porte pas exclusivement sur la création de nouveaux produits et services susceptibles de satisfaire les clients. Elle porte aussi sur un ajustement constant de la chaîne de valeurs dans une recherche d'amélioration permanente. Il s'agit en effet de maintenir l'optimum coûts/qualité/ délais en phase avec le marché. Il sera alors peut-être nécessaire de redéfinir les partenariats pour modifier les chaînes de valeurs existantes ou en construire de nouvelles.

Car c'est là un des apports majeurs des nouvelles technologies. Il devient en effet possible de vivre dans le changement permanent et d'installer de multiples chaînes de valeurs selon les cibles et leurs évolutions au fil du temps.

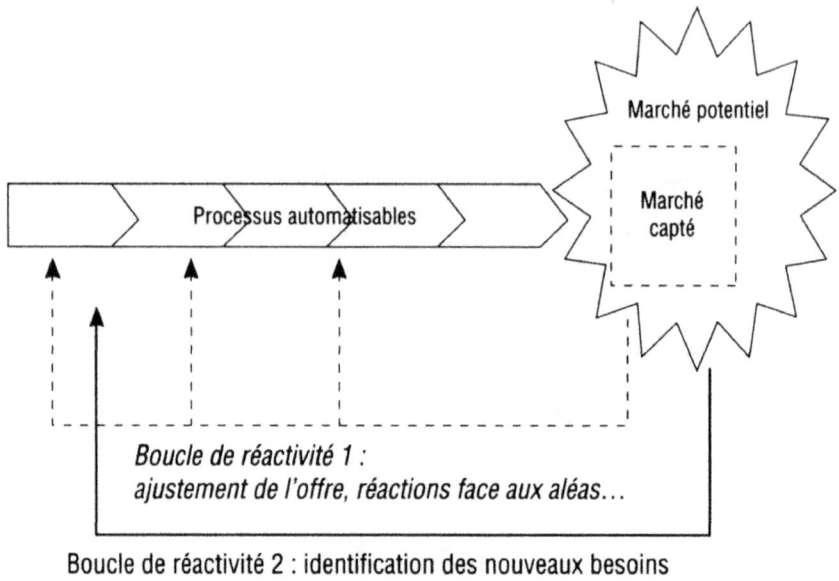

Boucle de réactivité 1 :
ajustement de l'offre, réactions face aux aléas...

Boucle de réactivité 2 : identification des nouveaux besoins

Figure 1-3 Temps prospectif

La grande majorité des produits technologiques proposés sur le marché sont opérationnels pour bâtir l'entreprise intégrée et communicante apte à répondre aux nouveaux enjeux économiques. Actuellement, le choix de produits est suffisamment large pour répondre aux besoins de *rationalisation des cycles* et de *réactivité à tous les niveaux*. Cependant, il ne suffira pas de choisir produits et concepts, comme des fruits et légumes à l'étal d'un épicier. La qualité de la mise en œuvre des solutions technologiques sélectionnées conditionne la réussite de l'intégration.

Par définition, les nouveaux processus de l'entreprise intégrée sont totalement dépendants des technologies mises en œuvre. Ils sont inconcevables autrement. Par exemple, il n'existera pas de mode de fonctionnement « dégradé ». Il ne sera pas possible de reprendre en manuel le fonctionnement lors de défaillances du système comme nous pouvions le faire il y a encore peu,

6

lorsque nous automatisions des processus existants. Et si les technologies de l'information incitent à la conception de nouveaux processus autrement plus efficaces que ceux existant précédemment, toute médaille a son revers. Plus aucun dysfonctionnement du système technologique ne sera acceptable au risque de déstabiliser l'ensemble de l'entreprise. Les utilisateurs internes, externes ou clients, sont dorénavant en droit d'exiger du système une disponibilité maximale[1].

C'est en assurant la *cohérence du système et son adaptabilité permanente* pour faire face aux évolutions inhérentes au contexte actuel que l'on maintiendra durablement un niveau de disponibilité et de services acceptables. La cohérence et l'adaptabilité du système d'information sont une brique essentielle de l'entreprise intégrée (voir figure 1-4). Elles représentent une tâche ardue pour les concepteurs d'architecture et les services informatiques en charge du maintien du système.

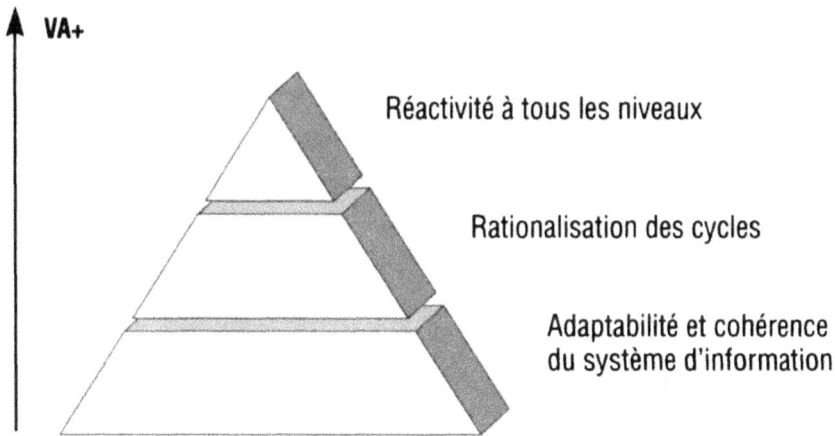

Figure 1-4 Le système d'information de l'entreprise intégrée

---

1. N'oublions pas qu'avec l'e-business, les clients sont eux-mêmes utilisateurs du système.

Survol rapide des technologies, un avant-goût du chapitre suivant...

Au cours du chapitre suivant, nous développerons l'ensemble des technologies associées à chacun des trois axes :

- rationalisation des cycles ;
- réactivité à tous les niveaux ;
- adaptabilité et cohérence du système d'information.

Rationalisation des cycles

Pour optimiser la chaîne de valeurs globale orientée client, nous considérons trois familles de produits et de solutions, chacune s'intéressant à un aspect précis de la question.

- **Connaître son marché et servir ses clients**

    Accroître (ou préserver !) sa part de marché et la rentabilité client est le principal objectif des entreprises. Avec la situation hyper-concurrentielle d'aujourd'hui, les technologies de cette famille sont rapidement devenues incontournables. Elles représentent un des pôles d'investissement les plus importants des entreprises ces dernières années.

    Le concept de la **CRM** (*Customer Relationship Management* ou **GRC** Gestion de la Relation Client) couvre en grande partie la question. Ce terme englobe les principaux outils technologiques et méthodes facilitant la prospection des marchés et l'analyse des clients pour mieux les servir et fidéliser les plus rentables.

- **Gérer ses ressources internes**

    Le décloisonnement et la mise en cohérence du système d'information à l'intérieur même de l'entreprise est une préoccupation fondamentale pour en améliorer la productivité et en maîtriser les coûts. Cette brique essentielle du système d'information est à traiter en priorité avant d'aborder les autres modules de l'entreprise intégrée. Le concept d'*Enterprise Ressource Management* (**ERM**) couvre l'ensemble des outils en charge de la gestion des ressources internes avec notamment les **ERP** (*Enterprises Ressource Planning* ou **PGI** Progiciel de Gestion Intégré). Les ERP traitent les questions de l'intégration des différentes fonctions de l'entreprise, depuis les systèmes comptables jusqu'à la gestion de production, en passant par les ressources humaines et la gestion commerciale.

- **Échanger avec ses partenaires**

  Les questions du partenariat et de la coopération sont devenues un enjeu crucial pour la compétitivité des entreprises. Les technologies simplifient l'échange de documents avec notamment **l'EDI** (Échange de Données Informatisées) et l'**Extranet**. Mais les besoins de coopération, indispensables à l'optimisation de la chaîne de valeurs globale, impliquent une intégration encore plus étroite des différents partenaires. Le concept de *Supply Chain Management* (**SCM** Gestion de la logistique) répond aux impératifs de globalisation de la gestion des approvisionnements. Nous aborderons aussi au cours de ce paragraphe la question des **places de marché**. Ce concept encore récent est caractéristique de l'émergence des nouvelles formes de relations commerciales (B2B).

Réactivité à tous les niveaux

- **Faciliter l'autonomie et la coopération des hommes**

  L'idée de remplacer l'homme dans toutes les situations par une automatisation systématique a vécu. Les prévisions sont de plus en plus difficiles à réaliser et il faut donner les moyens aux hommes de résoudre sur le terrain les différents aléas. Pour cela, les outils de la **business intelligence** peuvent dès à présent être déployés à grande échelle pour faciliter l'accès à l'information et assister la prise de décision à tous les niveaux. Mais si la tendance est à la prise de responsabilité sur le terrain pour une plus grande autonomie, il faut aussi combattre l'isolement, favoriser au maximum la coopération entre les hommes et instaurer une dynamique d'apprentissage en continu. De plus en plus d'applications réussies démontrent l'efficacité des techniques de **knowledge management** (KM Gestion de la connaissance) dans le cadre de la mise en place de démarches d'amélioration permanente.

Adaptabilité et cohérence du système d'information

- **L'infrastructure**

La question de l'interconnexion étendue des systèmes d'information est une préoccupation essentielle des concepteurs. Il s'agit en effet de résoudre les problèmes récurrents de communication entre les applications existantes et de déployer à grande échelle l'accès à l'information sous toutes ses formes. Un utilisateur doit ainsi pouvoir à tout moment, depuis son poste distant connecté *via* l'Internet, accéder aux informations essentielles, et ce, indépendamment de leurs localisations. Ces nouveaux usages réforment profondément la conception des systèmes d'information et de nouvelles approches comme la pratique de l'**EAI** (*Enterprise Integration Application*) rencontrent un succès certain...

- **Le support**

La mutation des technologies de l'informatique redistribue les cartes des fonctions et métiers de l'informatique. L'informatique était jusqu'à présent considérée sur le plan comptable comme un centre de coûts. Aujourd'hui, la question se pose différemment. Les technologies sont le support des nouveaux modèles économiques et organisationnels et l'expertise technologique joue un rôle prépondérant lors de l'établissement et de la mise en œuvre de la stratégie. Le rôle des directions informatiques change, de nouveaux métiers apparaissent et de nouvelles méthodes de travail, mieux adaptées aux enjeux actuels, remplacent l'ancienne génération.

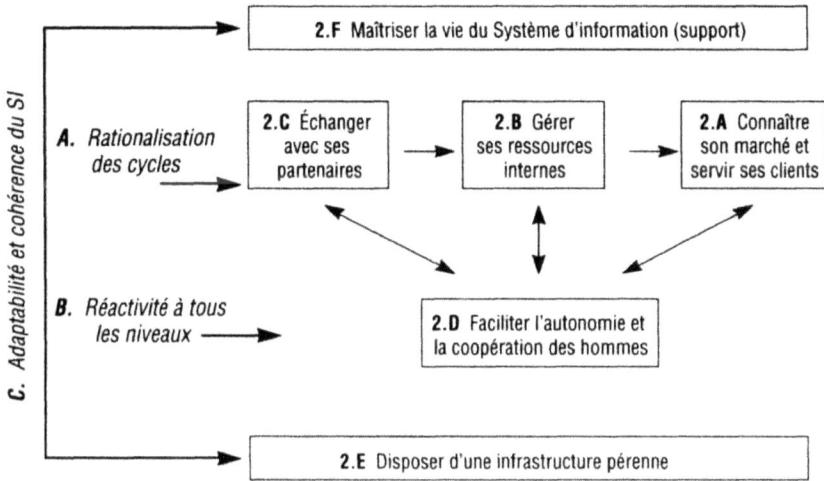

Figure 1-5 Le système d'information de l'entreprise intégrée

2 | Maîtriser les concepts technologiques

Connaître son marché et servir ses clients

Depuis quelques années, nous sommes entrés dans un monde hyper-concurrenciel marquant la fin des marchés captifs. Pour maintenir, voire améliorer la rentabilité globale de l'entreprise, il ne s'agit plus de rechercher des gisements de profits au cœur des processus mais bien d'augmenter ses parts de marché. Pour cela, il faut vous intéresser à vos clients avant que d'autres ne le fassent à votre place. Le client est ainsi devenu le principal sujet de conversation et de mobilisation. On l'étudie sous toutes ses facettes. A-t-il pour autant radicalement changé ? Sans entrer dans ce débat, nous constaterons que, désormais, le client a le choix. Il ne doit plus être considéré comme un être passif subissant la pression des fournisseurs, mais comme un acteur qui choisit en toute connaissance de cause. Le rapport de force client – fournisseur semble se rééquilibrer à son avantage, et pour l'entreprise, il n'existe plus de clients acquis à vie. C'est vraisemblablement là le point essentiel qu'il faut retenir.

Mais des clients, il y en a de toutes sortes. Des bons qui génèrent un chiffre d'affaires conséquent, participent à la conception des nouveaux produits et restent fidèles à l'entreprise. Des mauvais qui paient en retard ou pas du tout, qui se plaignent tout le temps et qui demandent des renseignements sans jamais rien acheter. Ils finissent par coûter plus cher qu'ils ne rapportent. Entre ces deux extrêmes, on trouvera toutes les combinaisons, et la distribution ne sera pas uniforme. Bien sûr, on préférera sélectionner et conserver les clients se rapprochant le plus possible de la première catégorie citée. Pour cela, on va tisser des liens étroits, voire intimes et établir une communication permanente avec chacun d'entre eux. La technologie, et plus particulièrement le concept de la CRM (*Customer Relationship Management*, GRC Gestion de la Relation Client en français), va nous y aider.

La GRC ou CRM est un concept assez complexe qui porte sur de nombreux processus, tous liés à la gestion de la relation client. À titre d'introduction, ce thème est traité à la section :

§ Qu'est-ce que la CRM (ou GRC) ?

L'entreprise est toujours en quête de nouveaux clients. De nouvelles techniques existent pour relayer les pratiques traditionnelles de marketing lourdes, coûteuses et à la rentabilité quelquefois douteuse. Ce thème est traité à la section :

§ Détecter les futurs clients

Quand on a la chance d'avoir des clients rentables, il faut tout faire pour les conserver et en améliorer la part de marché. Ce thème est traité à la section :

§ Fidéliser les meilleurs

La clé principale d'une réussite durable tient en un mot : « anticiper ». Pour proposer les produits et services qui feront la différence, il faut analyser toutes les données disponibles pour connaître les clients et les marchés. Ce thème est traité à la section :

§ Apprendre à mieux les connaître

L'Internet propose une nouvelle approche des pratiques commerciales et de la gestion de la relation client. Ce thème est traité à la section :

§ À chacun sa boutique

Qu'est-ce que la CRM (ou GRC) ?

Avec une croissance supérieure à 70 % par an *(source IDC)*, le marché florissant de la CRM ne laisse pas indifférentes les sociétés de services en quête d'un nouveau créneau pour relayer celui des ERP*(*B1-1*) en perte de vitesse. Selon des études récentes, les budgets affectés aux projets de CRM sont en progression continue pour l'ensemble du secteur marchand. L'engouement affiché par les entreprises pour adopter les techniques de gestion de la relation client est parfaitement justifié.

Depuis quelques années, la chasse au client est ouverte et ce dernier ne se laisse plus séduire aussi facilement. La technologie devient indispensable pour suppléer les services commerciaux et marketing, et améliorer la connaissance du client et des marchés. Mais prenez garde ! La mise en œuvre d'un projet de CRM est une opération complexe. Il est hautement conseillé d'aborder le projet en toute connaissance de cause, et de choisir avec soin son prestataire.

Autant il sera possible de limiter, tant soit peu, la portée et les impacts du projet dans le cadre de la mise en œuvre d'une fonction classique de l'automatisation des forces de vente, autant les projets d'envergure ne pourront être envisagés sans une réforme profonde du système d'information et de la culture d'entreprise. Partager la connaissance du client pour mieux le servir ne se réduit pas à l'installation des meilleurs outils. Pour atteindre le stade de pleine efficacité de la démarche de « gestion de la relation client », il faudra procéder à des réformes structurelles et culturelles radicales.

---

* Le code repère renvoie à la description du concept (voir la « liste alphabétique des concepts et définitions » en fin d'ouvrage).

Trop de décideurs hésitent encore à remettre en cause leur infrastructure et les modes de travail en place, et se laissent séduire par des approches exclusivement technologiques.

Il ne faut pas être surpris lorsque le ROI (Retour sur Investissement)[1] n'est pas au rendez-vous.

A1-1 CRM (Customer Relationship Management) GRC (Gestion de la Relation Client)

1. Quoi ?

Le concept de CRM (*Customer Relationship Management*) ou GRC (Gestion de la Relation Client) se définit comme l'intégration technologique des processus transversaux liés à la vente, au marketing et aux services clients, dans une optique d'automatisation et d'amélioration de la gestion de la relation avec le client[2]. La CRM n'est pas uniquement une boîte à outils. C'est un processus mettant en œuvre outils logiciels, méthodes, stratégie et comportements pour gérer plus efficacement la relation avec le client. Le processus commence dès l'étape de prospection des nouveaux clients et se poursuit en une recherche continue de fidélisation des clients à fort potentiel.

---

1. Les entreprises sont intrinsèquement orientées produits. Seul le *front-office* est tourné vers le client. Adopter une orientation client pour l'ensemble de l'entreprise implique une réforme conséquente des systèmes d'information et des habitudes de travail à tous les niveaux.

2. D'autres définitions comme celle du *meta group*, citée ci-après, n'utilisent que le terme d'automatisation. Il est préférable de glisser dans la définition la notion d'amélioration de la relation client. Car si l'automatisation est la conséquence de l'informatisation, elle n'implique pas nécessairement l'amélioration pour le client.

« *We define CRM as the automation of horizontally integrated business processes involving customer touch points – sales (contact management, product configuration), marketing (campaign management, telemarketing), and customer service (call center, field service) – via multiple, interconnected delivery channels.* »

La CRM, c'est l'utilisation de la technologie pour :

- rationaliser les processus transversaux de ventes, marketing, services clients, et automatiser les traitements ;
- centraliser l'information client pour analyser avec plus de précision les marchés et les attentes ;
- proposer de nouveaux canaux (interconnectés) de communication et de ventes.

2. Pourquoi ?

Un fois que les gisements de productivité à l'intérieur même de l'entreprise ont été épuisés, il n'existe que 3 règles pour augmenter les profits :

- attirer plus de clients ;
- conserver les meilleurs clients ;
- améliorer le CA généré par chaque client.

Ces actions ne sont pas gratuites. Pour qu'elles soient génératrices de bénéfices et que le jeu en vaille la chandelle, il faut les inscrire dans une démarche rationnelle et raisonnée. Plusieurs études ont déjà démontré que le coût d'acquisition d'un nouveau client était de 5 à 8 fois supérieur aux dépenses nécessaires pour conserver les plus anciens. Il faut ainsi rentabiliser les campagnes de prospection de nouveaux clients, et mettre en œuvre tous les moyens pour les conserver, voire augmenter la part de marché générée par chacun d'entre eux. La technologie permet non seulement de rationaliser au mieux les processus concernés mais assure aussi la centralisation et la mise à disposition de l'ensemble de l'information client pour mieux les connaître et mieux les servir.

3. Comment ?

L'automatisation des forces de vente (SFA *Sales Forces Automation*)[1] a été l'une des toutes premières utilisations des technologies pour assister les acteurs de la relation client. Ces premiers projets ont donné naissance au concept de CRM. Depuis, le concept s'est étendu et couvre l'ensemble des processus de prospection, de vente et de service clients. Pour mieux en comprendre la portée, le *meta group* propose une classification des outils de la CRM en 3 trois sous-systèmes[2] (voir figure 2. A-1).

- **CRM Collaboratif** : ce sont tous les canaux d'échanges (e-mail, e-conférence...) avec le client ou entre tous les partenaires à propos du client. Ces échanges sont essentiellement destinés à améliorer la rentabilité et la fidélité client.

- **CRM Analytique** : analyse des informations collectées au sein du data warehouse* (E2-7) ou datamart*(E2-7) : C'est le lieu de prédilection du data mining*(A4-1) et autres approches statistiques.

- **CRM Opérationnel** : intégration et automatisation des processus horizontaux en liaison avec le client (*front-office* : ventes, marketing, services clients) et avec le *back-office* (ERP*(E1-1)). On retrouve dans cette catégorie tous les outils de *front-office*, de la force de vente et de gestion des campagnes marketing, sans omettre les centres d'appels.

---

1. Ce sont des outils comme la gestion des contacts et des relances, la gestion des tarifs ou l'administration des ventes. En fait, tout ce qui est automatisable pour assister le commercial et lui laisser un maximum de temps pour réaliser sa vente. Ce pôle représente encore la part la plus importante des produits logiciels vendus en l'an 2000 (*source IDC*).

2. *The Customer Relationship Management Ecosystem. Meta group*. Ce modèle est surtout destiné à faciliter la compréhension et à donner un sens à une avalanche d'outils. Il ne faut pas considérer les 3 parties comme hermétiquement cloisonnées. Avec l'IRM*, l'opérationnel et l'analytique se rejoignent. Ce point sera traité à la 5ème section de ce chapitre.

On peut résumer cette présentation en 3 verbes d'action :

- **communiquer** : il faut entretenir le lien avec le client et échanger en permanence avec l'ensemble des acteurs disposant d'informations afin d'enrichir la connaissance commune.
- **analyser** : il faut enregistrer et centraliser le maximum de données sur les clients, les prospects et les marchés en général et mettre en action les outils d'analyse les plus pointus pour en tirer les renseignements pertinents qui feront la différence. C'est le cœur du système.
- **traiter** : il faut automatiser au maximum les processus et l'ensemble des traitements associés, depuis le client ou le prospect jusqu'au *back-office*.

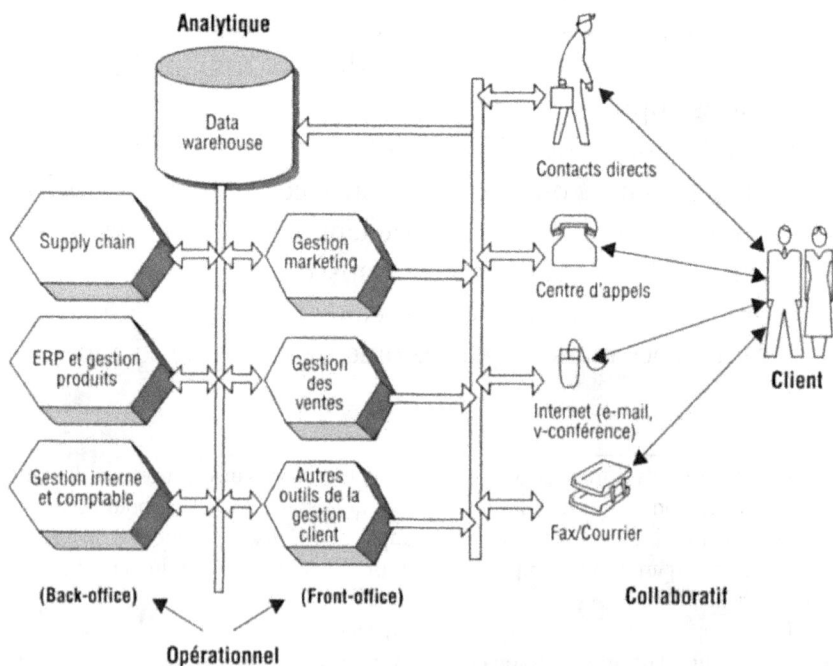

Figure 2.A-1 La CRM (l'écosystème)

4. Quelles tendances ?

Intégration globale

En général, le *front-office* n'est pas toujours directement compatible avec le *back-office* existant. Le premier est en effet orienté « client » et le second « produit ». Pour la continuité des processus, la frontière entre les deux domaines doit s'amenuiser. Les ERP (*back-office*) se rapprochent aujourd'hui de la gestion de la relation client (*front-office*).

> *Si la CRM permet d'améliorer la relation client, c'est quand même le système comptable qui permettra d'émettre les factures... Autant soigner la communication entre le* front-office *et le* back-office...

L'Internet

L'Internet facilite le développement de nouveaux canaux de communication interactifs avec le client. Un nouveau mode de commerce et de gestion de la relation client commence à prendre forme. Nous en reparlerons à la 5ème section de ce chapitre consacré à l'IRM*(A5-1).

5. Remarques et commentaires

Architecte du projet et responsables des ventes ou du marketing : même combat !

Le projet de CRM sera conçu et conduit en parfait accord avec les services concernés et spécialistes du sujet comme le marketing, les ventes et le service après-vente. Il faut à tout prix éviter le syndrome de l'informaticien qui cherchera à automatiser et à imposer ses solutions sous un éclairage uniquement technique, sans connaître la politique de vente et de marketing de l'entreprise. C'est une des principales causes d'échecs des projets de CRM.

Mesurer la performance pendant et après le projet

On prendra soin de mesurer la performance et d'évaluer la réussite en fonction des apports du système selon les objectifs initiaux, définis à l'origine du projet. Comme pour tout projet complexe et stratégique, il ne faut pas en cours de mise en œuvre se laisser dévier des enjeux initiaux sans réflexion de fond. Le cas échéant, on devra se contenter d'un succès pour le moins mitigé.

Tout n'est pas automatisable

Dans tous les cas, tout ne sera pas automatisable. Une CRM efficace ne saurait se passer des outils de la business intelligence*(D1-4) pour réagir aux imprévus et autres impondérables.

6. Pour aller plus loin

Le thème de la CRM alimente depuis quelques années toutes les passions. On ne sera pas en peine de trouver un site ou un livre à son goût.

À visiter sur le Web

http://www.abc-netmarketing.com Site de référence francophone sur le marketing en ligne, il inclut des définitions de dossiers et une lettre d'information. Vous pourrez vous y référer pour l'ensemble des thèmes traités dans ce chapitre.

http://www.crmassist.com Portail de référence sur la CRM (anglais).

http://www.crm-forum.com Centre de ressources indépendant sur le CRM (anglais).

http ://www.metagroup.com Site du méta group comportant des études sur le marché de la CRM (anglais).

http://www.siebel.com/french/index.html Le site de Siebel, constructeur précurseur de la CRM (français).

À lire

Gestion de la relation client. Panorama des produits et conduite de projets, Lefébure R. et Venturi G., Éditions Eyrolles, 2000. Ce livre propose une description précise de l'offre produits et une méthode de mise en œuvre de la CRM.
CRM, S. Brown, Village Mondial, 2000. Description des principes de base et déroulement du projet CRM.

7. Concepts voisins

1 To 1 (A3-1), ERP (E1-1), Tableaux de bord (D1-4), KM (D4-1).

Au cours des 4 sections suivantes, nous allons étudier de près le rôle de la technologie pour l'amélioration de la gestion de la relation client. Commençons avec les nouvelles techniques marketing.

Détecter les futurs clients

Une fois le nouveau produit conçu, testé et validé, on peut souffler un peu. Mais pas trop longtemps car le travail n'est pas pour autant achevé. Bien que l'on ait pris soin de concevoir un produit parfaitement adapté au marché, il faut encore le faire connaître des acheteurs éventuels. Les méthodes classiques de promotion comme les campagnes d'affichage, les mailing, les écrans de publicité télévisée ou radio, exigent des moyens conséquents dont la rentabilité n'est pas garantie à coup sûr. Le développement de l'Internet et l'instauration de nouveaux modes de communication ouvrent la voie à des approches marketing différentes. Étudions le *permission marketing* qui se positionne à contre-courant du marketing de masse.

★ A2-1 Permission marketing

1. Quoi ?

Le *permission marketing* est un mode de marketing fondé sur une relation personnalisée avec les consommateurs. Avant le lancement de la campagne proprement dite, les prospects sont contactés personnellement. Le chargé du marketing sollicitera leur accord pour recevoir une présentation des produits ou services proposés. Avec ce mode marketing, le prospect est non seulement mieux ciblé mais aussi bien plus réceptif aux messages promotionnels.

2. Pourquoi ?

Les techniques classiques de marketing sont fondées sur un principe de balayage à large spectre pour récupérer un maximum de prospects. Les campagnes d'affichages, les mailings, les encarts publicitaires dans les revues et les spots télévisés ou radiophoniques sont les exemples les plus courants. C'est un marketing d'interruption. Les consommateurs sont lassés d'être interrompus par des messages publicitaires incessants. Il est devenu difficile de suivre les émissions de certaines radios périphériques aux heures de grande écoute. Ce sont des campagnes très coûteuses et, le plus souvent, l'éventuelle cible ne prête pas attention au message proprement dit. Le *permission marketing* exploite les nouveaux canaux de communication instaurés par l'Internet pour proposer un marketing de confiance entre le consommateur et le chargé de marketing.

3. Comment ?

Principe

Le marketing de permission se déroule en 5 temps majeurs.

> 1. **Obtenir la permission du prospect.** Pour susciter son intérêt, le chargé de marketing commence par proposer

une offre alléchante et réaliste. Le *permission marketing* est fondé sur un principe de confiance. C'est la seule fois où le prospect sera interrompu.

2. **Délivrer l'information.** Une fois la permission accordée, le client se place donc en position d'attente d'informations. Il faut profiter de cette situation pour exposer clairement et dans les détails les produits proposés.

3. **Entretenir la motivation.** À cette troisième étape, on ne baisse pas les bras, mais on renforce la relation ébauchée. Il ne s'agit pas non plus de délivrer une avalanche de messages publicitaires mais bien d'instaurer un véritable dialogue.

4. **Élargir le champ de la permission.** Notons que l'objectif du *permission marketing* n'est pas de se faire des amis, mais bien de nouveaux clients. Il faut donc aller plus loin et obtenir un nouvel accord, portant notamment sur la communication d'informations personnelles, l'acceptation de recevoir des échantillons ou de tester les produits.

5. **Concrétiser la vente.** C'est le moment de récupérer les fruits de la démarche et de concrétiser l'acte de vente. Une fois la relation instituée, on l'entretiendra en permanence.

La fidélisation des clients commence dès le marketing

Le *permission marketing* propose d'établir une relation personnalisée et durable avec le prospect, bien en amont de la vente, dès les premiers contacts. L'acquisition de nouveaux clients coûte cher. Pourquoi ne pas commencer à les fidéliser dès les premiers échanges ? Seth Godin dans son livre *Permission marketing* (voir page 28) propose d'adopter la séquence suivante :

transformer un inconnu en ami, puis en client, puis en fidèle.

4. Quelles tendances ?

L'Internet et le marketing direct

L'Internet ouvre la voie à de nouveaux canaux de communication moins coûteux et plus interactifs. Il serait dommage de ne considérer que le facteur économique et de transposer telles quelles les habituelles campagnes de mailing sur l'Internet. L'e-mail n'est pas uniquement un courrier exonéré de frais de port. C'est aussi un puissant moyen de communication en direct avec le prospect. L'avenir du marketing sur l'Internet appartient à des techniques instaurant un dialogue avec le prospect, comme le propose le *permission marketing...* Tout au moins tant qu'il n'est pas trop pratiqué et qu'il n'atteint pas, lui aussi, la saturation.

Le marketing par e-mail propose deux modes de fonctionnement :
Opt-in : *l'internaute donne son autorisation pour recevoir des e-mails.*
Opt-out : *les e-mails sont envoyés systématiquement. C'est à l'internaute de demander l'arrêt des envois. Le marketing classique a une préférence pour ce mode de prospection.*

5. Remarques et commentaires

Savoir transformer l'essai

Le *permission marketing* marque un changement profond de relation entre le chargé de marketing et le prospect. Dès le premier contact, il faut établir une relation 1 à 1. Cela demande de l'énergie et du temps. Ensuite, il faut aussi savoir transformer l'essai et passer d'une relation amicale à une relation commerciale. C'est la partie la plus difficile de la démarche. Pour stimuler efficacement les hommes du marketing, il vaut mieux ne pas faire d'erreurs lors de la définition des indicateurs de performance. La réussite ne se mesure pas uniquement au nombre de prospects répondant à l'offre initiale. C'est le cycle complet qu'il faut évaluer.

Mais est-ce réellement une nouveauté ? Décryptage...

Le *permission marketing* est une technique de marketing apportant satisfaction aux prospects. En tant que consommateurs, nous ne sommes pas contre la publicité lorsqu'elle devient une véritable source d'information. Mais pour mieux l'apprécier et l'utiliser, cette technique marketing mérite d'être décodée sous un autre regard. Elle n'est pas sans rappeler le procédé du « pied dans la porte »[1] décrit par les spécialistes de psychologie sociale et pratiqué par les bons vendeurs. À la 1ère étape, le prospect prend une première décision qui l'engage fort peu pour un bénéfice tangible. À la 2ème étape, le prospect constate que le vendeur est honnête et délivre une information digne d'intérêt. À la 3ème étape, la relation est entretenue et commence à pénétrer la sphère d'intimité. À la 4ème étape, il ne refusera pas d'élargir le champ de la permission. Refuser à ce stade équivaudrait à renier son comportement précédent. À la 5ème étape, la vente pourra se concrétiser. Plus le prospect s'engage, moins il aura la possibilité de refuser au risque d'être mal à l'aise avec son ego.

© Éditions d'Organisation

---

1. Par principe, on a tous tendance à persister dans nos décisions initiales. C'est ainsi que pratiquent les vendeurs de porte à porte comme les représentants en assurances vie. Ouvrir la porte, c'est déjà accepter de l'écouter. L'escalade de la décision commence à cet instant... (lire à ce sujet *Petit traité de manipulation à l'usage des honnêtes gens*, Beauvois-Joule, PUG)

Mais au-delà de cet aparté, on retiendra surtout l'avantage considérable apporté par la technologie de l'Internet pour établir un dialogue personnalisé de masse, et on poursuivra ce sujet aux sections 4 et 5 du présent chapitre.

6. Pour aller plus loin

À visiter sur le Web

www.journaldumail.com Un site francophone particulièrement bien informé sur le marketing par e-mail.

À lire

S. Godin, *Permission marketing*, Éditions Maxima, 1999. Le livre de référence écrit par l'initiateur du principe.

7. Concepts voisins

1 To 1 (A3-1), Marketing viral (A2-2), Messagerie (D2-2).

> **Le** marketing viral est une autre application des capacités communicatives développées par l'Internet. Ce mode de marketing reprend le principe du bouche à oreille et l'adapte à l'Internet. Pourquoi ne serait-ce pas le consommateur qui prendrait en charge le marketing à votre place ? Les clients satisfaits sont les meilleurs ambassadeurs. Tupperware l'avait déjà bien compris...

★ A2-2 Marketing viral

La plupart des décisions d'achats importantes ne sont pas prises uniquement à partir de l'étude des offres en compétition. L'acheteur potentiel accordera une oreille attentive et une place privilégiée parmi ses critères de jugement aux conseils que prodiguera un proche ou toute personne digne de confiance. Le bouche à oreille se développe ainsi sur les forums*(D2-6) et dans les communautés virtuelles*(D2-7), où certains leaders de fait ont atteint un stade de notoriété leur conférant la capacité d'influencer l'ensemble de la communauté[1].

En pratiquant le marketing viral, les entreprises tentent de profiter de cette capacité de propagation offerte par l'Internet pour inciter les internautes à recommander leurs produits[2].

Les forums et les communautés virtuelles ne sont pas le seul terrain de chasse des adeptes du marketing viral. Toutes les techniques sont bonnes pour amorcer la propagation. Les anciennes pratiques pyramidales[3] et de parrainage sont ainsi remises au goût du jour. Le marketing viral peut aussi propager son message sans intervention de l'internaute. Hotmail, le service d'e-mail gratuit, a considérablement augmenté son audience en glissant, au bas des courriers expédiés par son intermédiaire, un simple message indiquant la gratuité du service. Avec la généralisation de l'Internet, comme outil de communication inter-personnelle, le marketing viral devient un outil privilégié. Mais attention aux mauvaises surprises, la rumeur file aussi bon train sur l'Internet. Les mauvaises renommées iront aussi vite que la foudre et les démentis, en cas de campagne de dénigrement, seront bien plus difficiles à diffuser qu'avec les médias traditionnels.

---

1. Les forums financiers américains sont animés par des internautes, leaders de fait, dont les conseils sont relativement suivis. Ils disposent d'une capacité d'influence non négligeable sur les marchés. Dans une moindre mesure, les quelques leaders du forum financier français fmf (fr.misc.finance) orientent aussi les achats de leurs lecteurs pour le meilleur comme pour le pire...

2. Le message initial, délivré par les services marketing, sera conçu dans cette optique et fera ressortir les éléments-clés susceptibles d'intéresser l'e-consommateur.

3. « envoyez cet e-mail à 10 personnes et gagnez... »

Pour aller plus loin

À visiter sur le Web

www.ideavirus.com Le site propose en téléchargement gratuit le dernier livre de S. Godin, *Unleashing the ideavirus*, consacré au marketing viral (anglais).

L'Internet ouvre la porte à de nouveaux modes de communication améliorant les échanges de type 1 à n. Il est ainsi devenu possible d'établir une relation personnalisée avec un grand nombre de clients. *Le 1 to 1* de Don Peppers et Martha Rogers pose les fondements de cette nouvelle forme de relations commerciales.

Mieux servir les clients pour les fidéliser

Tous les clients ne sont pas d'une rentabilité optimale et la loi de Pareto ou des 20/80 le démontre aisément. Le principal du chiffre d'affaires de toute entreprise, quel que soit le secteur, est généré par un nombre minimum de clients. Pour conserver ces clients à fort potentiel, voire augmenter leur nombre, il va falloir apprendre à les connaître et à mieux les servir. Aujourd'hui les clients ne sont plus fidèles par principe[1]. Il faut apprendre à gagner leur fidélité en apportant le service attendu au bon moment. Le 1 to 1 est aujourd'hui l'approche de commerce la plus aboutie en matière de personnalisation.

---

1. Vous vous rappelez le temps où vos parents ou grands-parents étaient fidèles par principe à une marque de voiture ? Aujourd'hui, les consommateurs analysent et choisissent en connaissance de cause. La fidélité de principe (ou de contrainte) n'existe plus.

A3-1 One to One (1 to 1)

1. Quoi ?

Le **1 to 1*** est un concept de vente fondé sur la personnalisation de l'offre. Pour attirer et fidéliser les clients, il faut apprendre à les connaître et à les servir en fonction de leurs attentes. Le 1 to 1 prend à contre-pied les approches marketing et commerciales classiques fondées sur un concept de flux poussés. Habituellement, le marché cible est divisé en segments plus ou moins fins. Pour chaque segment, l'entreprise définit les produits et les services qui lui semblent les mieux adaptés pour satisfaire l'ensemble des clients dudit segment. Le *one to one* ne procède pas ainsi et propose de reconsidérer le client en terme d'individu. En établissant un véritable dialogue, l'entreprise pourra comprendre les besoins de chaque client et vendre ainsi le produit réellement attendu.

> *Le **1 to 1** pour passer d'une orientation marché : quelles cibles pour mes produits ?*
> *À une orientation client : quels produits pour mes clients ?*

2. Pourquoi ?

Dans un monde concurrentiel, il n'est plus possible de persister à commercialiser des produits standard et uniformes censés répondre à un besoin global d'une classe de population. Les consommateurs ont des exigences plus précises et attendent des produits et des services personnalisés[1]. La technologie

---

1. Il faut cesser de rabâcher les slogans éculés censés mobiliser le personnel comme « le client est roi », et se focaliser sur la création de valeurs pour le client. Ce ne sont pas les salamalecs qui font revenir un client. Il doit simplement trouver chez vous un niveau de valeur tel, qu'il n'a pas intérêt à changer de fournisseur.

offre la possibilité de répondre précisément à cette évolution des relations client/fournisseur en établissant un dialogue 1 à 1 à grande échelle.

> *Le **1 to 1** selon Don Peppers : « Je vous connais, dites-moi ce que vous voulez, je le fabriquerai et je m'en souviendrai la prochaine fois ».*

3. Comment ?
Connaître la valeur de ses clients
Avant de commencer toute opération de personnalisation, il faut déjà connaître la valeur de ses clients. On ne va pas déployer d'efforts pour des clients qui coûtent plus qu'ils ne rapportent. La rentabilité de chaque client s'apprécie dans la durée avec la **Life Time Value***. La figure 2. A-2 propose une ventilation typique.

> **Life Time Value *(LTV)*** *: mesure de la somme des profits nets attendus au cours de la durée de vie du client.*

Cibler son action
Les actions en direction de la clientèle seront destinées à :

1. Conserver au maximum les clients des classes d1 et d2.
2. Transformer les clients de la classe d2 en d1 et d3 en d2. Pour inciter les clients à changer de catégorie, l'entreprise utilisera des actions de **up selling*** et de **cross selling****[1].

© Éditions d'Organisation

---

1. Ces stratégies ne sont pas toujours évidentes. Et avant de s'engager, il sera bon d'en mesurer au cas par cas l'opportunité, notamment, pour la classe d3.

> **Up selling :** *techniques incitant le consommateur à dépenser plus pour les produits achetés. Soit ils sont vendus plus cher, soit en plus grand nombre.*
> **Cross selling :** *techniques incitant le consommateur à acheter d'autres produits que ceux habituellement commandés.*

3. Réduire le nombre de clients classés en d4.
4. Prospecter et attirer de nouveaux clients non classés en d4.

Rentabilité des clients

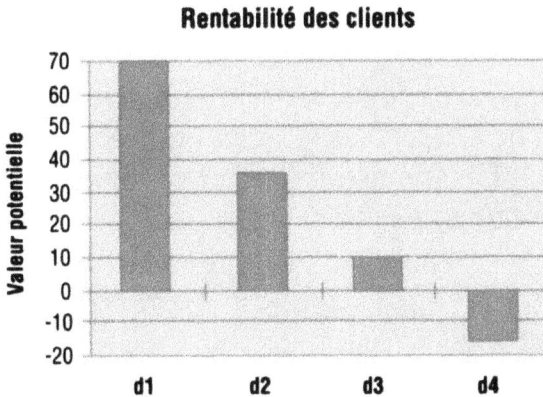

d1 : clients les plus rentables, ils génèrent la part la plus importante du CA.
d2 : clients rentables, ils présentent une valeur potentielle significative.
d3 : clients peu rentables, voire pas du tout, mais dont la valeur potentielle mérite d'être étudiée au cas par cas.
d4 : clients non rentables.

Figure 2.A-2 Mesure de la rentabilité des clients

Connaître les attentes de ses clients pour personnaliser son offre

Mieux servir les clients, ce n'est pas proposer une multitude d'options, pour chaque référence, en partant du principe que le client devrait trouver là son bonheur. Il faut au contraire analyser avec précision ses goûts et préférences et ne proposer que des produits et services adaptés à ses attentes explicites et implicites. Cette question de la connaissance intime du client est aujourd'hui l'un des principaux pôles de développement et suscite toutes les passions.

Établir un dialogue permanent 1 à 1
L'Internet est l'outil rêvé pour réaliser la personnalisation de masse. L'e-mail permet un contact simple et informel avec les clients et le Web ouvre grand la porte au commerce personnalisé. Nous reviendrons sur ce thème à la section 5 avec l'IRM.

4. Quelles tendances ?
Même si elle n'est pas toujours mise en pratique avec bonheur, la recherche de la fidélité des clients est désormais entrée dans les mœurs. L'e-commerce sera de toute façon orienté « personnalisation de masse ».

5. Remarques et commentaires
Ne pas perdre de vue la notion de valeur pour le client.
Dans tous les cas, la question de **la valeur du client** ne doit pas éluder celle de la **valeur pour le client.** Cette dualité de la notion de valeur devra être un leitmotiv durant tout le déroulement du projet. Trop de prestataires se focalisent sur la méthode de calcul de la valeur du client qui, il est vrai, est une question complexe, et délaissent le second aspect de la notion. Le client va-t-il y trouver son compte ?

6. Pour aller plus loin
À visiter sur le Web
http://www.marketing1to1.com Le site de Don Peppers et Martha Rogers (anglais).

À lire

D. Peppers, M. Rogers, *Le one to one*, Éditions d'Organisation, 1998. Le livre de référence à lire en priorité.

7. Concepts voisins

CRM (A1-1), *Permission marketing* (A2-1), IRM (A5-1)

Les prix ne sont plus ce qu'ils étaient...

La personnalisation ne se limite pas au produit lui-même. Le prix peut aussi être adapté en fonction de critères bien précis.

> *R. Cross met en avant la difficulté à résoudre l'équation : « Vendre le bon produit au bon client au bon moment et au bon prix ».*

A3-2 Dynamic pricing (tarification dynamique)

La définition du prix de vente d'un produit est une opération délicate. Un prix fixé trop élevé fait fuir les clients. Trop bas, il génère un manque à gagner. Le prix juste, censé satisfaire le fournisseur et les clients, ne sera pas aisé à définir. La notion de prix juste n'est pas universellement reconnue. En fonction de l'usage attendu, chaque acheteur apprécie différemment la pertinence du rapport prix/service rendu. Cette appréciation n'est pas immuable et fluctue dans le temps en fonction de la situation de chacun. Pour une meilleure rentabilité, il est important de ne pas demeurer inflexible sur cette notion de prix, et de proposer une tarification à la carte adaptée au client et à l'usage qu'il en attend[1]. Les sites de commerce sur Internet commencent à pratiquer la tarification dynamique[2].

Enchères...

Le prix n'est pas toujours unilatéralement fixé par le fournisseur, et le client a aussi son mot à dire. La généralisation de la pratique des enchères devrait, théoriquement, faciliter l'accession au prix d'équilibre. Le commerçant connaît son prix plancher, fixé en fonction des coûts de revient et de la marge minimale, et les clients proposent leur propre estimation de la valeur du produit proposé.

Quelques principes d'enchères les plus courantes

Enchères classiques : les enchères partent d'un plancher et montent pour départager les acheteurs (*en général : 1 vendeur, plusieurs acheteurs*).

Enchères hollandaises (*dutch*) ou inversées : les enchères partent d'un point haut et décroissent jusqu'à trouver un acheteur (*en général : plusieurs vendeurs, 1 acheteur*).

Name your price : l'acheteur intéressé soumet son prix plancher et l'intermédiaire prospecte pour trouver un fournisseur l'acceptant. Le système peut être automatisé et l'acheteur peut augmenter son prix jusqu'à l'obtention d'un accord (*ce procédé est breveté par Priceline.com*).

---

1. C'est ainsi que les compagnies aériennes remplissent et rentabilisent les vols. Tous les passagers n'ont pas le même usage de l'avion. L'homme d'affaires qui achète son billet au dernier moment et le touriste qui a préparé son voyage depuis quelques semaines ne paieront pas le même prix. Ils voyagent pourtant ensemble.
2. Le prix à la « tête du client » n'est pas pour satisfaire tout le monde. Le site *Amazon.com* aurait été pris « la main dans le sac » en proposant des prix différents pour un même produit selon que le visiteur était fidèle et connu ou nouveau venu (moins cher dans ce dernier cas). *Libération* du 6/10/00.

Pour aller plus loin

À visiter sur le Web

http://www.crmproject.com/wp/appell.html Un texte de fond sur le principe du *dynamic pricing* (anglais).

À lire

R. Cross, *La tarification flexible*, Éditions d'Organisation, 1998. L'auteur présente clairement le principe du revenu management ou comment vendre ses produits à l'optimum du prix acceptable par le marché.

Pour personnaliser la relation avec les clients, il faut apprendre à mieux les connaître...

Apprendre à mieux connaître ses clients

Dès les premiers contacts et durant toute la durée de la relation avec chaque client, l'entreprise va accumuler un maximum d'informations. Cette masse d'informations sera analysée et étudiée pour mieux les connaître. C'est une condition essentielle à la personnalisation. L'analyse des informations clients constitue le cœur de tout projet de CRM. Elle est d'une portée stratégique. Cette question est traitée en 3 points : stocker, analyser, collecter[1].

Stocker

Pour stocker les données, le **data warehouse***(E2-7) s'impose. Le data warehouse est une base de données spécifiquement orientée analyse décisionnelle. Pour la suite de cette section, cette définition est suffisante. Le concept de data warehouse sera traité dans le détail au chapitre 2.E.

---

1. L'ordre des 3 opérations importe peu. Elles sont toutes trois liées.

Analyser

L'analyse des données a longtemps été réservée aux statisticiens et placée hors des processus de production. Aujourd'hui, tous les acteurs en position de prise de décision sont concernés au premier plan par l'analyse des données. Étudions le concept de data mining, une technique qui rencontre actuellement un franc succès.

★ A4-1 Data mining[1]

1. Quoi ?

Le data mining est un outil s'appuyant sur des techniques d'intelligence artificielle et d'analyse pour assister l'utilisateur dans la recherche de corrélations informelles entre les données. Le data mining vient en complément des traditionnels outils statistiques. Il présente l'avantage de travailler sur de grandes masses de données et d'être relativement accessible, après apprentissage, à un non-statitisticien.

2. Pourquoi ?

Il est frustrant de vivre avec des problèmes essentiels restant sans solutions alors que nous avons à disposition de grandes masses de données. On se doute que les réponses[2] sont vraisemblablement contenues dans les données, mais on ne sait pas par quel bout les prendre pour faire émerger une structure susceptible de valider ou d'invalider les hypothèses formulées. Les méthodes d'analyse statistiques sont trop complexes pour une utilisation occasionnelle par un non-spécialiste et peu adaptées à l'étude de grandes quantités de données. Le data

---

1. Peut être littéralement traduit comme l'exploitation (minière) des données.
2. Ainsi que des réponses à des questions que l'on ne s'est pas encore posées...

mining vient combler ce besoin et devient l'outil d'analyse privilégié des entreprises.

3. Comment ?

Le data mining est un outil complexe. Il faut suivre une démarche précise pour en exploiter la pleine puissance.

Une démarche en 4 temps :

1. **Définir son problème**

   Bien qu'étiquetés du prestigieux substantif « intelligence artificielle », les systèmes de data mining ne sont pas encore capables de deviner ce qui peut bien intéresser le prospecteur. Avant d'utiliser les outils de data mining, il faudra prendre soin de bien définir le problème et le terrain de recherche. C'est seulement ainsi que les outils de data mining seront susceptibles d'apporter des éléments de réponse. Il n'y a pas de recherche tous azimuts.

2. **Baliser son terrain de recherche**

   On ne pourra effectuer une recherche efficace que sur des données parfaitement maîtrisées et connues. Avant de lancer l'outil et d'en attendre un quelconque enseignement, il faudra s'assurer de la fiabilité des données et sélectionner uniquement celles qui sont en relation avec la question posée.

3. **Choisir la bonne méthode**

   Les produits de data mining intègrent une ou plusieurs méthode d'extraction. La méthode sera choisie en fonction du problème posé et des données disponibles. Quelques méthodes d'extraction :

   - **les raisonnements à base de cas***(D4-3) : pour se référer aux solutions trouvées lors de situations équivalentes.

   - **les associations** : pour détecter des corrélations entre des données : les acheteurs du produit A sont aussi les acheteurs du produit B.

- **les arbres de décision***(D4-4) : pour classer les données et tirer des règles de décisions en fonction d'une expérience passée[1].
- **les réseaux de neurones** : pour établir des prédictions en exploitant les capacités d'apprentissage[2].

4. Interpréter les résultats

Avant de s'engager, les résultats seront interprétés et évalués à leur juste mesure. C'est le professionnel qui, en dernier lieu, jugera, en son âme et conscience, du bien-fondé des résultats de l'étude.

4. Quelles tendances ?

Le data mining tend à se généraliser

Les travaux d'analyse ne sont plus réservés à quelques spécialistes. Il n'est plus possible de tout prévoir dans les détails et la majorité des acteurs de l'entreprise sont concernés. Les solutions aux problèmes rencontrés sont de moins en moins souvent écrites dans les procédures et les hommes de l'entreprise doivent prendre des initiatives et s'engager. Les outils d'aide à la décision, comme le data mining, feront rapidement partie de la panoplie d'outils informatiques de tout responsable[3].

Quelles sont les applications du data mining ?

Le data mining est principalement utilisé pour étudier les marchés, et analyser les comportements présents et futurs des

---

1. Prenons un exemple bancaire : selon les caractéristiques d'une personne, comme les revenus, le type de logement, le statut matrimonial, l'employeur..., on sait d'expérience quel type de crédit peut être accordé.
2. Ce sont des outils délicats réservés aux spécialistes. Le réseau de neurones est équivalent à une boîte noire. Il ne sera pas possible de comprendre le raisonnement suivi par le réseau.
3. Il existera toujours des outils « haut de gamme » mais pour des usages très spécifiques. Les autres devraient se simplifier pour l'usage courant du non-spécialiste.

clients. C'est un composant important pour améliorer la connaissance des clients et des marchés. Ce n'est pas la seule utilisation. Le data mining est couramment utilisé dans de nombreux autres domaines comme la gestion qualité ou la gestion de la maintenance[1].

> **Text mining :** *s'apparente au data mining. C'est une technique d'étude de documents pour rechercher des corrélations et des associations entre des termes et des concepts. Elle permet, entre autres, de faire émerger les idées-clés. Appliquée aux enquêtes clients, elle contribuera à la mise en évidence des termes pertinents.*

5. Remarques et commentaires

Le data mining : un outil à domestiquer

Au contraire de l'analyse statistique, le data mining ne réclame pas des compétences particulièrement poussées en mathématiques, en tout cas, à un premier niveau d'utilisation. Il est important de bien maîtriser son outil, de connaître son secteur et de savoir ce que l'on recherche. Mal utilisé, le data mining peut mettre en évidence toutes sortes de corrélations fictives qui n'ont aucun intérêt et le prospecteur passera à côté des enseignements essentiels.

---

1. Lors des premières démonstrations de data mining, pour illustrer la pertinence de l'outil, les consultants citaient très souvent le même exemple de corrélation entre les acheteurs de couches-culottes et de bière dans un supermarché. Devant cette pénurie d'exemples (c'était un exemple américain de surcroît), on pouvait, à première vue, douter de l'intérêt de l'outil. Rassurez-vous, les outils de data mining ont fait leurs preuves et il existe de nombreux autres exemples de réussite.

Le data mining n'est pas l'oracle de l'entreprise. Il ne pourra pas apporter une réponse nette et précise à toutes les questions posées. Quelquefois, les résultats ne permettront pas de trancher, sans pour autant remettre en question l'hypothèse de départ. Il faut alors apprendre à domestiquer l'outil et à le caresser dans le sens du poil en formulant différemment ses critères de recherche.

6. Pour aller plus loin

À visiter sur le Web

www.web-datamining.net/ Site francophone sur le dataminig.

Quelques sites de fournisseurs de solution data mining :

www.pmsi.fr Un site bien documenté avec des démonstrations en ligne (français).
www.isoft.fr Le site propose une évaluation du produit maison Alice (français).
www.angoss.com Le site du produit *Knowledgeseeker* (anglais).
www.twocrows.com Le site propose un intéressant guide d'initiation au data mining en téléchargement (anglais).

À lire

G. Venturi, R. Lefébure, *Le data mining*, Éditions Eyrolles, 1998. Un livre clair et bien documenté sur le data mining.

7. Concepts voisins

Data warehouse (E2-7), OLAP (D1-8).

L'analyse des profils client n'est pas née avec le concept de data mining. Depuis de nombreuses années, les entreprises, et plus particulièrement les banques et les compagnies d'assurances, utilisaient la technique du scoring pour segmenter la clientèle.

© Éditions d'Organisation

A4-2 Scoring

Le *scoring* est une technique de notation, utilisée à l'origine par les sociétés financières pour évaluer le risque client notamment lors de demandes de crédits ou de définition de plafond de cartes bancaires. Cette technique s'est maintenant généralisée. Elle est utilisée pour segmenter la clientèle lors du lancement des campagnes marketing. Le barème peut en effet être adapté à d'autres types de mesure que celle du risque de défaillance des clients. Il permettra de valoriser certaines caractéristiques du fichier client, pour une segmentation plus fine, selon la stratégie marketing choisie.

Collecter

La collecte des informations devient un des principaux thèmes de la gestion de la relation client. Disposer d'un maximum d'informations fiables sur ses clients et prospects représente un capital de grande valeur. Ces informations, une fois analysées et structurées, permettront de personnaliser l'offre. Plus globalement, elles assureront une mesure précise et pertinente des attentes spécifiques des clients. Cependant, on ne peut pas tout collecter à l'insu des internautes sans respecter un minimum de vie privée. Mais où se trouve la frontière entre informations personnelles à usage privé et informations pouvant être diffusées publiquement ? La question est loin d'être tranchée.

Collecter les données sur les prospects et clients

L'Internet est un outil de choix pour collecter des informations sur les visiteurs des sites en ligne. Il existe différents moyens pour collecter les informations, soit en accord avec l'internaute, soit à son insu.

La collecte en accord avec l'internaute...

A4-3 Questionnaire

Le questionnaire est le moyen le plus courant pour collecter les informations en accord avec l'Internaute. Ce n'est pas le plus efficace. Les résultats sont rarement probants. La plupart des internautes ont de multiples adresses e-mail et les informations sont souvent erronées[1].

...et à son insu...

*Les **cookies** sont des petits fichiers écrits par le site visité sur votre disque dur. Ils mémorisent votre passage et le site vous reconnaîtra lors d'une prochaine visite.*

✱ A4-4 Clickstream tracking

Le *Clickstream tracking* piste et enregistre l'ensemble du parcours des visiteurs sur un site en ligne. Associé aux **cookies***, il permet de constituer des bases comportementales particulièrement informées[2]. Une fois l'achat réalisé, on peut associer un nom (et un numéro de carte) à votre parcours personnel. Il est vrai que cette technique ne présente pas que des aspects négatifs pour l'internaute. Elle permet de repérer les goûts et préférences des prospects et clients et de mieux les servir en anticipant leurs attentes. Mais ce profil très complet est construit à l'insu de l'internaute. N'oublions pas, qu'en tant qu'inter-

---

1. À l'étude des réponses des questionnaires, l'Afghanistan serait le 1er pays en nombre d'internautes... C'est surtout le premier des listes déroulantes de choix !

2. Le Web permet en effet d'enregistrer la totalité de votre comportement : les pages visitées, vos hésitations, la fréquence de vos visites... Sur l'Internet, on ne visite pas un site anonymement comme un supermarché. Le moindre regard sur un produit, les retours en arrière seront enregistrés. Les *cookies* et les demandes d'identification par mots de passe permettent de pister vos visites.

naute, il faut défendre la propriété de nos **profils*** et des informations personnelles susceptibles d'être communiquées.

> *Le **profil** contient des informations personnelles sur un client ou un prospect comme l'état civil, une description des goûts et préférences, ainsi que les derniers achats réalisés (il n'y a pas de limites à cette liste). La gestion des profils est indispensable pour personnaliser les offres et mieux fidéliser les clients.*

Une ébauche de réglementation...

A4-5 P3P

Le **W3C*** pilote un projet pour un nouveau standard de gestion des profils, le **P3P** (*Platform for Privacy Preference Project*). Selon ce standard, l'utilisateur définit précisément les informations communiquées aux sites visités[1]. Cette fonction sera intégrée dans les prochaines versions des navigateurs. En automatique, le navigateur (ou l'agent intelligent) comparera les pratiques de collecte du site et la politique de communication définie au préalable par l'internaute. Il signalera toute divergence.

...pour défendre les profils...

> *Le **W3C** World Wide Web Consortium est un organisme chargé de définir les standards de l'Internet.*

---

1. Il peut aussi choisir de rester anonyme. Aux États-Unis, cette technique laisse sceptique les associations de défense de la vie privée. C'est un principe fondé sur la confiance et actuellement, rien n'empêche un site de ne pas respecter le contrat et de prélever plus d'informations que prévu ou de les revendre à d'autres sites. Il est à noter que pour un pays qui hésite à légiférer sur ce sujet, c'est un net progrès.

A4-6 Les infomédiaires

Si les informations personnelles sont considérées comme un actif stratégique, il ne faut pas perdre de vue qu'elles appartiennent aux internautes. Dans leur livre *Valeur sur le net*, J. Hagel et M. Singer présentent un nouveau métier d'intermédiaire sur l'Internet : l'infomédiaire. À la manière d'un agent commercial, il représente une communauté d'internautes partageant des intérêts communs. Il sélectionnera pour eux les meilleures offres et pourra, en leurs noms, céder tout ou partie des profils et des informations personnelles[1].

...Mais le marché des profils est juteux...

A4-7 Hailstorm

La gestion des informations personnelles suscite bien des ambitions. Par exemple, Microsoft, avec le projet Hailstorm, propose ainsi de gérer « pour vous » la totalité de votre profil et de vos informations personnelles (carnet d'adresse, planning...). L'ensemble de ces informations et des outils associés seront centralisés sur des serveurs « Microsoft » et accessibles depuis tout type de terminal pouvant être connecté à l'Internet.

...et suscite bien des passions.

A4-8 CPEX

La collecte d'informations de plus en plus précises sur les consommateurs devient l'enjeu de la réussite de l'e-commerce.

---

1. Avec la multitude d'offres sur l'Internet, il n'est pas humainement possible de toutes les analyser. Les consommateurs risquent de se retrouver rapidement dans le schéma de « fidèle captif », sur des sites commerçants, par manque de capacité à prospecter. Passer par des infomédiaires peut être rapidement rentable. Les portails spécialisés et les communautés virtuelles peuvent jouer le rôle d'infomédiaires.

Pour une segmentation très fine, il faut en effet aller plus loin que la « simple » identification, et en extraire la notion de valeur client. Pour disposer de fichiers encore plus détaillés, les données recueillies sont recoupées avec celles des partenaires. Ils seront alors utilisés en interne ou revendus à des tiers. Le nouveau format standard **CPEX** (*Customer Profil Exchange Format*), défini à partir d'XML*(E2-10), facilite la constitution et l'échange croisé de profils.

Pour aller plus loin

Clickstream

R. Kimball, R Merz, *Le data Webhouse*, Éditions Eyrolles, 2000. Comment enregistrer et exploiter les informations comportementales des internautes visitant un site commercial.

P3P

http://www.w3.org/P3P/ Le site officiel du projet P3P (anglais).

Hailstorm

http://www.microsoft.com/net/hailstorm.asp La stratégie et la portée du projet Hailstorm de Microsoft (anglais).

Infomédiaires

J. Hagel, M. Singer, *Valeur sur le net*, Éditions d'Organisation. Tout savoir sur les infomédiaires et la valorisation des données personnelles.

CPEX

http://www.cpexchange.org/ Le site officiel du format CPEX.

À chacun sa boutique

Les possibilités de l'Internet poussent encore plus en avant la quête d'automatisation et de personnalisation. Il est ainsi tout a fait possible, en tout cas théoriquement, de proposer pour chaque client une boutique d'e-commerce adaptée à ses attentes. Au contraire d'un grand magasin, le visiteur ne sera pas obligé de traverser des rayons (visualiser des pages en l'occurrence) qui ne présentent pas d'intérêt pour lui. Il accédera directement à ses principaux centres d'intérêt sans détour. Étudions le cas de la gestion de la relation client dans le cadre précis du commerce en ligne : l'IRM.

★ A5-1 IRM (Internet Relationship Management)

1. Quoi ?

C'est l'utilisation des possibilités de configuration dynamique de l'Internet et du Web pour adapter la présentation et le contenu d'une boutique en ligne en fonction des attentes supposées d'un visiteur. Au fur et à mesure du cheminement du visiteur, son comportement est étudié, analysé et rapproché s'il y a lieu, des visites antérieures. Fort de cet enseignement, le site s'adapte pour présenter les rubriques les plus susceptibles d'intéresser le visiteur.

2. Pourquoi ?

Avec le commerce en ligne, il ne faut pas perdre de temps. Le visiteur occasionnel aura tôt fait de zapper vers un site concurrent s'il ne trouve pas rapidement ce qu'il est venu chercher. Pour le séduire et le capter, il faut lui proposer une « boutique » adaptée à ses goûts et habitudes. La recherche de la fidélisation, source de rentabilité, commence dès les premières relations. La technologie actuelle permet aujourd'hui d'établir une véritable personnalisation de masse en automatique, effective dès les premiers contacts.

3. Comment ?

La personnalisation volontaire

Quelques sites de commerce en ligne adoptent un mode de personnalisation laissé à la discrétion du visiteur régulier. Dans l'esprit des portails*(D1-1) de l'Internet ou de l'entreprise, l'internaute personnalise **sa** boutique en fonction de **ses** goûts et préférences.

La personnalisation unilatérale

Mais la personnalisation à la carte n'est pas le mode le plus courant. Les commerces en ligne souhaitent garder la mainmise sur la présentation et la suggestion des produits à vendre[1]. C'est donc unilatéralement que les sites de commerce en ligne évaluent les centres d'intérêt du visiteur. Il s'agit d'identifier rapidement les produits susceptibles de lui être proposés. Les sites utilisent en dynamique tous les moyens à leur disposition pour affiner le profil du client[2].

Pour personnaliser en dynamique l'interface, il existe différentes techniques comme le filtrage coopératif et les moteurs de règles.

© Éditions d'Organisation

---

1. Le but d'un commerce, qu'il soit ou non en ligne, n'est pas de créer un espace de dialogue, mais bien de vendre des produits.
2. Clickstream et cookies, analyses des achats précédents...

Filtrage collaboratif

Une fois identifié, le profil de l'internaute visiteur est rapproché des familles de profils déjà analysés et stockés en mémoire. En partant de la règle « ils sont comme moi donc si ça leur plaît ça me plaira », le site proposera au visiteur les informations et produits déjà choisis et appréciés par les membres de sa tribu d'un instant. Séduisant sur le principe, le système, fondé sur un apprentissage permanent, ne sera exploitable qu'après une phase relativement longue d'acquisition. Il faut en effet avoir déjà analysé un très grand nombre de profils avant d'émettre la moindre hypothèse plausible sur les goûts et les couleurs d'un visiteur connecté. La qualité du système repose autant sur la pertinence de l'identification de l'utilisateur que sur la richesse de la base de comportements déjà analysés.

Moteurs de règles

En temps réel, le comportement de l'internaute visitant le site est analysé. En fonction de ses choix, de ses hésitations et de ses réponses, le système applique des règles booléennes et conditionnelles prédéterminées pour personnaliser et orienter la visite.

4. Quelles tendances ?

Les solutions d'IRM connaissent une croissance assez spectaculaire. L'adaptation dynamique des sites en fonction des visiteurs deviendra rapidement le standard de base du commerce en ligne. La porte est ouverte aux applications de l'intelligence artificielle et de la logique floue pour proposer une personnalisation encore plus pertinente. De nouveaux produits de configuration dynamique des sites apparaissent régulièrement. Reste à savoir si cela correspond réellement aux attentes des utilisateurs.

5. Remarques et commentaires

Le 1 to 1 n'est pas pour tout le monde

Il ne sera pas possible d'appliquer le principe du 1 to 1 à inter-locuteur humain à l'ensemble des clients et visiteurs de l'entre-prise. Ce modèle ne peut pas être économiquement viable. Il doit être réservé exclusivement aux clients les plus rentables. On peut classer en 4 catégories les clients réels ou potentiels de l'entreprise :

1 Prospect → 2 Acheteur occasionnel → 3 Acheteur fidèle → 4 Acheteur fidèle à haut rendement.

Le 1 to 1 « humain » (média « chaud ») sera essentiellement réservé à la 4ème catégorie. Pour les autres, l'IRM (média « froid ») peut être tout à fait adapté (lorsqu'il est bien utilisé), pour proposer un premier niveau de personnalisation[1].

Ne pas perdre de vue la notion de valeur pour le client

Il faut se méfier des tentations d'automatisation absolues inhé-rentes à nos cultures industrialisées et prendre en compte les désirs réels des e-clients. Il ne faudrait pas résumer cet outil fantastique, que représente la personnalisation dynamique, à un systèmes de gondoles adaptables, où l'acheteur potentiel ne trouverait que les produits que le commerçant souhaite lui vendre. Autant cette solution unilatérale peut être choisie pour vendre des produits de consommation courante dégageant une faible marge, autant elle sera totalement inadaptée pour les produits à forte valeur ajoutée, dont la vente en ligne à plus de chance d'être rentable. Il est désormais établi que les pro-duits susceptibles de générer des bénéfices substantiels, lorsqu'ils sont vendus sur le net, sont ceux qui suscitent des

---

1. Dans tous les cas, il vaut mieux procéder à une étude précise de rentabilité, au cas par cas, avant d'investir dans des solutions coûteuses et peu éprouvées.

échanges informationnels (avis, conseils...). La personnalisation ne devra pas faire oublier ce point essentiel de la vente sur Internet mais, au contraire, faciliter les échanges et la communication avec les conseils (*Web call back*) et tout ceux qui partagent les mêmes affinités (communauté).

> *Ou comment l'ambition légitime de la satisfaction du client peut dériver vers un nouveau mode de vente forcée...*

6. Pour aller plus loin

À visiter sur le Web

www.vignette.com, www.broadvision.com Deux des principaux fournisseurs de solutions d'IRM.

http://www.ilog.fr/products/rules/ Présentation du produit Ilog Rules : un exemple de moteur de règles.

http://www.macromedia.com/software/likeminds/ Présentation du produit likeminds : un exemple de filtrage collaboratif.

À Lire

P. Naïm, M. Bazsalica, *data mining pour le Web*, Éditions Eyrolles, 2001. Une présentation des techniques d'analyse dynamique des profils et de personnalisation en ligne.

E. Nuss, *Le cyber marketing*, Éditions d'Organisation, 1999. Un panorama des solutions de l'Internet appliquées au commerce en ligne.

7. Concepts voisins

CRM (A1-1), 1 TO 1 (A3-1), Portail (D1-1)

Pour compenser la déshumanisation du commerce en ligne, l'IRM sera avantageusement complété d'un système de *Web call back*. D'un simple clic, l'internaute peut entrer en contact avec un opérateur qui le conseillera dans ses choix.

A5-2 Web call back

De nombreux internautes hésitent avant de passer commande en ligne sur un site entièrement automatisé. Il est difficile de se passer d'un contact humain avant de s'engager. Avec le *Web call back*, l'internaute peut entrer en contact directement depuis son site avec un opérateur en ligne. Il peut ainsi obtenir rapidement des informations complémentaires sur un point précis, ou simplement des garanties orales mais rassurantes sur des inquiétudes bien naturelles[1].

Les solutions de *Web call back* seront à terme génératrices de profits. Pour le moment, elles restent assez coûteuses à mettre en place et les entreprises préfèrent les solutions de sous-traitance auprès de sociétés spécialisées.

---

1. L'imbrication très forte des canaux comme le Web, le mail et surtout le téléphone, permet une interactivité immédiate et à la demande. L'opérateur peut visualiser tous les éléments constitutifs du profil du prospect et notamment son parcours actuel sur le site (ses centres d'intérêt du moment). Il peut profiter de cet instant privilégié pour dépasser son rôle de conseil et concrétiser la vente, voire procéder à des actions de *cross selling* ou de *up selling*.

Pour aller plus loin

www.laredoute.fr Le site du célèbre vendeur par correspondance a mis en place un système de *Web calling.*

Figure 2.A-3

Gérer ses ressources internes

Tout projet d'informatisation étendue doit commencer par une mise en cohérence du système d'information, à l'intérieur même de l'entreprise. C'est un vaste chantier. L'entreprise classique est cloisonnée et les différents départements communiquent difficilement. Cette structure organisationnelle, exclusivement verticale, se retrouve dans les systèmes d'information. Encore récemment, chaque service ou fonction bâtissait sa propre solution informatique pour répondre à son besoin précis, sans se préoccuper des nécessités des départements voisins. Cette approche n'est plus du tout en phase avec les exigences actuelles d'efficacité. Avant de démarrer un projet de CRM ou de SCM, il faut remettre à plat l'ensemble du système d'information interne. Le décloisonnement commence à l'intérieur de l'entreprise. Le concept d'ERP *(Enterprise Ressource Planning),* intégrant l'ensemble des fonctions informatisables de l'entreprise, est une solution. Il a d'ailleurs rencontré un succès incontestable ces dernières années. Mais le projet est à traiter avec moult précautions. Il ne s'agit plus de mettre en place un outil informatique comme une nouvelle comptabilité, où quelques jours de formation suffisent pour se l'approprier et l'utiliser efficacement. Les ERP initient le nouveau rôle des technologies de l'informatique dans l'entreprise. Avec les ERP, c'est toute l'organisation qui est modifiée pour le meilleur... ou pour le pire, si le projet est mal conduit.

Sur le plan du principe de base, L'ERP est un concept assez simple à comprendre. Mais sa mise en œuvre nécessite quelques mises en garde. Ce thème est traité à la section :

§ ERP concept et projet

L'ERP n'est pas un concept figé. Les modes de production changent et les méthodes classiques, intégrées dans les ERP, ne sont plus adaptées pour le traitement total de la chaîne de production. Il faut les compléter d'outils de gestion de terrain comme le MES (*Manufacturing Executive System*). Ce thème est traité à la section :

§ Gestion de la production

La gestion des ressources humaines est aussi une fonction en mutation. Les modes de travail évoluent et les hommes doivent être gérés différemment. Ce thème est traité à la section :

§ Gestion des ressources humaines

ERP concept et projet

B1-1 ERP (Enterprise Ressources Planning)
PGI (Progiciel de Gestion Intégré)

1. Quoi ?

L'ERP est un progiciel centralisant les données et les fonctions de gestion informatisées de l'entreprise. L'ERP se compose de différents modules, chacun répondant à un besoin fonctionnel bien précis et partageant les mêmes données. Il n'est généralement pas nécessaire d'installer tous les modules en un seul temps, ils peuvent être mis en œuvre graduellement. Les ERP proposés actuellement couvrent l'ensemble des fonctions de l'entreprise comme la gestion financière et comptable, la gestion de production, la gestion des ventes, des achats, des stocks, des ressources humaines... Pour une meilleur adaptation aux processus de l'entreprise, l'ERP est paramétrable et programmable.

2. Pourquoi ?

L'informatisation de l'entreprise a toujours été abordée dans une dimension exclusivement verticale et cloisonnée. Classiquement, le logiciel de comptabilité ne se préoccupe pas des besoins du logiciel de production ou de celui de gestion des ventes. Cette approche parcellaire est à l'origine de très nombreux problèmes. Malgré les croyances passées, l'entreprise ne fonctionne pas dans une dimension verticale mais bien selon une orientation transversale, et les fonctions ne sont pas isolées. Les commandes gérées par le logiciel des ventes sont les entrées du logiciel de production qui, à son tour, délivrera les informations pour les logiciels de gestion des livraisons et de comptabilité. L'ERP* propose une approche globale, orientée processus, fédérant l'ensemble des fonctions informatisées de l'entreprise autour d'une base de données centralisée.

L'ERP propose une approche globale, orientée processus, fédérant l'ensemble des fonctions informatisées de l'entreprise autour d'une base de données centralisée.

3. Comment ?

Architecture client/serveur, approche modulaire et SGBD centralisé

Les ERP en usage aujourd'hui adoptent une architecture de type **client/serveur***(E4-1). Ils se composent de modules fonctionnels autonomes, organisés autour d'une base de données centralisée (SGBD*(E2-1)). Les modules communiquent au travers de cette base qui assure la cohérence de l'information pour tous les départements de l'entreprise. La structure en modules communicants adoptée par les ERP, garantit une approche transversale de la problématique de la gestion d'entreprise. Les règles de gestion implantées dans les modules proposés par les ERP sont élaborées en fonction des meilleures pratiques (*best practices*) de chaque métier.

*Principe du **client/serveur** :
un ordinateur **serveur** regroupe l'ensemble des ressources partageables, données et traitements communs. Les utilisateurs accèdent aux ressources partagées depuis les postes **clients** connectés au serveur par un réseau.*

Les ERP sont évolutifs

Les produits des principaux éditeurs proposent un grand nombre de modules. Ils peuvent être installés en une seule fois ou par vagues successives en fonction des besoins.

Les ERP sont extensibles

Les ERP ne sont pas limités à une dimension unique d'entreprise. En augmentant les ressources machines ou en utilisant des systèmes multiserveurs, ils prendront en charge un grand nombre d'utilisateurs.

Les ERP sont adaptables

Pour répondre plus étroitement aux besoins précis des entreprises, les ERP proposent généralement trois niveaux de personnalisation.

- **Paramètres**

  Les ERP disposent d'un jeu de paramètres conséquents pour mettre en phase les processus et les fonctions standard du progiciel avec les caractéristiques de l'entreprise. Avec ce système de paramétrage, la réponse de l'outil sera ajustée au plus près des attentes de l'entreprise.

- **Langage propriétaire**

  Pour une personnalisation plus conséquente du produit, les progiciels d'ERP intègrent un langage de programmation. Ce langage accède à l'ensemble des ressources du produit et autorise des développements spécifiques comme la création de nouveaux écrans ou de formats d'édition.

- **Ouverture sur l'extérieur**

  Les ressources du progiciel sont aussi accessibles depuis l'extérieur du produit en utilisant un protocole d'accès standardisé. Un logiciel écrit avec un langage de programmation standard peut coexister avec le progiciel d'ERP pour répondre à des besoins spécifiques.

ERP généralistes, ERP métiers

Pour limiter les travaux d'installation et les développements spécifiques, les principaux éditeurs déclinent des gammes de modules verticaux préparamétrés, adaptés à un métier ou un secteur spécifique (agro-alimentaire, santé, pharmacie, collectivité, banque...).

4. Quelles tendances ?

L'ERP est-il étirable à volonté ?

Connaissez-vous ces petites poupées étirables vendues à la sauvette, que les enfants manipulent pour créer de nouvelles formes ? Elles ne sont, en fait, constituées que d'une enveloppe de caoutchouc remplie de plâtre. À force d'être déformée, l'enveloppe finit par se rompre et le jouet termine sa courte carrière à la poubelle. Est-ce ce qui attend l'ERP ? On ne l'espère pas. Mais en tout cas on l'étire lui aussi de tous côtés. On l'étire côté client avec l'intégration de services de CRM*(A1-1) pour rapprocher le *back-office* du *front-office*. On l'étire côté fournisseur avec l'ajout de fonction de gestion de la chaîne logistique (SCM*(C1-1)), pour prendre en compte les processus d'approvisionnement sans rupture inutile. On l'étire côté production pour gérer plus efficacement les modes de fabrication en juste à temps (MES*(B2-1)). Et enfin, on l'étire aussi côté utilisateur, avec la mise en œuvre d'outils d'extraction pour faciliter la prise de décision (voir business intelligence*(D1-4)). Le concept du tout intégré est bien mis à mal.

5. Remarques et commentaires

ERP, PME et ASP

Le marché des ERP à destination des PME semblait prometteur[1]. Seul souci, l'investissement ERP ne se limite pas à l'achat de la licence, ni à la mise en œuvre du produit.

© Éditions d'Organisation

---

[1]. Le tissu industriel français est principalement constitué de PME, intégrées dans des chaînes logistiques globales d'approvisionnement. Pour continuer à servir les donneurs d'ordre, elles doivent impérativement s'équiper.

L'exploitation d'un ERP est une tâche continue. Les besoins de l'entreprise évoluent et il faudra fréquemment intervenir sur l'outil. La charge induite risque de sérieusement grever les budgets, et les PME ne disposent pas de ressources informatiques suffisantes pour assurer le suivi permanent du produit. Pour limiter les coûts de possession, les PME seront de plus en plus tentées d'adopter des solutions de location « clé en main », comme les ASP*(C4-2).

6. Pour aller plus loin
À visiter sur le Web

http://www.erpassist.com Portail généraliste sur les ERP (anglais).
http://www.erpcentral.com Informations sur le monde des ERP (anglais).

À lire

J.-L. Lequeux, *Manager avec les ERP*, Éditions d'Organisation, 1999.
J.-L. Thomas, *ERP et progiciels intégrés*, Éditions Dunod, 1999.
Deux livres consacrés au concept des ERP et à la méthode de conduite du projet.

7. Concepts voisins
CRM (A1-1), SCM (C1-1), EAI (E4-2)

Mise en œuvre d'un ERP

> **C**omment intégrer un ERP, qui propose un mode d'organisation que je ne connais pas encore, à une entreprise que je crois connaître ?
> Les ERP sont utiles pour restructurer des systèmes d'information peu performants, faciliter l'accès à des données de qualité et standardiser les processus métiers de l'entreprise. Lorsque le projet est réussi, l'entreprise y trouve largement son compte. Mais

l'investissement et les bouleversements sont bien plus conséquents qu'il n'y paraît. L'ERP n'est pas une simple solution informatique, fédératrice de systèmes d'information. L'ERP vient avec son lot de contraintes qui seront difficilement perçues et les gains promis et tant espérés ne sont pas toujours au rendez-vous. Les minutes des tribunaux, statuant sur les conflits de fin de projet, sont là pour rappeler que le débat sur l'obligation de résultats n'est pas encore clos.

✱ *B1-2 Le projet ERP*

La mise en œuvre d'un ERP est une opération complexe, longue et coûteuse.

Une opération complexe

La question de l'implantation de l'ERP n'est pas uniquement technologique. C'est là une des principales causes d'échecs de la mise en œuvre des premiers ERP. Implanter un ERP, c'est mettre en place un nouveau modèle d'organisation. Il faudra considérer à leur juste valeur l'ensemble des contraintes et contingences humaines et structurelles, si on aspire à une quelconque réussite.

> *Adopter un progiciel d'ERP, c'est comme enfiler une chaussure neuve sans chausse-pied. La partie n'est pas gagnée d'avance, et si la chaussure n'est pas à la bonne taille, gare aux ampoules !*

Une opération longue

La mise en place d'un ERP prend du temps. Que l'on adopte un mode d'implantation de type « big bang », tous les modules installés en une seule opération, ou gradué, les modules sont installés l'un après l'autre, l'implantation perturbera conséquemment la bonne marche de l'entreprise. Cette perturbation ne cessera pas avec la remise des clés du projet par les concepteurs informatiques. Il faudra encore adapter l'entreprise et ses hommes aux nouveaux processus et aux nouvelles tâches en découlant[1].

Une opération coûteuse

En plus des coûts de licence des logiciels, il faut investir dans des prestations de services[2], et la part de travail réalisée en interne est loin d'être insignifiante. Finalement, ce sont les hommes de terrain qui détiennent la connaissance des processus de l'entreprise. La contribution à temps complet de quelques hommes-clés, pour chaque processus et domaine fonctionnel, est indispensable. Les services informatiques internes ne resteront pas étrangers au projet, même si l'implantation est sous-traitée en totalité. Il faudra assurer l'après-projet[3].

Comment implanter l'ERP ?

La question de l'implantation va porter essentiellement sur la répartition entre les processus standard imposés par l'ERP, et les particularités de l'entreprise qu'il serait souhaitable de conserver. En réalité, les concepteurs ont un choix assez limité. Certains fonctionnements de l'ERP sont incontournables, et

---

1. Le basculement prend du temps et il faut quelquefois attendre plusieurs années d'adaptation, avant de récolter les premiers fruits des ERP...

2. Les fournisseurs de solution ERP avançaient encore récemment des chiffres bien en deçà de la réalité. Pour 1 F dépensé en licence, il faudra prévoir un budget de 5 à 10 F pour les services.

3. Une appréciation trop optimiste des travaux à réaliser en interne, ainsi que le manque de compétences disponibles pour suivre la mise en route et assurer la continuité, sont deux causes d'échecs caractéristiques des projets ERP.

l'entreprise devra s'adapter[1], si elle ne souhaite pas entreprendre des développements conséquents et risqués. La figure 2-B.1
résume le propos.

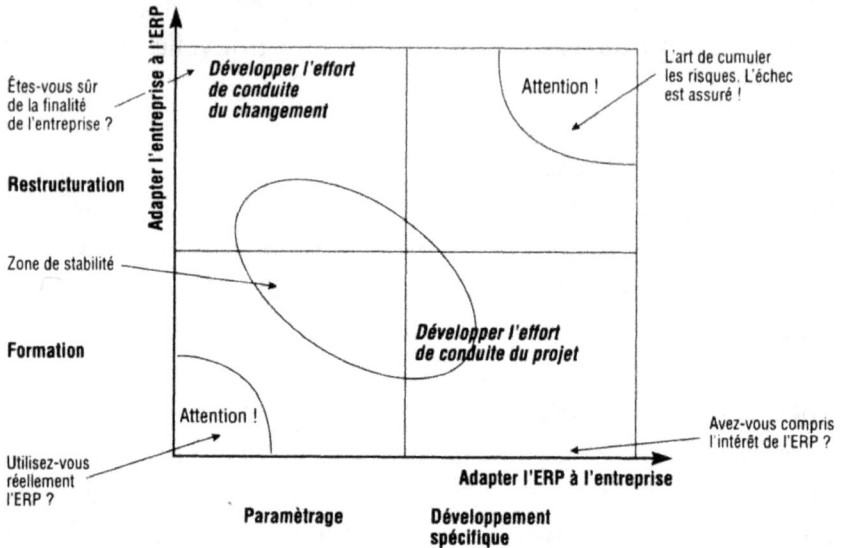

Figure 2.B-1 Le projet ERP

Gestion du projet
Pour sélectionner avec précision les fonctions à implanter et
les développements spécifiques à réaliser, l'entreprise aura pris
soin de définir au préalable ses attentes. Le propos n'est pas
aussi insignifiant que cela. Le manque de vision stratégique et
l'absence d'expression des enjeux du projet sont les principales causes d'échecs. C'est ainsi que certaines entreprises se
fourvoient dans des développements sans fin, avec un langage

---

1. Ce point n'est pas négatif en soi. Beaucoup d'entreprises amélioreront leur productivité en adoptant les processus optimisés proposés par l'ERP.

peu adapté à cet usage[1] (partie droite de la figure 2. B-1). Ou que d'autres sont surprises du rejet de l'ERP par le personnel concerné (partie haute de la figure 2. B-1). C'est aussi l'explication de la difficulté à mesurer le ROI. Lorsque les enjeux ne sont pas définis avec précision, il n'est pas aisé de mesurer les progrès et la réussite.

> *Si on ne sait pas ce qu'il faut faire ni pourquoi il faut le faire, comment juger si c'est bien fait ?*

Conduite du changement

L'effort de conduite du changement ne sera pas un vain mot. Un des premiers bénéfices attendus des ERP porte sur la diminution des coûts de fonctionnement, et pour être plus précis sur les réductions de personnel. Il faudrait être un doux rêveur pour espérer une coopération spontanée, lorsque plane une rumeur de compression des postes. Quant à la question de l'adaptation aux nouveaux processus du personnel en place, retenez que le changement d'habitudes, instituées de longue date, ne s'improvise pas. Il demande une préparation de fond et une gestion de la conduite du changement[2].

L'après-projet

Le projet ERP n'est jamais achevé et le coût de possession est loin d'être insignifiant. Les modules tenus à l'écart lors de la première phase restent encore à intégrer. L'organisation de

---

1. Le langage intégré n'a pas été prévu pour des développements conséquents. ABAP de SAP est un langage lourd et peu économe en ressources.

2. Surtout si les nouveaux processus mis en place n'apportent pas, ponctuellement, d'amélioration significative de l'existant. Les hommes ne comprendront pas, et à juste titre, l'intérêt du changement.

l'entreprise n'est pas figée une fois pour toute. Il faudra suivre l'évolution des processus et assurer la cohérence avec les nouveaux besoins de l'entreprise. Il faudra aussi régulièrement implanter les nouvelles versions des logiciels[1].

Remarque : actuellement, les entreprises considèrent le coût de possession avec bien plus de vraisemblance que par le passé. Il est dommage que l'importance prise par le calcul de ce coût masque l'appréciation du retour sur investissement. Les projets sont tronqués pour limiter les coûts de revient, et les investissements ne sont pas évalués en terme d'apport à l'organisation.

> **L**e marché des ERP accuse un tassement ces dernières années. Avec le développement de l'e-business, le tout intégré ne semble plus faire recette et devrait laisser place à un nouveau modèle modulaire. Ce modèle devra pallier les insuffisances du premier, sans pour autant nuire aux impératifs de cohérence et d'ouverture des systèmes d'information.

★ B1-3 L'après-ERP : les approches modulaires

Les ERP, concept séduisant sur le papier, sont bien difficiles à mettre en œuvre. Seules les entreprises de taille respectable disposent des capacités suffisantes pour assumer, sans trop de risques, les dépassements et autres écarts aux prévisions. Le plus souvent, le juste accord entre le produit et le fonctionnement réel de l'entreprise reste encore à trouver une fois le projet achevé. S'il est vrai que la nécessité de mise en cohérence et

---

1. Les éditeurs d'ERP proposent régulièrement une version majeure. Même lorsqu'elles n'apportent rien de significatif pour l'entreprise, il faut tout de même les implanter régulièrement. Les éditeurs rechignent à maintenir des versions trop anciennes.

de rationalisation de l'informatique d'entreprise était plus que brûlante ces dernières années, le tout intégré monolithique proposé par le concept ne semble plus être la solution universelle. Le manque d'ouverture sur l'extérieur des ERP constitue un nouvel handicap à leur pérennité. Depuis les premiers modèles du concept, le monde a tourné. Les organisations ont franchi un pas vers la coopération étendue, le tout Internet et l'e-business. Les produits intégrés ont du mal à suivre. Pour un pilotage efficace et un service au client bien plus précis, il ne sera pas suffisant de s'équiper de briques d'intégrés trop étanches (CRM, ERP, SCM...). Il faut au contraire ouvrir et développer le processus dans son ensemble, depuis les fournisseurs jusqu'au client à un niveau macro, sans pour autant pénaliser les attentes précises et concrètes des acteurs de l'entreprise, utilisateurs du système. Une nouvelle approche à base de modules indépendants et communicant dans l'esprit de l'**EAI***(E4-2), commence à prendre forme. Ces modules ne traitent chacun qu'un seul besoin fonctionnel. À terme, rien n'empêchera une entreprise de mixer les modules de différents éditeurs. Elle pourra ainsi, pour chaque fonction de l'entreprise, sélectionner les types de traitement les plus adéquats avec ses modes de fonctionnement sans pour autant pénaliser la cohérence globale de l'entreprise étendue.

> *Avec le concept d'**EAI** (Entreprise Application Intégration), les modules applicatifs sont totalement indépendants et communiquent par l'intermédiaire d'un bus d'échange standard.*

Offre modulaire et solutions en location
Cette orientation modulaire présente de nombreux avantages. Conjuguée à l'utilisation du Web, elle ouvre la voie à une nou-

velle forme d'usage. En standardisant tous les postes clients en postes Web connectés sur l'Internet, les progiciels applicatifs peuvent résider physiquement à l'extérieur de l'entreprise, chez un fournisseur spécialisé (comme l'éditeur par exemple). Ils sont alors accessibles depuis n'importe quel lieu, grâce à un portail d'entreprise*(D1-1), dans le cadre d'une offre de location de type ASP*(C4-2).

Pour aller plus loin
Suivre les travaux autour du concept de *collaborative commerce* (c-commerce) proposé par le Gartner group. Ce concept propose une approche modulaire, conjointe et orientée processus de l'ensemble des fonctions couvertes par l'ERP, la CRM et la SCM.
www.gartner.com

Concepts voisins
EAI (E4-2), CRM (A1-1), SCM (C1-1)

Le module de gestion de la production, à l'origine de nombreux ERP, connaît une évolution majeure.

Gestion de la production

Les systèmes de gestion de production sont principalement fondés sur un principe de prévision. Établies à partir des commandes clients antérieures, les prévisions permettent de dimensionner et d'organiser l'outil de production sur un horizon à plus ou moins long terme. Les outils de gestion de production appliquant ce principe sont indispensables pour anticiper les approvisionnements et lisser au mieux la charge des unités de production. Seulement, ils ne peuvent plus être exclusifs. Aujourd'hui, le contexte n'est plus aussi stable qu'il a pu l'être par le passé. « Demain » ressemble de moins en moins à « hier » et les prévisions sont nettement moins fiables. Les aléas de production[1] sont devenus monnaie courante. Les palliatifs pour y faire face comme le sur-dimensionnement de l'outil de production, l'augmentation des stocks de sécurité ou le recours aux heures supplémentaires grèvent lourdement les coûts de revient et ne doivent pas perdurer. Il faut aborder le problème autrement. Bon nombre de situations imprévues, car imprévisibles, peuvent en effet être résolues directement sur le terrain au cas par cas. Pour cela, il faut que les hommes disposent de moyens d'agir et de réagir. Ces moyens sont au nombre de deux : le pouvoir (et pas exclusivement la responsabilité[2]) et les outils technologiques adaptés. Les solutions traditionnelles de gestion de la production, pratiquant une planification à grosses mailles, seront ainsi avantageusement complétées d'une bonne dose de réactivité sur le terrain, pour traiter les questions « petites mailles ». Le MES répond à ce besoin.

B2-1 MES (Manufacturing Executive System)

Le MES est un ensemble d'outils, venant en complément des systèmes classiques de gestion de la production de type **MRP*** ou **MRPII***, pour un suivi plus précis de la production sur le terrain. Le concept MES couvre l'ensemble des fonctions indispensables à un pilotage réactif sur le terrain. Il assure ainsi la gestion des ressources, l'ordonnancement des tâches,

---

1. C'est-à-dire tout ce qui diffère de la prévision : commandes urgentes ou non standard, unités hors service, goulets flottants mal identifiés...

2. Responsable : *qui doit accepter et subir les conséquences de ses actes.* Dans la définition du *Petit Robert,* on ne parle nulle part de moyens ! Le responsable est donc celui qui rend des comptes...

le suivi de fabrication et, plus généralement, la gestion des flux, la gestion de la **traçabilité*** des lots de fabrication et la mesure de la performance. D'autres services spécifiques sont inclus dans le concept. Ils seront implantés au cas par cas. Le MES communique en direct avec le module de gestion de production de l'ERP. Il reçoit les ordres de fabrication ainsi que toutes les instructions de travail (gammes, recettes, modes opératoire...) et retourne les comptes rendus de production, la mise à jour des recettes de fabrication et les éléments de traçabilité.

MRP (Materials Requirement Planning) : *planification des besoins de production. Ce premier mode de programmation de la production ne tient pas compte des capacités disponibles.*

MRPII (Manufacturing Ressources Planning) : *ce mode de programmation de la production, plus élaboré que le précédent, prend en compte le calcul des charges à capacités finies.*

Traçabilité : *couvre l'ensemble du cycle de vie d'un produit. Elle mémorise toutes les caractéristiques de fabrication, comme les paramètres de réglage, les incidents, les ressources utilisées et la généalogie des lots.*

Généalogie : *liste des lots de composants ou matières premières utilisés pour fabriquer le produit.*

Pour aller plus loin
À visiter sur le Web

http://www.mesa.org/ Le site du Mesa, organisme prescripteur du concept du MES. Ce site comporte de nombreux documents sur le sujet du MES (anglais).

Avec le nouvel ERP, vous allez pouvoir rapprocher les données et visualiser la rentabilité exacte des produits !

Bravo ! Comme ça, nous aussi à la production, on pourra afficher les coûts de revient !

À la production ? Vous rigolez ! Ces chiffres sont réservés à la direction financière !

Partager les informations ? Oui, mais à condition de ne pas toucher aux institutions !

Figure 2.B-2

Ressources Humaines

Les entreprises commencent à prendre conscience du rôle essentiel des hommes dans le processus de création de valeurs. Les hommes ne sont pas une simple ressource renouvelable à volonté. Avec l'évolution des modes de travail, la pénurie de compétences est là pour rappeler qu'une gestion efficace des ressources humaines s'impose.

B2-2 Gestion des Ressources Humaines

Les ERP traitent les aspects comptables et administratifs de la fonction DRH

Les questions d'administration du personnel et de gestion des rémunérations (paie et frais divers) sont de grandes consom-

71

matrices de temps et d'énergie pour la DRH (Direction des Ressources Humaines). L'informatisation de ces fonctions, lorsqu'elle est menée dans les règles de l'art, est vite rentabilisée. Les modules Ressources Humaines des ERP prennent en charge ces traitements. Plus généralement, les ERP gèrent l'ensemble des aspects administratifs et comptables de la gestion des ressources humaines. À un second niveau d'informatisation, pour des entreprises employant un nombreux personnel, les principaux ERP intègrent aussi des modules spécialement développés pour prendre en charge la gestion de la formation ou l'organisation et la planification des tâches et des affectations[1].

La DRH et l'Internet
L'intranet pour communiquer...
La DRH ne reste pas à l'écart du développement de l'usage de l'Internet dans l'entreprise. La mise en place d'un intranet facilite les échanges entre la DRH et les employés de l'entreprise. Il est utilisé comme outil privilégié de publication et de communication. Avec l'intranet, l'employé consulte à volonté la liste des postes à pourvoir, les stages et offres de formation ainsi que la liste des questions les plus fréquentes. Ce dernier point soulage la charge de travail de la DRH. La majorité des questions posées l'ont déjà été par le passé, et l'employé trouvera très souvent réponse dans cette liste, sans devoir nécessairement échanger en direct avec un membre de la DRH[2].

---

1. Des logiciels verticaux complètent, en ce domaine, l'offre des ERP.
2. Internet facilite la communication de 1 à n mais ne remplace pas la relation humaine. Annoncer les réductions d'effectifs par e-mail comme les entreprise de high tech commencent à en prendre coutume s'avère pour le moins cavalier...

... Et l'Extranet pour externaliser

L'externalisation des tâches à faible valeur ajoutée est une caractéristique des modes de management actuels. Pour la DRH, ce sont des fonctions, comme la gestion administrative ou comptable (paie, rémunérations...) qui seront de plus en plus souvent sous-traitées. Certaines entreprises n'hésitent pas aller plus loin et sous-traitent la quasi-totalité de la DRH auprès d'un spécialiste de la question. La mise en place d'un Extranet*(C3-2) autorise ce type de collaboration[1].

> *Attention aux aspirations d'automatisation absolue. AUTOMATISER la gestion des ressources HUMAINES semble quelque peu paradoxal, non ?*

La DRH est concernée au premier plan par la création de valeurs

Mais au-delà de cette sempiternelle quête de rationalisation de l'ensemble des fonctions, il faut prendre conscience que le modèle classique de gestion des hommes, les considérant comme des ressources interchangeables à volonté, a vécu. La prise d'avantage concurrentiel est aujourd'hui directement dépendante de la capacité des hommes à réagir sur le terrain, à innover et à coopérer. Il est du rôle de la DRH d'optimiser et de rentabiliser ce fameux capital humain en valorisant et en développant les compétences individuelles et coopératives des hommes de l'entreprise. C'est ainsi que la DRH apportera une contribution majeure à la chaîne de création de valeurs.

© Éditions d'Organisation

---

1. La plus grande part des relations employés-DRH passe alors par l'Extranet. Il est maintenu à distance par le sous-traitant.

La gestion des compétences*

The right man at the right place.

Par exemple, la pénurie des compétences disponibles sur le marché impose la mise en place d'une gestion particulièrement serrée. Chaque compétence doit être utilisée au mieux de son intérêt, autant du point de vue de l'entreprise que de l'acteur lui-même. La quête de cet objectif bicéphale matérialise toute la difficulté de la fonction. Il sera, en effet, nécessaire d'assurer à tout moment l'adéquation entre les attentes de l'entreprise en matière d'apport aux processus essentiels et les aspirations de chaque individu. C'est sous cet éclairage que seront définies les affectations aux nouveaux postes et les campagnes de formations[1].

*La **gestion des compétences** prend le relais de l'antique gestion taylorienne par poste et fiches de fonction. C'est une réforme profonde des modes de travail et des relations dans l'entreprise.*

---

1. Pour chaque individu, la DRH doit être à même de mesurer le potentiel de compétences, de savoir-faire, voire de savoir-être. Ainsi, elle pourra évaluer pour chaque besoin présent et futur de l'entreprise, l'opportunité de recruter ou de démarrer des campagnes de formation pour pallier l'obsolescence des compétences disponibles. Attention aux compétences cachées n'apparaissant pas dans le référentiel ! Trop d'entreprises ont perdu un patrimoine de connaissances en se séparant de personnes jugées sans apport de valeur, au regard d'un référentiel trop réducteur.

Bientôt, chaque acteur de l'entreprise sera identifié par son profil de compétences. Un outil logiciel[1], spécifiquement dédié à la gestion des compétences, facilitera la construction de profils bien définis, répertoriés au sein d'annuaires et de cartographie. L'utilisation de cet outil ne sera pas uniquement réservé à la DRH. Tout homme de l'entreprise, en situation de décision, pourra se référer à la base de profils et rechercher une réponse à la question : « Qui sait ? ». La gestion des compétences est une pièce essentielle du partage de la connaissance*(D4-1) dans l'entreprise.

Le management par projet

Avec le développement du **mode projet***, la Gestion des Ressources Humaines est en plein bouleversement. Ce mode de travail est de plus en plus couramment utilisé par les entreprises de prestations à forte valeur ajouté. Le rôle de la DRH sera de rapprocher et de faire travailler ensemble autour des projets, des compétences provenant d'horizons multiples. L'unité de travail devient le projet dans un esprit de coopération. Les acteurs du projet ne sont pas exclusivement personnels de l'entreprise. Ils peuvent aussi appartenir aux entreprises fournisseurs et clients, à des société de services, ou sont plus simplement prestataires indépendants. La performance de l'entreprise sera de plus en plus dépendante de sa capacité d'innovation et de sa vitesse de mise sur le marché de produits concurrentiels.

© Éditions d'Organisation

---

1. L'outil de gestion des compétences, intégré dans la gamme *Knowlededge Discovery Server* de Lotus, construit le profil automatiquement, en identifiant les centres d'intérêt de chaque utilisateur.

Cette rapidité est elle-même dépendante de la qualité de la gestion des compétences internes et externes et de la constitution des équipes.

> Avec **le mode projet**, *l'équipe n'est constituée que pour la durée du projet et sera détruite une fois celui-ci achevé.*

Pour faciliter la résolution de cette difficile équation, un nouveau concept technologique, baptisé SRM (*Service Relationship Management*) a récemment vu le jour. Le SRM propose un ensemble d'outils et de pratiques, pour manager au mieux les ressources humaines internes et externes en fonction des projets en cours et des processus transversaux de l'entreprise. Niku, société phare du SRM, a bâti une gamme de progiciels couvrant tous les aspects de la gestion de projet : organisation, pilotage, gestion des hommes, communication... L'offre se rapproche des solutions de gestion de la connaissance et de business intelligence pour piloter les projets.

L'approche transversale de l'entreprise a largement dépassé le stade de l'expérimentation et se constate dans les faits. Le développement de la coopération à tous les niveaux, par-delà les frontières de l'entreprise, prend corps. C'est bien là l'apport essentiel des technologies de l'Internet. Ces nouveaux modes d'organisation, orientés projet, font preuve d'une efficacité sans commune mesure avec les modèles antérieurs. Le modèle d'organisation verticale, hiérarchique et cloisonné, prend l'eau de toutes parts et a déjà amorcé son déclin.

Pour aller plus loin

À visiter sur le Web

www.e-rh.org, www.drhinfo.com, www.rhinfo.com Trois sites francophones dédiés aux ressources humaines et à l'usage des nouvelles technologies. Les sites sont complets et comportent de nombreuses études et informations.

www.niku.com Le site de la société Niku. Le concept du SRM est présenté en détail (anglais).

http://www.niku.fr/info/files/pdf/idc/white_paper-idc.pdf Une présentation du concept de SRM réalisée par IDC (français).

À lire

N. Jolis, *La compétence au cœur du succès de votre entreprise*, Éditions d'Organisation, 2000. Description de la mise en œuvre de la gestion des compétences dans l'entreprise.

G. Le Boterf, *Compétences et navigation professionnelle*, Éditions d'Organisation, 2000. Ce livre est centré sur la compétence comme moteur de l'action. Il propose des analyses et des pistes pour la gestion personnelle et la gestion collective des compétences.

Concept voisin

Gestion de la connaissance (D4-1).

Échanger avec ses partenaires

Les entreprises sont aujourd'hui engagées dans une politique d'externalisation à grande échelle. Pratiquement toutes les fonctions sont désormais susceptibles d'être sous-traitées. Cette politique répond à un enjeu évident de maîtrise des coûts, sans nuire pour autant à l'efficacité globale des processus concernés. Pour mieux en comprendre l'opportunité, attardons-nous sur une interview accordée par Henri Ford, en visite à Paris, à la revue *La science et la vie* en 1928. Son objectif était alors de réduire le prix de revient de ses voitures afin d'abaisser le prix de vente[1]. Il confiait au journaliste : « Si je ne peux pas me procurer une fourniture ou une matière première au prix que j'estime juste, alors je la fabrique moi-même ». Ce propos mérite d'être confronté au raisonnement des managers actuels : « Si je peux trouver un sous-traitant capable de fournir un meilleur rapport qualité/prix, je cesse de fabriquer en interne ». La logique de maîtrise des coûts semble équivalente pour les deux propos, mais les solutions suggérées sont totalement opposées. Pourquoi les managers du passé défendaient-ils la logique d'hyperconcentration, alors qu'aujourd'hui l'adhésion à l'idée d'éclatement pur et simple de l'entreprise est unanime ? Tout simplement parce que le prix de revient n'est pas le seul critère de différenciation. Il faut aussi assurer la fluidité et la régularité des approvisionnements et des flux de production[2].

---

1. Dans le même article, Henri Ford explique comment il pratiquait, avant l'heure, l'analyse de la valeur. Il étudiait, par enquêtes sur le terrain, les attentes des clients et le prix de vente acceptable par le marché. Riche de cet enseignement, il pouvait alors définir le prix plafond de revient pour chaque fonction de la voiture.
2. Avec la réduction constante des délais de fabrication et le passage à l'e-business, ces deux points sont devenus primordiaux.

> *Pour assurer la continuité de service jusqu'au client, il faut limiter les pertes de contrôle sur l'ensemble du processus.*

Mais pour assurer la continuité de service jusqu'au client, il faut limiter les pertes de contrôle sur l'ensemble du processus. Jusqu'à ces dernières années, il n'y avait pas réellement d'autres solutions que la centralisation. Seules les opérations à faible valeur ajoutée ou n'intervenant pas dans les processus clients, pouvaient être sous-traitées. Dans tous les cas, il était indispensable de constituer des stocks tampons pour pallier les insuffisances des fournisseurs. La méfiance envers les fournisseurs était de règle. Depuis, les temps ont changé. Avec l'avènement d'un climat concurrentiel exacerbé, le cours de la valeur « client » a grimpé en flèche. Pour les capter et les conserver, il faut maintenir les prix au plus bas, innover[1] et surtout être très rapide. La coopération entre l'ensemble des partenaires intervenant sur le processus de production, est la seule solution à cette équation à 3 inconnues. Avec le développement des technologies de l'information, cette coopération est désormais réalisable. Les systèmes d'information des différents partenaires peuvent être interconnectés et communiquer étroitement. Si, en tant que donneur d'ordre, je peux connaître les capacités de fabrication de mon fournisseur, et si mon fournisseur peut à son tour connaître mes besoins présents et futurs, nous pouvons tous deux travailler au plus juste, livrer vite et bien les clients, maîtriser les coûts de revient et assurer notre marge respective. On passe ainsi d'un

---

1. Donc modifier constamment les procédures de fabrication...

climat de méfiance généralisée à une coopération étendue. La confiance[1] et la circulation de l'information, d'un bout à l'autre de la chaîne clients/fournisseurs, permettent de réduire les stocks, tout en assurant la fluidité et la régularité du processus de fabrication. Il devient alors possible de confier à des partenaires, plus performants sur le plan du rapport coût/qualité/disponibilité, toutes activités, y compris celles à forte valeur ajoutée comme la conception. La SCM *(Supply Chain Management)* assurera la gestion des flux et le pilotage complet de la chaîne étendue.

---

1. Notamment en termes de respect des engagements et de référentiel qualité.

Pour mieux servir les clients en termes de prix, délai et qualité, les processus d'approvisionnement et de fabrication seront gérés dans leur globalité comme le propose le concept de la SCM. Ce thème est traité à la section :

§ *Principe de la SCM*
(Supply Chain Management)

La technologie permet de pousser encore plus loin les relations clients/fournisseurs. Les places de marché proposent un nouveau type de relation. Ce thème est traité à la section :

§ **Places de marché et commerce B2B**

Mais pour coopérer et échanger des informations, il faut utiliser un langage commun. L'EDI (Échange de Document Informatisé) a maintenant évolué et pose les fondements du commerce électronique généralisé. Ce thème est traité à la section :

§ **De l'EDI au commerce électronique généralisé**

L'externalisation ne concerne pas uniquement les fonctions liées aux processus de fabrication. Le système d'information peut, lui aussi, être déporté chez un fournisseur spécialisé. Ce thème est traité à la section :

§ **Infogérance et ASP**
(*Application Service Provider*)

Principe de la SCM
(Supply Chain Management)

⭐ C1-1 SCM (Supply Chain Management)

1. Quoi ?

La **SCM***, c'est le pilotage de la chaîne logistique, depuis le premier fournisseur jusqu'au client final. La SCM a pour objectif d'évaluer au plus juste les besoins, les disponibilités et les capacités de chaque maillon de la chaîne logistique et de fabrication, afin de mieux les synchroniser, et servir les clients dans les meilleures conditions possibles. La SCM permet d'améliorer les flux et les délais tout en maîtrisant les coûts.

> *La* **Supply Chain Management** *ou comment passer d'une gestion saccadée et statique de type commandes/livraisons/stocks, où l'ignorance et la méfiance priment, à une gestion dynamique et continue, fondée sur l'échange étendu d'informations.*

2. Pourquoi ?

Un produit quel qu'il soit n'est jamais, à de rares exceptions près, le résultat du travail d'une seule et unique entreprise. De nombreux fabricants et intermédiaires interviennent aux différents stades de la réalisation dudit produit. Lorsque ces entreprises ne communiquent pas, l'approvisionnement peut à tout moment être en rupture, et le flux de production est ralenti, voire interrompu. Le débit diminue et les délais s'allongent. Pour se protéger des irrégularités, les entreprises ont pris l'habitude de constituer des stocks tampons de sécurité. Ces stocks limitent la flexibilité de la production[1], et grèvent les coûts de revient. En globalisant la vision du processus de production, la *Supply Chain Management* permet de changer de logique. De nature cloisonnée et orientée produit, la production devient étendue et centrée client (voir les figures 2. C-1 et 2. C-2)[2].

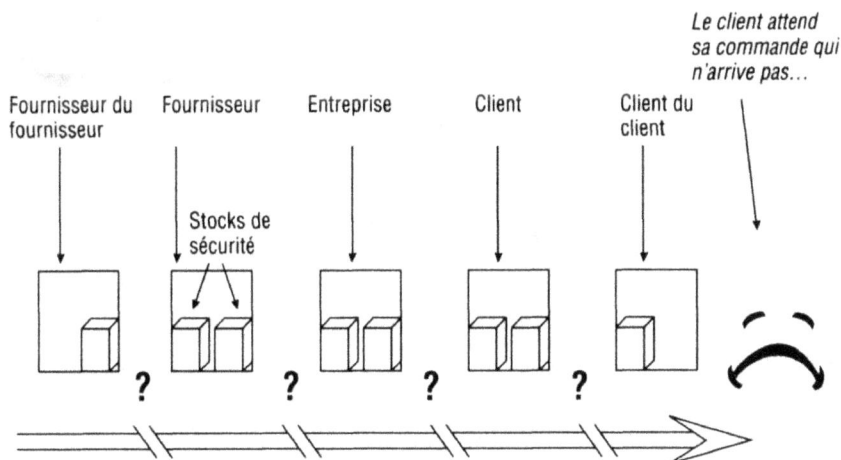

Figure 2.C-1 Le processus classique de fabrication

© Éditions d'Organisation

1. La production a changé. La tendance est à une personnalisation accrue et à des changements de séries et de gammes fréquents. En gérant des stocks tampon au minimum, le constructeur Dell peut lancer une nouvelle gamme, et intégrer les composants les plus récents, seulement quelques jours après leur disponibilité. C'est une des principales explications de son succès.
2. Ces schémas sont des cas d'école. La question est plus complexe. Il y a en réalité bien plus d'intermédiaires et de circuits d'approvisionnement.

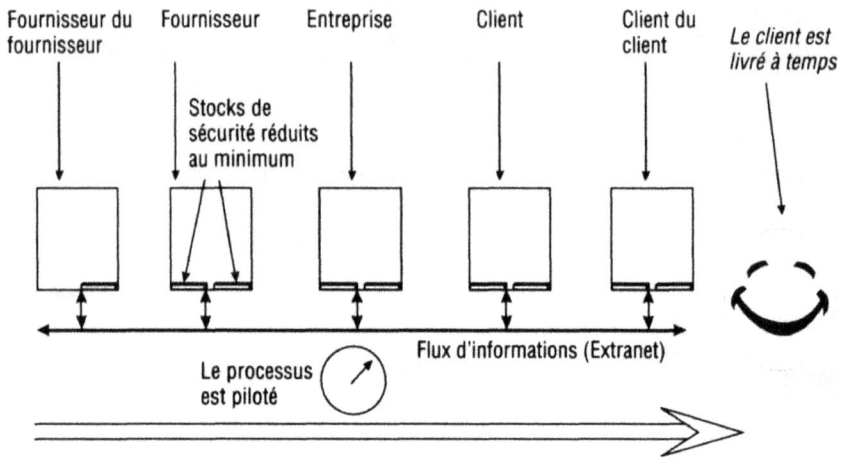

Fournisseur du fournisseur — **Fournisseur** — **Entreprise** — **Client** — **Client du client** — *Le client est livré à temps*

Stocks de sécurité réduits au minimum

Flux d'informations (Extranet)

Le processus est piloté

La SCM permet de fluidifier les flux du processus.

Figure 2.C-2 Le processus de fabrication piloté

3. Comment ?

La *Supply Chain Management* n'est pas simplement un ensemble d'outils informatiques. C'est une véritable révolution des modes de travail et de relation entre les fournisseurs. Il y a peu encore, un fournisseur, placé en amont de la chaîne, se préoccupait fort peu de la destination de ses produits, une fois sortis de l'usine. Il ne connaissait que les besoins immédiats et ponctuels de l'intermédiaire en aval, en fonction des commandes reçues. Il gérait sa production avec cette unique information. Avec la mise en place des modes de fabrication en flux tendu et la généralisation des produits en « sur mesure industrialisé », un management centralisé des flux de production s'impose. Pour servir les clients en temps, en qualité et au meilleur coût (et avec la meilleure marge), il faut disposer à tout moment d'une vision précise de son système de production et de logistique, afin de le calibrer du mieux possible et faire toujours face à la demande.

© Éditions d'Organisation

> *Du flux poussé au flux tiré. Avant, la règle était :*
> *on vend ce que l'on fabrique. Aujourd'hui, la règle est :*
> *on fabrique ce que l'on vend.*

Principe de fonctionnement

Sur le plan du principe, le système de *Supply Chain Management* comporte 4 fonctions majeures :

- **Collecter l'information** dans les unités de production (ERP, GPAO, système commercial). Pour fonctionner, les outils ont besoin d'informations à jour comme l'état des commandes, les commandes passées, les prévisions locales ou les capacités disponibles...

- **Traiter l'information** pour définir le système de production global le mieux adapté à la situation présente. Les outils spécialisés d'APS (*Advanced Planning and Scheduling*) apportent une aide à la décision au gestionnaire, en lui suggérant divers scénarios possibles. Ces outils couvrent, entre autres, les fonctions de prévision, d'ordonnancement, de planification étendue et de gestion des approvisionnements[1]. D'autres outils de suivi sur le terrain comme la famille des SCE (*Supply Chain Execution*), complètent la panoplie du gestionnaire et améliorent la synchronisation des maillons de la chaîne logistique.

- **Dispatcher l'information en interne et en externe**
  Les informations sont redistribuées auprès de l'ensemble des acteurs internes et externes, afin que chacun d'eux puisse localement ajuster ses ressources et ses besoins.

© Éditions d'Organisation

---

1. Ils n'utilisent pas le principe MRP (voir B2-1) mais appliquent des algorithmes de combinatoires évolués, comme la programmation par contraintes (voir www.ilog.com et chercher le produit solver).

- **Mesurer la performance**

  Le système de *Supply Chain Management* s'inscrit dans une dimension de progrès continu. Utiliser les meilleurs outils ne sera pas suffisant pour garantir une gestion optimum de la chaîne logistique. Il faut apprendre à domestiquer le système et à le guider dans le sens des objectifs définis initialement. Le gestionnaire utilisera un tableau de bord*(D1-4) pour piloter sa performance.

4. Quelles tendances ?

La SCM devient indispensable

Si les premiers industriels, comme Dell ou Ford, à avoir négocié le virage de la *Supply Chain Management* ont pu prendre un avantage conséquent sur la concurrence, c'est aujourd'hui la relégation qui menace les retardataires et les indécis. Le mot n'est pas trop fort, l'e-business accélère la mutation des relations client/fournisseur, et la mise en place d'une *Supply Chain Management* est désormais un passage obligé. D'ailleurs, le concept ne se limite plus, comme à l'origine, à la gestion des interactions avec les fournisseurs mais s'étend à l'ensemble du processus jusqu'au client.

En attendant une offre modulaire.

Avec le développement de l'EAI*(E4-2) et des offres modulaires, chaque industriel devrait, à terme, pouvoir construire son propre outil de SCM, adapté à son mode de production et à ses spécificités d'approvisionnement. On évitera peut-être ainsi le syndrome du « tout intégré » des ERP*(B1-1)[1].

---

1. C'est même plus qu'un espoir, une nécessité. Les modes de production étendue sont bien plus complexes que certains éditeurs ou consultants semblent le suggérer.

5. Remarques et commentaires

Il faut décloisonner !

Le concept de SCM ne se limite pas exclusivement aux aspects logistiques, mais couvre l'ensemble du processus de production étendu. La SCM est, en fait, un véritable système d'organisation globale de l'entreprise et de ses partenaires. Pour réussir son projet, il faut l'aborder dans sa globalité, sans omettre les attentes des partenaires. Chaque entreprise, maillon de la *supply chain,* a sa propre stratégie et le concepteur en tiendra compte. Les objectifs du projet SCM ne satisferont pas exclusivement ceux du donneur d'ordre. Il faudra aussi répondre aux attentes des partenaires. La SCM doit être le mortier d'une véritable synergie. Encore trop d'entreprises conservent l'approche de type maître/esclave avec les sous-traitants (ce ne sont pas des partenaires), et limitent l'aspect relationnel et le partage d'information à la portion congrue. Elles ne pourront pas construire l'entreprise étendue. Pour réussir son projet, il faut l'envisager sous l'angle de la création de valeurs pour tous les partenaires. La recherche de la coopération doit apparaître dans les indicateurs de performance.

6. Pour aller plus loin

À visitez sur le Web

Les sites des éditeurs comme :

www.12.com ou *www.manugistic.com* (anglais).

www.supplychaincenter.com Site portail consacré à la SCM (français).

www.logisitique.com Site comportant de nombreuses informations sur les applications de la SCM (français).

http://www.supply-chain.org/ Le site du *Supply Chain Council.* Il comporte de nombreuses informations et toute une section en français.

www.thesupplychain.com Ce site propose une offre de *supply chain* de type ASP*(C4-2).

À lire

C. Poirier, S.Reiter, *La supply-chain*, Éditions Dunod, 2001. Le projet de mise en place de la *supply chain*.

7. Concepts voisins
ERP (B1-1), MES (B2-1), Tableaux de bord (D1-4).

Places de marché et commerce B2B

Schématiquement et conformément à sa dénomination, la *supply chain* est représentée comme une chaîne reliant, de façon linéaire, les différents partenaires. La réalité est un peu différente. S'il est vrai qu'à un instant donné, le processus d'approvisionnement et de fabrication est linéaire, pour une vision plus conforme à la réalité, il vaut mieux adopter une représentation sous forme de maillage. Pour une même fourniture, il existe en effet plusieurs fournisseurs potentiels. Les fournisseurs sont habituellement sollicités par un appel d'offres et les services achats sélectionnent celui qui apportera le meilleur rapport qualité/délai/prix. Avec le changement des modes de production, il faut réagir de plus en plus vite et trouver rapidement les sources d'approvisionnement les plus compétitives. L'Internet propose un modèle de coopération étendue réunissant, en un même lieu virtuel, les acheteurs et les fournisseurs potentiels : les places de marché.

★ C2-1 Places de marché (market place)

1. Quoi ?
Une place de marché est un espace d'échange inter-entreprises sur l'Internet. C'est un carrefour virtuel où toute entreprise peut proposer ou répondre à des appels d'offres, échanger des

informations et bénéficier de services en ligne. Pour un premier niveau de participation, une simple connexion Internet suffit et l'ensemble des offres est accessible. À un second niveau, l'entreprise peut directement mettre en ligne son catalogue. Les sites hébergeant les places de marché proposent aussi des services à valeur ajoutée à accès payant. Mais le prélèvement d'un pourcentage sur les transactions réalisées constitue le principal de leurs rémunérations.

> *Avantages des places de marché :*
> * *rationaliser le processus d'achats /ventes et fluidifier les échanges ;*
> * *réduire les délais de transaction ;*
> * *diminuer les coûts de gestion des achat ;*
> * *diversifier les sources d'approvisionnement ;*
> * *optimiser la gestion des stocks ;*
> * *lutter contre l'isolement des PME.*

2. Pourquoi ?

Rapprocher vendeurs et acheteurs

L'Internet permet de rapprocher, en des lieux thématiques, tout acteur, quels que soient sa localisation physique et le moment de la journée. Ainsi, nombre de PME peuvent répondre à des appels d'offres qu'elles n'auraient pu connaître autrement. De son côté, le donneur d'offres dispose d'un choix élargi de fournisseurs éventuels et peut diversifier ses sources d'approvisionnement.

Automatiser l'acte d'achat

Classiquement, le processus d'achat de fournitures est long et coûteux[1]. En automatisant la gestion des approvisionnements, les places de marché accélèrent le processus d'achat et en diminuent significativement le coût[2].

3. Comment ?

Principe général

La place de marché prend en charge une grande part de la gestion des appels d'offres. Une fois saisi par le demandeur, l'appel d'offres est transmis aux fournisseurs inscrits susceptibles de répondre. La place de marché récupère les réponses et les retourne au demandeur par mail ou fax, après avoir pris soin de les trier et de les sélectionner, selon les critères définis par ce dernier. Pour faciliter le travail des offreurs de services, les sites de place de marché apportent des services complémentaires, comme l'assistance à la conception de la proposition ou la consultation anonyme des offres concurrentes[3]. Pour aller plus loin dans l'automatisation du processus, les places de marché gèrent un système d'**enchères inversées*** pour départager les concurrents.

> *En rapprochant acheteurs et fournisseurs, la place de marché régule l'offre et la demande.*
> ***Enchères inversées** : les enchères partent d'un point haut et décroissent jusqu'à trouver un accord avec l'acheteur.*

© Éditions d'Organisation

---

1. La procédure classique d'achats se déroule en plusieurs temps : lancement des appels d'offres, analyse des propositions, élaboration de la *short list*, relance éventuelle puis nouvelle sélection avant d'aboutir au choix définitif.
2. Selon les chiffres les plus souvent cités, les gains seraient compris dans une fourchette allant de 12 à 30 %.
3. Seul le prix est visible. Le détail de l'offre reste masqué.

Les types de places de marché

Il existe actuellement 3 principaux types de places de marché :

- **les places de marché horizontales**

    Ce sont des places de marché généralistes. Elles sont plus orientées fournitures et biens de fonctionnement (matériel de bureau, mobilier, ordinateurs, services d'entretiens...) et offrent des services étendus pour une large communauté d'industriels[1].

- **les places de marché verticales « sectorielles »**

    Ce sont des places de marché spécialisées sur un secteur donné (bâtiment, grande distribution, agro-alimentaire...). Elles ne répercutent que les appels d'offres liés au secteur. Elles sont orientées achats des matières premières et composants intervenant dans la fabrication des produits.

- **les places de marché verticales « propriétaires »**

    Ce sont de véritables centrales d'achats en ligne. Créées à l'initiative de grands donneurs d'ordre, elle permettent de diminuer les coûts de la gestion des achats et de rationaliser le processus d'approvisionnement[2].

4. Quelles tendances ?

De la place de marché à l'offre de services étendus

Malgré tous les avantages des places de marché, le succès et la rentabilité ne sont pas encore au rendez-vous, en tout cas, pour les places de marché non propriétaires. Le monde industriel européen, et plus particulièrement les PME-PMI, ne sem-

---

1. *Answork.com*, par exemple, suit et permet l'automatisation du processus d'échange depuis la demande d'achat jusqu'à la facturation et le règlement (le site effectue les rapprochements facture/commande, facture/règlement).

2. Comme *GNX.com* créée par Carrefour et Sear. Elles ne réduisent pas uniquement les frais de gestion. Le principe de concurrence étendue tend à abaisser aussi les coûts d'achat.

blent pas encore assez mûrs pour adopter massivement ces nouveaux modes de fonctionnement[1].

Pour survivre, les places de marché ne peuvent se contenter des commissions. Elles s'orientent, de plus en plus, vers de nouveaux services à valeurs ajoutées pour les acheteurs et les vendeurs comme les conseils, les services annexes, les produits maisons ou l'hébergement d'application dans le cadre d'une offre ASP*(C4-2). Les places de marché sont généralement complétées d'un portail de services communautaires.

5. Remarques et commentaires
Avec l'e-procurement, le processus d'approvisionnement est en voie d'être totalement automatisé
Les places de marché verticales, en développement constant, sont d'un intérêt crucial pour les entreprises. Orientées essentiellement sur les achats de fournitures entrant dans le processus de fabrication, elles s'intègrent désormais avec la *supply chain*. Elles facilitent la diversification des sources d'achats tout en assurant l'automatisation complète du processus d'approvisionnement. Ainsi, plus aucune étape n'échappe à la SCM*(C1-1) qui pourra, théoriquement, piloter sans interruption l'ensemble de la chaîne depuis les fournisseurs jusqu'au client final.

6. Pour aller plus loin
À visiter sur le Web
- **Places de marché horizontales**
  www.mondus.fr Achat de fourniture et de prestation pour PME-PMI (français).

---

1. Il est vrai que la mise en ligne d'un catalogue dépasse largement la simple démystification de l'Internet. À l'heure actuelle, peu de PME sont capables d'ouvrir leurs systèmes d'information sur l'e-business.

www.marketo.com Place de marché généraliste (français).
www.answork.com Place de marché généraliste avec services associés (français).

- **Places de marché verticales sectorielles**
www.verticalnet.com Site portail aiguillant vers de nombreuses places de marché sectorielles (anglais).
http://www.medicaldesignonline.com Exemple de place de marché verticale dédiée aux achats de produits médicaux (anglais).

- **Places de marché propriétaires**
www.gnx.com Un exemple de centrale d'achats en ligne pour la grande distribution (Carrefour, Sear, Metro...).
www.covisint.com Un exemple de centrale d'achats en ligne pour l'automobile (GM, Ford, Nissan, Renault, PSA...).

Généralités sur les places de marché
http://www.placesdemarche.net/ Un site francophone sur les places de marché. Le site propose une lettre gratuite d'information hebdomadaire.

À lire
P. Nieuwbourg, H. d'Hondt, *Places de marché sur l'Internet*, BNTP, 2000. Un point précis sur les places de marché.
J.D Picks, D. Schneider, *e-markets, les nouveaux modèles du B2B*, First Edition, 2001. Un point sur le commerce B2B et particulièrement sur les places de marché.
La revue *L'atelier*. L'atelier, un centre d'études de Paribas, étudie le marché de l'Internet et consacre régulièrement un dossier aux places de marché (*www.atelier.fr*).

7. *Concepts voisins*
SCM* (C1-1), Communauté virtuelle (D2-7), Portail (C2-2).

✱ *C2-2 Les portails communautaires*

Point d'entrée sur la « toile », les portails orientés métier ou fonction de l'entreprise, proposent un ensemble de liens et de services en rapport avec l'activité. Ils facilitent l'accès aux sites d'intérêt pour le secteur ou la fonction concernée et rapprochent les entreprises distantes autour de leur thème de prédilection. Lorsque le portail intègre une communauté, celle-ci est gérée et animée. Le gestionnaire sélectionne les offres et les informations en fonction de leur pertinence et leur intérêt. (voir Communautés virtuelles*[D2-7]).

Deux exemples de portails communautaires :

> *www.comptanoo.com* est un portail orienté fonction comptable. Il propose aux dirigeants de TPE (Très Petite Entreprise) un ensemble de produits et services adaptés.
> *www.business-village.fr* est un des plus anciens portails communautaires français destinés aux PME-PMI. Il offre une panoplie complète de produits et services en ligne.

De l'EDI au commerce électronique généralisé

Pour communiquer, il faut utiliser la même langue et partager une définition commune des principaux concepts. Cette vérité première ne se limite pas à la communication humaine. Avec le développement de l'e-business, les systèmes d'information doivent, eux aussi, appliquer cette règle fondamentale. La définition d'un langage et d'une infrastructure de communication, comme le propose actuellement l'EDI, est une brique essentielle du développement du commerce électronique généralisé.

C3-1 EDI (Échange de Données Informatisé, Electronic Data Interchange)

1. Quoi ?

L'EDI définit un ensemble de normes et d'outils pour échanger des documents commerciaux structurés entre des applications informatiques distantes reliées par un réseau. L'ensemble des partenaires, qu'ils soient clients, fournisseurs, organismes bancaires ou administrations, échangent ainsi des documents numériques en remplacement des documents papiers. Depuis cette première définition, l'EDI a évolué. Associé au métalangage **XML***(E2-10), l'EDI devient la plate-forme unique et standardisée d'échanges B2B sur l'Internet.

> **XML** *est un métalangage de description des documents très puissant. Il peut être considéré comme universel.*

2. Pourquoi ?

Les échanges de documents papiers, inhérents à toute transaction commerciale, alourdissent les processus transversaux. La dématérialisation et l'échange normalisé des documents électroniques permettent de mieux fluidifier les échanges commerciaux en accélérant et en simplifiant l'ensemble des transactions. L'automatisation des processus peut ainsi être conduite plus en avant. Cette question est d'autant plus cruciale avec le développement du commerce en ligne et notamment des échanges B2B. En définissant un langage d'échange universel et standardisé comme le proposent les nouvelles normes d'EDI, fondé sur XML*(E2-10), toutes les entreprises connectées peuvent commercer dans le cadre d'échanges B2B généralisés.

3. Comment ?

Première époque : Edifact

Le courrier classique ne suffit pas aux exigences de rapidité des échanges commerciaux inter-entreprises. Seuls les réseaux électroniques[1] étendus sont à même d'assurer la fluidité des échanges de documents commerciaux. Mais pour échanger des documents, il faut, non seulement utiliser le même média mais aussi parler la même langue[2]. Chaque entreprise définit son propre format pour ses documents commerciaux, comme les bons de commandes, les devis ou les factures. Pour faciliter les échanges et l'automatisation de la gestion, des travaux de normalisation ont été entrepris depuis déjà pas mal d'années au niveau international avec la norme **Edifact***. Cette norme définit précisément le format et les verbes pour chaque type d'échange. À partir de cette définition standard, chaque domaine professionnel peut affiner le langage et les procédures de communication spécifiques à ses propres échanges[3].

EDIFACT : Electronic Data Interchange For Administration Commerce and Transport *définit un langage normalisé d'échanges. Cette norme est représentée en France par EdiFrance.*

---

1. Notamment, pour cette première époque, les réseaux à valeurs ajoutées (RVA). Ils apportent des services complémentaires comme la gestion de la messagerie et de la sécurité. Il est aussi possible d'utiliser une connexion point à point lorsque le nombre de partenaires est réduit.
2. Nous reviendrons sur ce point au chapitre 2. E-3 Réseaux.
3. EAN, GENCOD (grande distribution), EDIPHARM (pharmacie), ODETTE (automobile) sont des exemples parmi d'autres d'accord professionnel EDI.

Seconde époque : le commerce électronique

Avec le développement de l'Internet, nous entrons actuellement dans une autre dimension des échanges inter-entreprises. Il ne s'agit plus de simplement accélérer les communications avec les quelques partenaires habituels, mais de bâtir une véritable plate-forme d'échanges standardisés. De nouvelles normes d'échanges s'appuyant sur l'Internet et XML comme **ebXML***, sont en cours d'élaboration. Elles redéfinissent la notion habituellement admise d'EDI. Ces nouvelles normes présentent l'avantage incomparable de profiter de l'enseignement d'EDIFACT, tout en s'appuyant sur des standards publics bien établis, comme l'Internet et ses protocoles associés, et le métalangage XML. Toute entreprise, quelles que soient sa taille et sa localisation, pourra, à la simple condition de disposer d'une liaison Internet, s'équiper d'un système logiciel fondé sur ces nouvelles normes, et entrer en contact commercial avec l'ensemble des autres acteurs économiques mondiaux. Au contraire de l'EDI classique, les produits de communication devraient être commercialisés à un prix abordable pour les PME aussi petites soient-elles. C'est une condition essentielle. Le gigantesque maillage que constitue le commerce B2B devient ainsi réalisable. À terme, chaque entreprise pourra aisément mettre en ligne son catalogue, et participer activement aux places de marché, ainsi qu'à des sites de commerce en ligne multi-fournisseurs.

> **EbXML,** supporté par UN/CEFACT et OASIS, est un ensemble de spécifications de communications et d'échanges de messages commerciaux, permettant à toute entreprise, quelle que soit sa taille ou sa situation, d'ouvrir son marché au commerce en ligne sur l'Internet.
> Le gigantesque maillage que constitue le commerce B2B devient ainsi réalisable.

4. Quelles tendances ?

Le commerce électronique étendu devient accessible

Le commerce électronique et la rationalisation de l'ensemble du processus imposent la mise en place d'une plate-forme standardisée d'échanges. Encore aujourd'hui, l'ouverture sur l'e-business est bien trop coûteuse pour être adoptée en masse par l'ensemble des PME européennes. Avec la mise à disposition d'une infrastructure de communication standard proposée à un coût abordable, la tendance devrait rapidement s'inverser. L'e-business et le marché globalisé seront ouverts à toutes les entreprises. Nous allons réellement découvrir ce que signifie le terme de globalisation des marchés.

5. Remarques et commentaires

L'automatisation des processus de commerce est bien engagée

L'utilisation de réseaux propriétaires et à valeurs ajoutées était trop contraignante pour les PME les plus modestes. Lorsqu'elles n'étaient pas astreintes par leurs donneurs d'ordre, elles préféraient éviter cette solution, bien trop lourde et trop coûteuse pour de petites transactions irrégulières. Avec les développements autour de XML et de l'Internet, toute PME pourra s'équiper à moindre frais, et profiter des avantages de l'EDI pour échanger avec tous les partenaires sans exception : fournisseurs, sous-traitants, clients, banques, organismes publics. La dématérialisation de l'ensemble des documents et la standardisation des échanges ouvrent la voie à l'automatisation totale de tous les processus commerciaux.

6. Pour aller plus loin

À visiter sur le Web

www.edifrance.org Le site d'EdiFrance représentant d'Edifact (français).

http://www.eannet-france.org Le site de l'EAN Gencod. Ce site contient de nombreuses informations sur l'EDI.

ebxml.org Le site officiel du projet ebXML géré par OASIS (anglais).

http://www.unece.org/cefact/ Le site de *l'United Nations Economic Commission for Europe*, partie prenante dans la mise en place de la norme ebXML.

http://www.rosettanet.org Un projet de langage d'échange universel du e-business défini par le consortium Rosetta (en référence à la pierre de Rosette).

À lire

H. Agnoux, *Application de l'EDI sur Internet*, Éditions Eyrolles, 1999.

M. Langlois, S. Gash, *Le commerce électronique B2B*, Éditions Dunod, 2001.

7. Concepts voisins

Réseaux (E3-1), XML (E2-10).

> **P**our simplifier l'interconnexion avec les partenaires, les entreprises délaissent les réseaux propriétaires ou à valeur ajoutée pour adopter l'Internet. Il est en effet possible de créer un réseau à accès réservé en utilisant l'infrastructure publique de l'Internet. On l'appelle un Extranet.

C3-2 Extranet

© Éditions d'Organisation

L'Extranet, c'est l'utilisation de l'Internet*(E3-2) pour échanger avec ses partenaires. Une simple connexion Internet suffit pour se connecter aux serveurs des entreprises partenaires. Une fois que le serveur vous aura identifié, vous aurez accès à un ensemble de ressources mises à votre disposition par le partenaire, comme des services de messagerie e-mail, des pages d'informations au format Web, des applicatifs spécifiques, des documents en téléchargement ou des forums.

L'Extranet simplifie les relations avec les partenaires et peut être utilisé en remplacement des réseaux propriétaires. Pour une plus grande confidentialité des données échangées, il est préférable d'utiliser un Extranet sécurisé. On parle alors de **VPN*** *(Virtual Private Network)*.

> **VPN** *(Virtual Private Network) : le VPN permet de bâtir un réseau privé virtuel et sécurisé sur le réseau public et ouvert d'Internet. Toutes les transactions du réseau sont cryptées pour garantir la confidentialité des échanges.*

Concepts voisins

Internet (E3-2), Intranet (D2-1), Sécurité (E4-9).

Figure 2.C-3

© Éditions d'Organisation

Infogérance et ASP
(Application Service Provider)

Les solutions d'externalisation ont le vent en poupe. Le système d'information n'échappe pas à la vague de sous-traitance étendue. Il peut ainsi être maintenu à l'extérieur dans le cadre d'un contrat d'infogérance ou totalement loué avec le concept d'ASP.

C4-1 Infogérance

L'infogérance (*facilities management*) propose de confier tout ou partie de la gestion de son système d'information et des tâches associées[1] à un prestataire informatique. Le client conserve la maîtrise du système d'information. Le prestataire et le client sont liés par un contrat définissant avec précision la durée et le niveau de service. Le contrat ne se limite pas à la description détaillée des moyens du plan qualité mis en œuvre par le prestataire. Il sera suffisamment précis pour définir la notion de performance attendue, au sens du client, et les éléments de mesure choisis comme indicateurs. Le principe de l'infogérance est particulièrement intéressant sur les plans comptable et du management d'équipe. Il permet de remplacer la gestion, de plus en plus délicate, d'équipes internes[2] par un contrat commercial. Le client sait avec précision et à l'avance le coût de revient de son système d'information pour un niveau de

---

1. Selon les cas, le contrat sera limité à l'exploitation et la maintenance du parc d'ordinateurs ou au contraire, portera sur la gestion de certaines applications, voire sur l'ensemble du système d'information (matériel, applications, nouveaux développements...).
2. Avec l'évolution accélérée de la technologie, il faut tenir compte de la pénurie permanente des compétences et de l'obsolescence de ces dernières. Les entreprises de taille moyenne ne pourront pas employer à temps complet certains spécialistes (réseaux, bases de données...) nécessaires au fonctionnement du système d'information. Cette sous-utilisation grève inutilement le budget informatique.

service initialement défini. La seule difficulté sera de bien identifier au préalable les activités susceptibles d'être sous-traitées sans se limiter à une simple évaluation comptable mais en considérant les enjeux stratégiques de l'entreprise.

Le contrat définit un engagement de résultats.

Pour aller plus loin
À lire

A. Champenois, *L'infogérance,* Interédition, 1999. Le projet d'externalisation.

C4-2 ASP (Application Service Provider) *ou FAH (Fournisseur d'Applications Hébergées)*

1. Quoi ?
Les ASP sont des fournisseurs qui gèrent et administrent les applications d'informatique d'entreprise. Les applications utilisées par l'entreprise sont louées et hébergées chez le fournisseur d'ASP. Les clients accèdent à distance par l'Internet ou par un réseau privé. Un simple navigateur et une ligne téléphonique suffisent pour utiliser les applications d'entreprise.

Un simple navigateur standardisé et une ligne téléphonique sont suffisants pour accéder aux applications d'entreprise.

2. Pourquoi ?
Faut-il louer ou acheter ? Cette question n'est pas nouvelle et les services comptables des entreprises se la posent régulière-

ment avant tout investissement. Ces dernières années, la location de logiciels et de services informatiques n'était plus dans l'air du temps. Avec la complexité des systèmes d'information, l'évolution constante de la technologie et la pénurie des compétences, cette question revient au goût du jour. Si les prix d'achats des matériels et des logiciels sont en diminution constante, *a contrario*, le coût de possession **TCO*** *(Total Cost of Ownership)* a tendance à augmenter. La location devient concurrentielle.

> *Le* **TCO Total Cost Owner** *(coût de possession) définit le coût total d'un ordinateur en incluant tous les frais de gestion d'un poste : coûts d'achat, de maintenance, d'administration, de gestion des versions logiciels...*

3. Comment ?

Avec l'ASP, les applications informatiques (comme les ERP*(E1-1) par exemple) sont vues par le client comme des services. Les utilisateurs se connectent depuis un terminal équipé d'un navigateur, et accèdent à l'ensemble des applications et des données de l'entreprise. Le fournisseur d'ASP héberge la totalité de l'application du client. Appliquant le principe du portail d'entreprise*(D1-1), les applications sont accessibles depuis n'importe quel lieu connecté à l'Internet.

Avec une solution d'ASP, le client est détaché des contraintes inhérentes à l'exploitation d'un centre informatique et peut mieux se consacrer à son métier. Il ne paiera que l'utilisation du service à l'usage ou par abonnement. Le fournisseur assure toutes les questions de gestion informatique, de maintenance et de mise à jour des versions. Il rentabilisera au mieux son infrastructure matérielle et logicielle en la répartissant sur plusieurs clients. Comme dans tous les cas de sous-traitance informatique, il faudra consacrer le temps nécessaire à l'élaboration du contrat qui prévoira des garanties suffisantes de qualité de services[1].

4. Quelles tendances ?

PME et complexité des systèmes d'information

La technologie informatique est encore trop instable pour une utilisation sans souci et les problèmes récurrents perturbent la bonne marche des entreprises. Et nous ne sommes qu'à l'aube de l'essor de l'informatique d'entreprise (et oui !). Pour intégrer la sphère du commerce B2B, toutes les entreprises, même les plus modestes PME, devront s'équiper. L'ASP est la solution pour toutes celles qui ne peuvent ou ne souhaitent assumer les coûts d'une équipe informatique.

Le marché des licences progiciels

La vente de licences logiciels est en perte de vitesse. Les clients sont lassés des versions successives à répétition et attendent un nouveau modèle de commercialisation des applications logiciels mieux adapté à l'usage. La grande majorité des éditeurs proposent ou proposeront leurs produits en location ASP. On suivra de près les offres des grands éditeurs qui se positionnent sur le créneau des services à valeurs ajoutées comme Microsoft avec la stratégie Net, Oracle ou IBM.

5. Remarques et commentaires

Avec l'ASP, on redécouvre l'informatique, non plus en pôle de concentration de problème, mais bien en termes de services rendus et en apport de valeurs. Le démarrage des ASP est

---

1. La garantie de la continuité de services, de la disponibilité, des débits, sécurité des données, sauvegardes... En fait, tout ce qui représente la performance au sens du client.

encore un peu lent. Les entreprises hésitent à délocaliser leurs informations. Il faut reconnaître aussi que, pour le moment, l'offre des fournisseurs est un peu confuse, notamment en matière de politique tarifaire. Mais cet état de fait ne saurait durer, et une fois le concept entré dans les mœurs, les entreprises devraient y recourir plus systématiquement.

6. Pour aller plus loin
À visiter sur le Web

http://www.aspconsortium.org/ Site de référence sur l'ASP (anglais).

http://www.asp-one.fr/ Un fournisseur de service ASP en France. Le site est bien documenté (français).

7. Concepts voisins
Infogérance (C4-1), Portails (D1-1).

Faciliter l'autonomie
et la coopération

Il y a peu encore, le contexte économique semblait suffisamment stable pour que les entreprises puissent se reposer sur un système de production fondé essentiellement sur les prévisions et les planifications. Il semblait alors possible de rechercher une automatisation absolue de l'ensemble des processus de l'entreprise. De plus, les technologies de l'informatique se révélaient prometteuses pour remplacer les hommes de l'entreprise en toute situation. Dans un premier temps, ce furent les hommes de la production que l'on remplaça par des systèmes automatisés. Puis, les administratifs à leur tour vécurent eux aussi (et vivent encore...) les coupes franches avec la mise en place de procédures informatisées. L'automatisation intensive ne devait pas s'arrêter en si bon chemin. On attendait beaucoup des technologies de l'Intelligence Artificielle (IA) pour remplacer l'homme dans la grande majorité des situations de décision. Selon les travaux d'Herbert Simon (prix Nobel d'économie 1978), l'Intelligence Artificielle serait rapidement à même de prendre des décisions de plus en plus sophistiquées...

Mais depuis, le contexte a changé. En peu de temps, le monde économique est entré dans une phase d'hyperconcurrence et il est devenu fort risqué de s'appuyer exclusivement sur des solutions entièrement automatisées. À chaque instant, une situation imprévue et imprévisible par nature peut survenir et mettre à mal les prévisions et planifications les plus fines. Aussi sophistiqués que puissent être les solutions à base d'Intelligence Artificielle et autres systèmes experts, ils ne disposent pas, au contraire des hommes, de la capacité d'appréciation et d'évaluation des risques de la décision[1]. Les hommes ne sont pas remplaçables en toute situation et à tout moment, le pilote doit pouvoir reprendre les rênes. Pour bâtir des systèmes réellement efficaces, il est fortement conseillé de compléter les processus automatisés (mode de fonctionnement procédural) d'une capacité à réagir (mode de fonctionnement *ad hoc)* reposant sur les hommes de l'entreprise. Les moyens existent. Le monde de la technologie est depuis quelques années très fécond en nouveaux produits et concepts orientés assistance des hommes en situation. Les solutions proposées par le marché sont techniquement opérationnelles et méritent d'être étudiées de près.

© Éditions d'Organisation

---

1. Il ne faut pas se laisser abuser par les exploits de Deep Blue. Même si la victoire fut remarquable, la vie réelle est autrement plus complexe qu'une partie d'échecs où l'ensemble des mouvements possibles et des positions sont quantifiables. Dans la vie réelle, en situation de décision, on ne dispose pas et on ne disposera jamais de toutes les informations pour mesurer objectivement le pour et le contre. Il faut alors faire fonctionner son cerveau et sa sensibilité pour prendre ou non le risque de s'engager (ou de ne pas s'engager).

Ce chapitre est structuré en 5 paragraphes correspondant chacun à un stade d'évolution de l'organisation.

Il faut, en premier lieu, donner les moyens aux hommes d'accéder aux informations essentielles pour la prise de décision.

Ce thème est traité à la section :

§ Accéder et exploiter l'information

Mais lorsque les décisions sont délicates, il est important de pouvoir consulter ses pairs. Ce thème est traité à la section :

§ Partager avec ses pairs

De toute façon, la coopération entre les hommes est devenue primordiale pour la réussite des entreprises. Il sera alors bénéfique de dynamiser le travail de groupe autour des projets-clés. Ce thème est traité à la section :

§ Faciliter le travail coopératif

Puis, pour s'inscrire réellement dans une dynamique d'amélioration permanente, il faut encore aller plus loin, cumuler et rendre accessible la connaissance globale tout en assurant le perfectionnement des compétences personnelles. Ce thème est traité à la section :

§ (S') Enrichir en continu

Dans tous les cas, pour réagir rapidement et innover à propos, il faudra être aux aguets des moindres signes extérieurs. Ce thème est traité à la section :

§ Devenir une vigie éclairée

Accéder à et exploiter l'information

Il n'est plus possible de définir une fois pour toutes les informations accessibles sur un poste de travail. Les besoins des utilisateurs sont en perpétuelle évolution. Le concept de **portail d'entreprise,** arrivé récemment sur le marché, rencontre un vif succès. Il inverse la problématique en permettant à l'utilisateur de configurer directement son poste de travail avec les informations et ressources qu'il souhaite utiliser...

D1-1 Portail d'entreprise (EIP Enterprise Information Portal)

1. Quoi ?

Inspiré des portails de l'Internet (comme *yahoo.com*), le portail d'entreprise définit le point d'entrée à l'ensemble des informations et ressources du système d'information de l'entreprise. Pour se connecter, un simple navigateur Internet est suffisant. L'utilisateur peut personnaliser son interface en fonction de ses centres d'intérêt et des ressources dont il a besoin pour sa tâche quotidienne. Le portail d'entreprise est conforme aux standards de l'Internet et du Web, et l'utilisateur peut se connecter depuis n'importe quel lieu (lorsqu'il est en déplacement par exemple) et retrouver son « bureau virtuel ».

2. Pourquoi ?

Le portail d'entreprise s'inscrit dans une réforme de fond de la conception des systèmes d'information en accord avec les nouveaux besoins des organisations. Dans un contexte de changement permanent, il n'est plus possible d'entériner une fois pour toutes, au cœur d'un applicatif, tous les besoins en matière d'information de chaque utilisateur. Les rôles et les postes sont appelés à évoluer continuellement. Pourquoi ne pas donner à chaque utilisateur l'accès à l'ensemble des ressources du système d'information (bases de données, ERP, data warehouse,...) ? C'est l'objet du portail d'entreprise. Chacun, selon son rôle et ses prérogatives, ne prend que ce dont il a besoin à un moment donné. De plus, en utilisant les technologies de l'Internet et en autorisant une connexion à distance, le portail répond aux impératifs de mobilité.

3. Comment ?

Le portail permet *d'accéder à l'ensemble des ressources* du système d'information, depuis un *poste personnalisé* en fonction de ses droits d'accès définis par son *profil*. Développons ces trois points.

Accéder à l'ensemble des ressources

Rendre accessible l'ensemble des ressources des différentes applications et bases de données du système d'information est une tendance très forte actuellement. De nouveaux standards de communication et de partage sont en bonne voie pour être adoptés par l'ensemble des acteurs du marché[1].

Personnaliser son poste

Lorsque l'utilisateur se connecte, une fois son login et son mot de passe saisi, le système l'identifie et affiche sur son poste sa page d'accueil personnalisée. Depuis cette page, l'utilisateur accède à l'ensemble des fonctions et informations qu'il a choisies. À tout moment, il peut modifier son « bureau virtuel » en redéfinissant ses sources d'informations et en assemblant des modules téléchargeables (*portlet*). Il peut ainsi accéder aux services de messagerie, aux forums de discussions, aux applica-

---

1. Cette question sera traitée sur le plan technique au chapitre 2. E Infrastructure section 4.

tions métiers, à des sources d'informations externes (journaux en ligne, serveur de *push**[D1-2]...*), ou encore à des outils de recherche documentaire (cette liste n'est pas exhaustive).

Gestion des profils

Cependant dans l'entreprise, tout le monde ne peut pas accéder à tout. La gestion de la sécurité, et plus particulièrement des droits d'accès, est un point essentiel des portails d'entreprise. Pour chaque utilisateur, le système conserve en mémoire son profil définissant ses droits d'accès. Une fois l'utilisateur identifié, le système connaît avec précision ses droits d'accès et limite en conséquence l'accès aux objets du système d'information.

4. Quelles tendances ?

Le portail pour bâtir des Intranets et des Extranets

Le concept du portail simplifie la réalisation des Intranets*(D2-1) mais aussi des Extranets*(C3-2). Le principe est équivalent pour les deux types d'outils. Le profil défini pour chaque utilisateur, qu'il soit fournisseur, prestataire ou client, sera différent. Dans tous les cas, l'accès sera limité aux seules ressources et informations accessibles depuis l'extérieur.

Le portail et le poste de travail universels

Le portail tend à devenir l'interface utilisateur universelle. Déjà les principaux éditeurs d'ERP adaptent leurs produits au concept du portail dit applicatif (**EAP***) en offrant l'accès aux progiciels depuis un terminal Web. Les deux types de portails EIP* et EAP devraient rapidement converger afin d'offrir une interface unique. Nous sommes bien dans une logique de banalisation du poste de travail et de simplification de l'accès au système d'information.

2 familles de portails :
*les **EIP** (Enterprise Information Portal) ou portail*
informationnel (les portails décisionnels font partie
de cette famille) ;
*les **EAP** (Enterprise Application Portal) ou portail*
applicatif, offrant l'accès aux ressources
du progiciel.

Le portail et l'externalisation du système d'information
Notons que la standardisation du portail comme point d'accès unique au système d'information facilite l'externalisation de ce dernier. C'est la solution proposée par les offreurs de services ASP (C4-2, *Application Service Provider* ou la location de l'usage des progiciels).

5. Remarques et commentaires
La gestion des profils, une fonction-clé pour l'entreprise
Lors de la mise en œuvre, on prendra soin de s'attarder sur les questions de sécurité et notamment la gestion des profils. Ce point déborde sensiblement de la fonction informatique. Il s'agit en effet, pour chaque famille d'utilisateurs, de définir les informations et ressources accessibles. Avec l'importance croissante du système d'information dans les entreprises, la gestion des profils est très proche de la définition des rôles et des prérogatives de chacun.

6. Pour aller plus loin
À visitez sur le Web

www.yahoo.fr La fonction *myyahoo.com* est un bon exemple pour tester les capacités de configuration d'un portail informationnel.
www.mediapps.com Spécialiste français des portails, le site est bien documenté.

www.Hummingbird.com propose une démonstration en ligne assez complète.

7. *Concepts voisins*

Intranet *(D2-1)*, Extranet *(C3-2)*, EAI *(E4-2)*.

Figure 2.D-1

Quelquefois, il est important d'être informé en direct lors de l'apparition de nouvelles informations sans pour cela être tenu d'interroger le système. Le mode *push* assure cette fonction...

D1-2 Pull et push

Lorsque l'on recherche et que l'on trouve une information sur le Web ou sur un portail d'entreprise, on la « tire » à soi. On appelle ce mode d'accès le *pull*. À d'autres moments, nous préférerions être informés périodiquement des variations d'une information. Le système peut alors « pousser » vers notre poste l'information sans que l'on soit tenu de la solliciter. On parle alors de mode *push*. La majorité des portails d'entreprise intègrent un serveur de *push*. L'utilisateur peut ainsi s'abonner à des canaux d'informations et son poste sera rafraîchi automatiquement au rythme choisi.

Pour aller plus loin
À visiter sur le Web

http://www.backweb.com et *http://www.pointcast.com* sont des fournisseurs de serveurs et de services *push*.

Rendre accessible au plus grand nombre l'accès à l'information est déjà un pas essentiel. Mais Il faut aussi tenir compte de la croissance exponentielle de la quantité d'informations produites par les entreprises et de la disparité des formats utilisés. L'information recherchée peut en effet se trouver dans une base de données, une archive papier, un e-mail, un fichier traitement de texte, etc. (chacun peut compléter cette liste). La **GED** (Gestion Électronique des Documents) est actuellement une solution pour la gestion des documents composites...

D1-3 GED (Gestion Électronique des Documents) ou GEIDE (Gestion Électronique des Informations et Documents Existants)

1. Quoi ?
La GED, c'est la gestion informatique des documents de référence de l'entreprise (procédures, plans, schémas, rapports, analyses...). Les documents sont au préalable numérisés (**OCR***) afin de les stocker sous forme électronique, CD-ROM, disque optique, bande magnétique... Ils deviennent alors accessibles depuis un poste connecté au système d'information.

> **OCR :** Optic Caracter Recognition. *Reconnaissance optique des caractères : une phase majeure de la numérisation des documents.*

2. Pourquoi

La mise en place d'une GED permet une maîtrise efficace de son « capital » document. L'ensemble des documents de l'entreprise, une fois numérisé et intégré dans le système, devient accessible avec des outils de recherche documentaire[1]. Notons que la GED ne se limite pas au remplacement des traditionnelles archives. Elle prend aussi en charge la gestion des documents multi-formats et de différentes sources (textes, fichiers tableurs et autres fichiers bureautiques, e-mail, fax, images, vidéo, son...).

> *La question de la pérennité conditionnera fortement le type de média choisi. Certains documents méritent d'être conservés un bon nombre d'années. Encore faut-il que le support conserve l'information en l'état et que l'on maintienne un système capable de le lire...*

3. Comment ?

Stocker l'information

Les documents sont numérisés puis stockés sous forme électronique. Afin de les rendre accessibles, ils sont classés et indexés selon des critères prédéterminés.

---

1. Un document peut ainsi être récupéré en utilisant des mots-clés ou en parcourant un classement thématique...

Ils peuvent être indexés automatiquement, en texte intégral[1], ou manuellement par analyse du contenu.

Tous les documents ne sont pas logés à la même enseigne. Certains documents sont d'un usage temporaire et peuvent être modifiés. D'autres ont une véritable portée juridique et doivent être conservés dans leur intégrité durant de nombreuses années. Avant de numériser et de stocker un document, il faudra tenir compte de nombreux paramètres comme :

> *la durée de vie, les contraintes légales, la périodicité de consultation, la possibilité de modification, la nécessité de conserver les versions antérieures, etc.*

Accéder à l'information

Une fois numérisé, classé et indexé, le document devient accessible par exploration de rubriques thématiques ou par l'utilisation de moteurs de recherche. La principale difficulté porte sur la différence de préoccupations qui peut exister entre le documentaliste qui a effectué le classement et l'utilisateur qui recherche l'information. Rien ne prouve que l'utilisateur en quête d'un document va explorer les mêmes rubriques ou entrer les mots-clés utilisés pour son classement. Le document convoité n'est pas nécessairement à l'emplacement où l'on s'estime en droit de le trouver. Il est ainsi recommandé de réitérer ses recherches en variant les mots-clés. Pour mieux assister l'utilisateur dans sa quête, les nouveaux moteurs de

---

1. À la manière des moteurs de recherche de l'Internet, un texte indexé en mode intégral peut être retrouvé en utilisant un mot ou une séquence de mots le composant.

recherche, orientés sémantique et analyse linguistique, se penchent plus sur la compréhension contextuelle de la phrase formulée que sur les mots-clés effectivement écrits. Ainsi, ils tentent d'éviter les erreurs de sens (la *table des lois* n'est pas un meuble !) et savent utiliser les dictionnaires de synonymes.

Circulation et partage des documents

L'utilisation de l'intranet facilite l'accès aux documents. Il est important de relever qu'avec la dématérialisation des documents, plusieurs utilisateurs peuvent disposer du même dossier au même moment en des lieux différents. De leur côté, les techniques du *workflow**(D3-2) complètent la GED pour assurer le suivi et la circulation d'un dossier au fil de sa conception.

4. Quelles tendances ?

Les systèmes de stockage de grande capacité

Dans l'entreprise, de plus en plus de documents sont dématérialisés et intégrés à la GED. Les systèmes de stockage de grande capacité sont un marché en pleine expansion.

Des moteurs de recherche toujours plus puissants

De nombreux travaux en informatique linguistique trouvent leurs applications directes dans la réalisation de moteurs de recherche toujours plus puissants. Entre autres, ils sont capables de comprendre des questions en langage naturel et apprennent à corriger les « fotes d'ortografe » et de saisies. Les travaux autour de la **logique floue*** semblent assez prometteurs pour traiter ces cas...

> *La logique floue permet notamment de rechercher les mots de même famille : le terme « hacher » pourra ramener des textes contenant « hacheur » ou « hachoir ».*

Notons que la GED est une des composantes essentielles de la gestion de la connaissance*(D4-1).

5. Remarques et commentaires
Se préoccuper de l'usage dès la phase de stockage
La mise en œuvre de la GED est assez délicate et il vaut mieux l'aborder par projets successifs. Il est en effet important de se préoccuper dès la phase de numérisation et de stockage de l'usage des documents et notamment des manières de les rechercher. Même avec les moteurs les plus sophistiqués, des documents mal indexés ou mal classés risquent de rester dans l'ombre...

6. Pour aller plus loin
À visiter sur le Web

www.aproged.com (français). Association des professionnels de la GED. Le site contient des définitions, des références et un glossaire complet.

À lire

M. Cattan, *L'entreprise et ses données techniques*, AFNOR, 2001. Un des rares livres traitant de la question de la gestion et du stockage des données de référence.

7. Concepts voisins
Intranet (D2-1), Workflow (D3-2), Gestion de la connaissance (D4-1).

La prise de décision n'est plus une situation occasionnelle réservée aux dirigeants. De plus en plus fréquemment, l'ensemble des acteurs de l'entreprise sont appelés à prendre des décisions plus ou moins délicates selon les situations. Disposer d'un accès à l'information est un point important. Mais la technologie peut apporter beaucoup plus en offrant aux utilisateurs les instruments de mise en forme de l'information à des fins décisionnelles. Les outils de la **business intelligence,** une technologie en plein essor, sont aujourd'hui disponibles pour assister du mieux possible les décideurs de l'entreprise. Le **tableau de bord,** instrument d'aide à la décision de prédilection, est désormais incontournable...

✱ *D1-4 Tableau de bord*

1. Quoi ?

Le tableau de bord est un instrument d'aide à la décision. Il permet de mesurer la performance selon les objectifs définis. Il se compose d'un nombre restreint d'indicateurs facilitant la prise des décisions nécessaires au maintien du cap dans le cadre d'une démarche de progrès.

2. Pourquoi ?

Dans un contexte instable, la conservation d'une position rentable passe nécessairement par l'innovation et l'amélioration en continu. Pour réussir, l'ensemble des acteurs concernés par la mise en œuvre de la stratégie choisie doivent être équipés de tableaux de bord. Chacun à son niveau pourra ainsi mesurer en permanence sa performance et prendre les décisions qui s'imposent en connaissance de cause.

3. Comment ?

Le tableau de bord présente un nombre limité d'indicateurs choisis par les utilisateurs, en conformité avec les objectifs de l'unité. Ces indicateurs sont construits avec les informations collectées dans le système d'information.

Lorsque les indicateurs sont bien choisis, l'utilisateur connaît à tout moment sa situation par rapport à ses objectifs. Il peut alors modifier sa stratégie d'action afin de la rendre plus efficace. Les outils actuels offrent de nombreuses fonctions ergonomiques. L'utilisateur peut par exemple choisir la représentation des indicateurs la plus significative à son sens. Selon la typologie de l'indicateur ou la tendance qu'il souhaite mettre en évidence, il sélectionnera une représentation sous forme de graphes, de courbes ou de tableaux... La majorité des outils proposés aujourd'hui intègrent des fonctions d'analyse, OLAP*(D1-8) le plus souvent, pour étudier avec plus de précision le « pourquoi d'un indicateur », en remontant les différentes informations utilisées pour sa construction.

Les technologies de la business intelligence sont opérationnelles. Le marché propose un vaste choix d'outils pour bâtir un système décisionnel adapté à chaque entreprise.

4. Quelles tendances ?

Le tableau de bord pour tous

Rapidement, nous allons assister à une banalisation et à une généralisation des outils de tableaux de bord dans l'entreprise. Le déploiement des outils sur le Web conjugué à une baisse drastique du prix de licences, facilite considérablement la systématisation de l'aide à la décision. Pour en simplifier le déploiement, les outils de tableaux de bord et plus généralement la business intelligence sont devenus des briques essentielles des portails informationnels.

Des outils en évolution continue

Les travaux en cours autour de l'**IHM*** et de la **simulation*** ouvrent de vastes perspectives d'évolution d'aide à la décision.

> *La **simulation** (ou comment tester les décisions avant de les prendre) est encore un terrain en cours de défrichement. Les techniques existent mais il y a aujourd'hui encore peu de solutions véritablement opérationnelles pouvant être intégrées dans les produits du marché. Suivons de près les prochaines générations... Les travaux autour de l'**IHM** (Interface homme/ machine) portent sur la recherche d'une présentation des informations en accord avec les capacités perceptives humaines pour en extraire le maximum de « sens »...*

5. Remarques et commentaires

Un projet délicat...

Si, sur le plan exclusivement technique, la mise en œuvre des outils du marché ne présente pas de difficultés insurmontables, il ne faut pas en déduire trop hâtivement que le succès est obligatoirement au rendez-vous. La réussite du projet de tableaux de bord, et plus généralement de business intelligence, est directement dépendante du soin apporté aux aspects culturels et organisationnels, en plus des questions purement techniques. Il faudra ainsi s'attarder, en priorité, sur les questions de définition des objectifs, du choix des indicateurs et de la collecte des informations sans omettre les questions devenues classiques de la conduite du changement. Ce sont les précautions minimales pour bâtir un système de tableau de bord efficace, réellement exploité par les décideurs.

6. Pour aller plus loin

À visiter sur le Web

www.nodesway.com Site de référence dédié exclusivement à la question des tableaux de bord de pilotage et à la mise en œuvre du projet décisionnel (français).

À lire

A. Fernandez, *Les nouveaux tableaux de bord des décideurs*, Éditions d'Organisation, 2000. Un ouvrage de référence sur la question des tableaux de bord de pilotage et l'utilisation des outils de la business intelligence. Ce livre décrit en totalité une méthodologie concrète.

7. *Concepts voisins*
Reporting (D1-5), EIS (D1-6), Portail (D1-1).

Figure 2.D-2

Les premiers outils d'aide à la décision réellement opérationnels comme les EIS (*Executive Information System*), étaient destinés aux seuls décideurs de l'entreprise, les dirigeants. Nous étions alors conformes au modèle de l'organisation pyramidale. Ces outils ont marqué leurs époques. Si les EIS n'ont pas toujours rencontré le succès escompté, ils ont démontré l'efficacité de la technologie pour bâtir des solutions d'aide à la décision...

D1-5 EIS (Executive Information System *dans un premier temps* puis Enterprise Information System)

Le terme d'EIS est aujourd'hui tombé en désuétude. Les EIS, à l'origine, étaient des outils décisionnels très sophistiqués et très coûteux, destinés exclusivement à la construction des tableaux de bord(D1-4) des dirigeants. Avec les restructurations d'entreprise et l'extension de la délégation, les besoins en matière de solutions décisionnelles se sont étendus et la lettre E de l'acronyme a changé de signification pour passer de *Executive* à *Enterprise*. Le terme d'EIS est resté malgré tout attaché à une famille de produits trop coûteux. Il est aujourd'hui peu ou prou abandonné. Le concept mérite d'être redécouvert pour construire, après simplification et actualisation, la nouvelle génération de tableaux de bord.

> **S**i les EIS étaient destinés aux dirigeants, les autres acteurs de l'entreprise disposaient des outils de reporting pour rendre compte de leurs activités...

D1-6 Reporting

C'est une famille d'outils destinés à faciliter la réalisation des rapports d'activité. Ils intègrent des fonctions de présentation pour bâtir les documents à partir des résultats d'activités. Les rapports sont ensuite édités, ou pour les versions les plus récentes, diffusés sur l'intranet/extranet. Les outils de reporting étaient traditionnellement destinés à « rendre compte » des activités du département ou de l'unité auprès des niveaux supérieurs de la hiérarchie. La souplesse d'utilisation et le faible coût de cette famille de produits en facilitent aujourd'hui la généralisation de l'usage à des fins personnelles. Ils restent cependant limités en termes de capacité et de fonction et ne sauraient être confondus avec les tableaux de bord.

D1-7 Requêteurs (query)

Cette famille de produits complète les outils de reporting en facilitant les requêtes de type *ad hoc*[1]. Ainsi, un utilisateur pourra interroger le système et visualiser les informations recueillies sans être contraint d'utiliser exclusivement des requêtes préalablement établies.

> **M**ais en matière de décision, tout n'est pas toujours clair au premier abord. Même avec les tableaux de bord les mieux conçus, la lecture d'un indicateur ne suffit pas toujours pour se forger une opinion. On aimerait en savoir un peu plus. Pour cela, il existe des outils d'analyse. La base OLAP, intégrée dans la grande majorité des offres des éditeurs de solutions décisionnelles, est de plus en plus utilisée....

★ D1-8 OLAP (On Line Analytical Processing)

1. Quoi ?
Le concept OLAP définit un format de bases de données, dit « multidimensionnel », particulièrement adapté aux analyses décisionnelles.

2. Pourquoi ?
Interroger à des fins décisionnelles une base de type relationnelle classique se révèle fort coûteux en temps d'occupation machine. Les requêtes décisionnelles sont souvent assez complexes et les systèmes classiques ne sont jamais suffisamment rapides pour une utilisation en interactif. L'utilisateur en situation d'analyse souhaite obtenir rapidement une réponse à ses différentes requêtes. Il procède le plus souvent par tâtonnement. Il réitérera

© Éditions d'Organisation

---

1. Les premières générations d'outils de reporting ne pouvaient exécuter que des requêtes (interrogations de la base informationnelle) préprogrammées.

différentes variantes de requêtes avant d'obtenir un résultat réellement porteur de sens. Les bases de données multidimensionnelles de type OLAP ont été conçues pour répondre à ce besoin.

3. Comment ?

Le concept OLAP a été défini par E. Codd en 1993, le père des bases relationnelles, et formalisé selon 18 règles. Les bases OLAP organisent les données en un format multidimensionnel. Les différentes dimensions représentent les axes de recherche de l'utilisateur. Prenons un exemple :

Un responsable de marché souhaite visualiser dans un premier temps le chiffre d'affaires réalisé par produit (1) et par région (2) pour une période donnée (3), voir figure (2.D-3). Il lance la requête et obtient le résultat. Finalement, après réflexion, l'utilisateur préfère visualiser les données sous un autre angle en prenant un autre axe comme pivot, par exemple le chiffre d'affaires par région (2) et par produit (1). La multidimensionalité est partie intégrante des données et il ne sera pas nécessaire de formuler une nouvelle requête. Il suffira de faire « pivoter » le cube pour visualiser les données sous un autre point de vue. Le modèle intègre différentes fonctions pour manipuler les données, notamment comme le **slice and dice*** ou le **drill/down***.

© Éditions d'Organisation

Slice and Dice : *pour « découper » le cube en tranches et faire « pivoter » selon une dimension les données stockées et obtenir ainsi un nouvel angle de vue.*
Drill/Down : *pour aller du synthétique au détail ; par exemple après avoir visualisé les résultats d'une région, il sera possible de les détailler par ville, par revendeur...*

La grande majorité des systèmes OLAP supportent les fonctions de *write back* permettant d'écrire directement dans la base pour répondre à des questions « *What if* » : et si le résultat prévisionnel est inférieur de 10 % à celui escompté, que se passe t-il ?

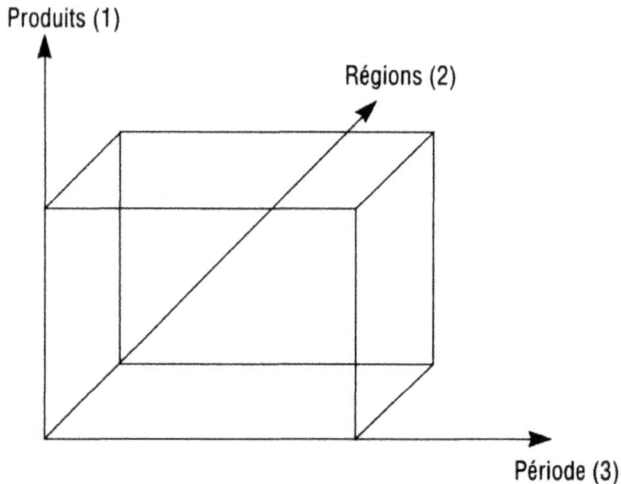

Figure 2.D-3 Les données multidimensionnelles

4. Quelles tendances ?

Vers la démocratisation du décisionnel

Il y a encore peu, les produits intégrant une base de type OLAP étaient très coûteux. Microsoft avec SQL7 Server a ouvert la voie à la banalisation des produits OLAP. Depuis, d'autres éditeurs comme IBM ou Oracle, l'ont rejoint sur cette ligne et contribuent à associer en standard les bases OLAP aux bases relationnelles de production.

5. Remarques et commentaires

Quelques précautions d'usage...

Bâtir une base décisionnelle de type OLAP réclame quelques précautions. Les bases conçues sans réflexion préalable deviennent rapidement inutilisables. Elles contiennent beaucoup trop de données et de dimensions pour une utilisation réellement efficace. Pour éviter de se fourvoyer en se conformant à la croyance « Si je mets le maximum, ils devraient trouver leur bonheur...», il est préférable de toujours garder en ligne de mire l'usage attendu. Retenons que la loi de Pareto s'applique et que la majorité des requêtes portera sur un minimum de données. Ce sont celles-ci qu'il faut identifier et inscrire en priorité dans la base OLAP pour un traitement rapide.

6. Pour aller plus loin

À visitez sur le Web

http://www.olapcouncil.org/ Le site officiel de la norme OLAP (anglais).

www.olapreport.com Le site de référence de la technologie OLAP. Les informations de la partie gratuite sont suffisamment intéressantes et complètes pour mériter une visite : définition, étude de la technologie et de l'offre éditeur, analyse de marché... (anglais).

http ://perso.wanadoo.fr/bernard.lupin/ Une démonstration pédagogique en ligne de l'utilisation d'une base OLAP (français).

7. Concepts voisins

Data warehouse (E2-7), Tableaux de bord (D1-4).

La mise en œuvre concrète du concept OLAP a donné naissance à de nouveaux acronymes

MOLAP (*Multidimensional OLAP*)

C'est l'application directe du concept OLAP. La base stocke et gère les données sous une forme multidimensionnelle. Les bases adoptant ce modèle sont limitées en taille (1 Go).

.../...

.../...

ROLAP (*Relational OLAP*)

Les données sont stockées dans une base relationnelle gérée selon le concept OLAP. Les bases respectant ce modèle sont relativement lentes mais permettent de stocker de grandes tailles de données (1 To).

HOLAP (*Hybrid OLAP*)

C'est le croisement entre les modèles MOLAP et ROLAP afin de profiter des avantages de chacun. MOLAP apporte la rapidité et la performance en matière d'analyse et ROLAP la capacité de stockage. Les données les plus fréquemment utilisées sont stockées sous forme de base MOLAP. Les autres, la grande majorité, sont stockées selon le modèle ROLAP.

DOLAP (*Desktop OLAP*)

C'est une application simple du modèle OLAP. La base est résidente sur le poste client. C'est une base rapide exploitant la mémoire vive du poste. Sa taille est limitée.

> Il existe d'autres outils d'analyse et de présentation des informations décisionnelles, comme par exemple les outils d'analyse géographique...

D1-9 Analyse géographique

Cette technique permet de rapprocher les données chiffrées (résultats des ventes, compte rendu de prospection...) des informations géographiques. Le géomarketing, par exemple, s'intéresse notamment aux potentialités commerciales d'une région en fonction de critères géographiques, socio-économiques ou topologiques.

Pour aller plus loin
À lire

P. Latour, J. le Floc'h, *Geomarketing*, Éditions d'Organisation, 2001. Présentation de la démarche d'analyse et des méthode associées appliquées à des cas concrets.

Partager avec ses pairs

La prise de décision est une opération délicate. Quelquefois, la situation est difficile à maîtriser. On ne dispose pas toujours de l'ensemble des informations ou de l'expérience nécessaire pour se forger une opinion. Il est alors important de pouvoir communiquer et échanger avec ses pairs.

La communication dans l'entreprise a longtemps été limitée exclusivement à l'axe vertical et hiérarchique. Les opérationnels recevaient les ordres et retournaient les comptes rendus. Avec l'intranet, les entreprises ont les moyens d'aplanir la pyramide et de développer un mode de communication dans l'axe horizontal pour des échanges plus directs entre les différents acteurs. Sur le plan technologique, l'implantation d'un intranet et des autres instruments de communication ne présente pas de difficultés majeures. La grande majorité des instruments de communication traités au cours de ce paragraphe est directement dérivée des technologies de l'Internet. Elles ont fait leurs preuves à grande échelle. Mais l'utilisation effective des nouveaux outils sera fortement dépendante d'une évolution des mentalités de l'entreprise. Au pays de l'individualisme, la recherche de coopération n'est pas naturelle pour tout le monde. Il sera alors bénéfique de s'appuyer sur une réelle volonté de la direction pour instiller de nouveaux repères portant notamment sur la définition du référentiel de performance. Il s'agira de ne plus encenser exclusivement la réussite personnelle et égoïste pour valoriser les capacités à communiquer. C'est ainsi que l'utilisation des technologies de la coopération deviendra un réflexe.

✱ D2-1 Intranet

1. Quoi ?

L'intranet est la déclinaison de l'Internet à l'intérieur même de l'entreprise. Chaque utilisateur, équipé d'un navigateur standard, peut accéder à des informations stockées sous forme de pages Web, échanger avec les autres membres de l'entreprise par messagerie*(D2-2), participer à des forums*(D2-6) internes ou utiliser des applicatifs métiers.

2. Pourquoi ?

Faciliter l'accès à l'information et la communication entre les hommes est un enjeu majeur des entreprises. La simplicité et le faible coût des solutions Internet transposées dans l'entreprise simplifient la construction technique des architectures d'accès à l'information et de communication.

3. Comment ?

L'intranet contient ce que l'on veut bien y mettre. Les premières entreprises à avoir mis en place un intranet adoptaient à leur grande majorité une approche prudente. Souvent, la messagerie suffisait à elle seule pour justifier l'investissement, et les documents accessibles par l'intranet dépassaient à peine l'équivalent du journal d'entreprise. Depuis, l'usage de l'intranet est entré dans les mœurs et beaucoup d'entreprises développent l'accès à l'information. Ainsi, depuis un poste connecté sur l'intranet, l'utilisateur peut, non seulement prendre connaissance des inévitables informations de la direction, mais dispose aussi d'un accès direct à la GED*(D1-3) pour consulter les documents de références. Les versions les plus évoluées se rapprochent des solutions de groupware*(D3-1) en facilitant la gestion et l'échange des documents de travail relatifs à un projet en cours.

4. Quelles tendances ?

L'intranet et les portails

Avec l'avènement du concept de portails*(D1-1), l'essor des Intranets d'entreprise est assuré. La grande majorité des entreprises possèdent déjà un intranet opérationnel ou envisagent d'en installer un à court terme.

L'intranet est une pierre fondatrice des nouveaux modes de coopération

Une fois entré dans les mœurs, l'usage de l'intranet peut servir de rampe de lancement pour des projets plus ambitieux de coopération comme le groupware*(D3-1) ou la gestion de la connaissance*(D4-1).

5. Remarques et commentaires

L'intranet pour décloisonner

L'usage de l'intranet contribue efficacement au décloisonnement des services et des unités. En étendant la communication au-delà des frontières internes, l'usage de l'intranet facilite le nivellement des différences et contribue à la construction d'une certaine forme « d'esprit » d'entreprise. C'est un point important, notamment dans le cadre d'une entreprise multi-sites.

L'intranet et l'extranet

Notons que la mise en place d'un intranet est une étape préalable indispensable avant d'envisager le développement d'un Extranet*(C3-2).

6. Pour aller plus loin

À visiter sur le Web

http://www.intranetjournal.com Portail d'informations sur l'intranet (anglais).

http://www.intrack.com Site de références de l'intranet. Le site comporte de nombreux dossiers, des retours d'expérience et des références de produits (anglais).

À lire

E. Charton, *Créer un intranet*, Éditions Campus Press. Un livre à dominante technique orienté mise en œuvre de l'intranet.

7. *Concepts voisins*

Extranet (C3-2), Portail (D1-1), Groupware (D3-2).

> **L**a messagerie est devenue l'instrument de communication le plus utilisé dans les entreprises. N'imposant aucune réforme des structures organisationnelles en place, elle est adoptée unanimement, autant par les employés que par les directions les plus rétives aux changements. Très souvent d'ailleurs, la mise en place d'un intranet ne vise qu'au développement de l'usage d'une messagerie interne...

✱ *D2-2 Messagerie (e-mail)*

La mise en place d'outils de messagerie dans l'entreprise pose rarement de problèmes. Son adoption, le plus souvent unanime, en fait un instrument de communication privilégié. Il est vrai que la messagerie simplifie sérieusement les échanges, sans pour autant nécessiter une réforme des structures en place. Cependant, il ne faut pas se laisser séduire par son rapide succès, sans prendre un minimum de précautions quant à son utilisation, sous peine d'être débordé par des usages en totale incohérence avec la bonne marche de l'entreprise. Notamment, la facilité d'envoi de messages à plusieurs destinataires internes ou externes ne doit pas faire oublier les règles élémentaires de sécurité. À chaque message émis, il est important de vérifier si tous les destinataires sont habilités à recevoir les informations et autres pièces jointes transmises. La simplicité de la fonction copie est aussi un des principaux vecteurs (avec le **spam***) de l'explosion des boîtes aux lettres en réception. Dans les entreprises où la confiance n'est qu'un slogan, les utilisateurs pratiquent « l'effet parapluie ». Lors de l'émission de messages importants, ils prennent soin d'envoyer une ou plusieurs copies à des destinataires peu concernés *a priori*. Ils sont alors considérés comme témoins éventuels : « Après tu ne pourras pas dire que je ne t'ai pas informé en temps et en heure... » Plus pervers, la copie cachée masque le nom des différents destinataires du message. Le correspondant ne saura pas qu'une copie du message reçu est aussi dans la boîte aux lettres de son supérieur... Ces tendances sont malheureusement enclines à se généraliser dans les entreprises qui n'ont pas adopté une charte définissant les règles d'usage des messageries...

> Le spam, *intraduisible en français (c'est une référence à un sketch des Monty Python), est le nom donné aux messages, publicitaires le plus souvent, adressés en masse sans discernement. Ce mode de communication est sérieusement combattu par les internautes...*

Pour aller plus loin

À visiter sur le Web

http://www.journaldumail.com Site portail de référence sur les usages de la messagerie et des technologies connexes (français).

À lire

E-Mail, Micro-Application. Ouvrage pratique sur l'usage de l'e-mail et des produits les plus courants...

O. Bouillant, *Messagerie Électronique*, Éditions Eyrolles. Un guide pour concevoir et développer des services de messagerie dans l'entreprise.

Figure 2.D-4

Les messageries permettent la communication en mode « asynchrone » : le correspondant n'est pas nécessairement devant son poste pour répondre dans l'immédiat. Avec la banalisation des liaisons permanentes au réseau Internet, une nouvelle famille d'outils de communication de type « synchrone » est apparue. L'ICQ, l'IRC ou les outils de conférence entrent dans cette catégorie...

D2-3 ICQ I seek you (Je vous cherche)

ICQ est un outil qui permet à tout moment de savoir si vos correspondants (amis, partenaires et autres contacts) sont aussi en ligne. Vous pouvez alors utiliser un outil de messagerie instantanée pour une discussion *(chat)*, échanger des messages ou envoyer des fichiers. L'outil ICQ est téléchargeable depuis le site *www.ICQ.com*.

© Éditions d'Organisation

D2-4 Chat *et IRC* (Internet relay chat)

Le *chat* (causette en anglais) permet la conversation (par écrit), en temps réel entre deux ou plusieurs interlocuteurs distants. Chaque texte frappé est immédiatement affiché sur les postes des personnes connectées sur le même canal dès la validation. C'est une des fonctions de base des outils de conférence à distance.

Les sites d'IRC sur l'Internet proposent des salles thématiques (*rooms*) où l'utilisateur en parfait anonymat, caché derrière son **nickname***, peut échanger avec d'autres personnes partageant les mêmes centres d'intérêt. Pour mieux exprimer la personnalité et les émotions, l'utilisateur peut se définir un personnage et utiliser des sons et des couleurs. Il peut aussi sélectionner un mode de conversation privée avec un seul interlocuteur. Pour limiter les effets pervers de la spontanéité des échanges, les salles sont souvent de type « modéré » et un animateur élimine les perturbateurs.

> **Nickname :** *pseudonyme.*

La plupart des portails généralistes proposent des services de *chat* et d'IRC. Par exemple, vous pouvez essayer : *http:// chat.voila.fr.*

D2-5 Outils de conférence

Au contraire de la messagerie et des forums qui sont fondamentalement des échanges asynchrones, les outils de conférences permettent d'organiser des réunions à distance en temps réel. Ils proposent généralement différents modes de communication : texte, audio ou vidéo. Bien que ne pouvant remplacer le contact direct, c'est un bon complément qui permet d'économiser de nombreux déplacements. Des outils relativement simples, *netmeeting* de Microsoft par exemple, disposent de fonctions sophistiquées, comme le partage de documents en direct et l'utilisation en commun d'un « tableau blanc ». Les outils de conférence sont bien sûr par définition utilisables sur Internet, intranet*(D2-1) et extranet*(C3-2). Notons que la vidéo-conférence consomme une part excessive de la bande passante et ne pourra pas être exploitée avec une connexion classique par modem*(E3-4) analogique.

Pour aller plus loin

À visiter sur le Web

http://www.microsoft.com/windows/netmeeting/ Le site de référence du produit *Netmeeting*.

L'Internet révolutionne profondément nos modes de relations interpersonnelles traditionnelles. Il permet ainsi de créer des lieux de rencontre « virtuels » pour rapprocher des personnes distantes géographiquement et partageant les mêmes centres d'intérêt. Il est ainsi devenu courant d'entrer en communication avec des correspondants sans pour autant se connaître physiquement. Les **forums** sont le premier exemple que nous allons traiter. Ensuite, nous aborderons les **communautés virtuelles,** véritables pierres fondatrices des nouveaux modes de communication et de commerce...

✳ *D2-6 Forum* (newsgroup)

Les forums sont des lieux d'échanges thématiques fonctionnant en mode asynchrone. Une fois connectés, les utilisateurs lisent les messages existants, répondent s'ils le souhaitent, ou posent à leur tour une question. Notons qu'il est très mal vu de poser une question dont la réponse est déjà inscrite dans la **FAQ***.

> **FAQ :** Frequently Asked Question. *Cette liste contient les réponses aux questions les plus fréquemment posées.*

Il existe deux modes de gestion des forums :

- les forums modérés : un gestionnaire filtre les messages avant publication pour éviter toute dérive ;
- les forums non-modérés : tous les messages sont affichés, et ce sont les participants eux-mêmes qui assurent la « police » et évacuent les perturbateurs.

Dans tous les cas, la vie d'un forum est totalement dépendante de ses animateurs, qu'ils soient de fait ou officiels, pour lancer et recentrer les débats.

L'usage des forums internes à l'entreprise est un peu différent et le succès est rarement au rendez-vous. En effet, au contraire des forums sur l'Internet, les contributions ne sont pas anonymes et on connaît les autres participants que l'on peut classer dans la hiérarchie. Les acteurs, susceptibles de participer au forum, hésiteront à faire connaître à la communauté générale leur ignorance de certains sujets. C'est pourtant un lieu d'échange qui permet de gagner du temps et constitue un premier pas vers le partage de la connaissance.

Pour aller plus loin

À visiter sur le Web

http://groups.google.com Liste l'ensemble des forums disponibles sur l'Internet. Depuis ce site, il est possible d'accéder à un forum en utilisant une interface Web et de lancer des recherches par mots-clés sur les messages archivés.

★ D2-7 Communauté virtuelle

1. Quoi ?

Une communauté virtuelle est un lieu de rencontres et d'échanges sur l'Internet. Elle rapproche des membres partageant un intérêt commun. La communauté est gérée par un animateur. Les membres peuvent consulter les informations collectées par ce dernier et échanger conseils et avis, notamment sur les produits commerciaux proposés à la communauté.

2. Pourquoi ?

L'Internet abolit les distances et facilite de nouvelles formes de contacts et de rencontres. Il permet de rapprocher des personnes partageant la même passion, quelle que soit leur localisation. En adhérant à une communauté virtuelle, les membres profitent d'une sélection d'informations relatives à leurs thèmes de prédilection et d'un choix de produits. La communauté représente une force de négociation avec les fournisseurs potentiels.

3. Comment ?

Une communauté n'est pas un simple forum. C'est un lieu de rencontre structuré et organisé. L'animateur, expert du thème de la communauté, sélectionne les informations susceptibles d'intéresser les membres, modère les forums et négocie avec les fournisseurs intéressés au nom de la communauté. Il a aussi pour tâche de prospecter pour recruter de nouveaux membres et de démarcher les fournisseurs. Les commissions obtenues sur les échanges commerciaux constituent l'essentiel de sa rémunération.

Les **profils*** des membres appartiennent à la communauté. En accord avec ces derniers, l'animateur peut les céder aux fournisseurs. Ils pourront ainsi affiner leur offre et mieux cibler leur clientèle.

> *Qu'est-ce qu'un profil ?* C'est une description personnelle et précise d'un membre. Elle peut comporter selon les cas des informations sur l'état civil, une description des goûts et préférences ainsi que les derniers achats réalisés.
> Voir **PHP** (A4-5).

4. Quelles tendances ?

De nouveaux modes de commerce

Les communautés virtuelles initient une nouvelle façon de concevoir le commerce fondé sur un échange équilibré entre consommateurs et fournisseurs. Les membres consommateurs ont à leur disposition l'ensemble des éléments pour évaluer une offre. Ils sont en position de force pour sélectionner les produits réellement adaptés à leurs besoins, tout en négociant un prix d'équilibre. De leur côté, les fournisseurs disposent d'un panel de clients identifiés ne demandant qu'à être fidèles, si l'offre évolue dans le bon sens.

Le principe est maintenant bien établi et plusieurs acteurs du monde des services sur Internet proposent des produits de communauté « clé en mains ».

Les communautés virtuelles de type professionnel se rapprochent des sites orientés B2B comme les places de marché.

5. Remarques et commentaires

Une rentabilité difficile à prévoir

Le démarrage d'une communauté virtuelle sera souvent long et pénible. Il faudra déployer beaucoup d'efforts pour attirer toujours plus de visiteurs, suffisamment intéressés pour devenir membres consommateurs. C'est ainsi que la communauté pourra attirer les fournisseurs et négocier au mieux les conditions. Le régime de croisière correspondant au seuil de rentabilité est propre à chaque communauté.

6. Pour aller plus loin

À visiter sur le Web

www.communautes-virtuelles.com Un site commercial mais très complet sur les communautés virtuelles, avec dossiers techniques, références et annuaires de communauté.

www.business-village.fr Un exemple de communauté virtuelle destinée aux professionnels.

À lire

J. Hagel, A. Armstrong, *Bénéfices sur le Net*, Éditions d'Organisation, 1999. L'ouvrage de référence sur les communautés virtuelles.

7. Concept voisin

Places de marché (C2-1).

Faciliter le travail coopératif

Le mode projet rencontre un vif succès dans les entreprises. Avec ce mode de fonctionnement, l'équipe n'est constituée que pour la durée du projet. Cette approche est particulièrement efficace pour dynamiser l'innovation dans un contexte en perpétuelle mutation. Cependant, il n'est pas toujours si simple de rapprocher les différents experts participant au projet. A-t-on déjà calculé les temps perdus au cours de réunions où les principaux acteurs étaient, à tour de rôle, en retard ou absents ? Cette information serait relativement significative et susceptible d'expliquer un grand nombre de dépassements... Pour mieux maîtriser la durée des projets, il est préférable d'éviter les pertes de temps. Les technologies du groupware proposent des solutions significatives pour dépasser bon nombre d'obstacles inhérents au travail en groupe.

⭐ D3-1 Groupware

1. Quoi ?

Le groupware est un concept regroupant un ensemble d'outils destinés à faciliter le travail en groupe. On trouve généralement dans un produit de groupware : une fonction de messagerie, une gestion de bases documentaires partageables, un système de *workflow**(D3-2), des agendas de groupe et des applications orientées métiers.

2. Pourquoi ?

De plus en plus d'entreprises adoptent le mode projet. Ce mode de travail, rapprochant toutes les compétences disponibles autour d'un projet, est particulièrement adapté aux impératifs d'innovation et de rapidité de mise sur le marché de nouveaux produits. Cependant, il n'est pas toujours aisé de faire travailler ensemble des compétences qui peuvent être déjà occupées ou distantes. Le groupware et sa panoplie d'outils permettent de répondre à cet enjeu.

3. Comment ?

Le groupware fournit les instruments pour pallier aux principaux handicaps du travail à plusieurs comme les questions de disponibilité et de localisation spatiale des principaux acteurs du projet.

Les fonctionnalités du groupware sont traditionnellement regroupées en trois rubriques principales :

- **La communication :** échanger simplement. Cette rubrique regroupe les outils comme les messageries*(D2-2), pour échanger ponctuellement des informations entre membres du groupe.
- **La collaboration :** faciliter le travail à plusieurs. On retrouve dans cette rubrique les outils de conférences*(D2-5) et surtout les bases de documents partageables. Les bases de documents partageables sont des outils très puissants assurant un partage en toute sécurité des documents de travail hétérogènes en cours d'élaboration. Un utilisateur peut charger sur son poste, selon ses droits d'accès, un document ou une partie de document en cours d'élaboration. Il le consulte, le complète ou le modifie. Une fois sa tâche effectuée, il recharge le document sur le serveur central. Les modifications seront répercutées auprès de tous les autres participants du projet. Toutes les modifications sont identifiées par date et par auteur.
- **La coordination :** coordonner les différents échanges. Cette rubrique regroupe les outils de *workflow**(D3-2) et les agendas partagés.

En plus de ces fonctionnements de base, les outils de groupware sont programmables. Les éditeurs d'outils de groupware proposent une vaste bibliothèque d'applications métiers réalisées par des tiers partenaires.

Les capacités de réplication des bases de documents partagés sont un réel point fort de la technologie. Elles permettent à un acteur du groupe de récupérer des documents de travail partagés, et de les réintroduire dans la base une fois ceux-ci modifiés. Le système sait gérer les droits d'accès et synchronise l'ensemble des modifications en toute sécurité.

© Éditions d'Organisation

4. Quelles tendances ?

Le groupware s'intègre aujourd'hui dans une dimension plus globale pour rejoindre les outils de gestion de la connaissance.

5. Remarques et commentaires

Des outils trop souvent sous-exploités

Encore aujourd'hui, les outils de groupware sont sous-employés et de nombreuses implantations se limitent à l'usage de la messagerie. Le concept n'a réellement été adopté que par les organisations habituées à travailler en mode projet (cabinet d'architecte, conseils, conception automobile, aéronautique...).

Le groupware est une véritable innovation

Lors de son avènement, la technologie du groupware n'est pas passée inaperçue. C'est en effet une véritable révolution de l'usage des technologies que proposait Ray Ozzie, précurseur du concept, en inventant Lotus Notes. Pour la première fois, l'informatique « inventait » de nouvelles manières de travailler. Le groupware propose en effet des processus de travail totalement inconcevable hors technologie. Cependant, le travail en groupe n'est pas encore réellement passé dans les mœurs de l'entreprise post-industrielle et les technologies du groupware tardent à être franchement adoptées. Dans tous les cas, le groupware appuyé par le déploiement des technologies de l'Internet ouvre la voie à de nouvelles utilisations de l'informatique pour dynamiser le travail en groupe comme la gestion de la connaissance*(D4-1).

6. Pour aller plus loin

À visiter sur le Web

http ://www.lotus.com/home.nsf/welcome/notes Présentation du produit Lotus Notes, la référence en matière de logiciel de groupware.

http ://www.microsoft.com/exchange Exchange, proposé par Microsoft, est le challenger du précédent.

À lire

Courbon et Tajan, *Groupware et intranet*, Éditions Dunod, 1999. Un ouvrage complet sur la question : définitions, techniques, outils disponibles et exemples d'applications.

7. Concepts voisins
Workflow (D3-2), Messagerie (D2-2), Gestion de la connaissance (D4-1).

> **Le** *workflow* est une solution de travail coopératif qui rencontre un certain succès. Attardons-nous sur ce concept...

✳ *D3-2* Workflow

Les outils de *workflow* servent à modéliser et à automatiser les flux d'informations de l'entreprise. Certains documents, comme les dossiers d'assurances, les demandes de prêts ou les notes de frais, doivent suivre un parcours prédéterminé au cours de leur élaboration. Le *workflow* définit les circuits de cheminement pour chaque type de dossier, en précisant les intervenants, les délais et les opérations d'approbation et de validation. On identifie deux types de *workflow* :

- le *workflow* procédural : les parcours sont définis à l'avance, ce mode convient aux procédures structurées et répétitives.
- le *workflow ad hoc* : les utilisateurs interviennent dynamiquement et adaptent le cheminement selon les situations.

Pour aller plus loin
À visiter sur le Web

http://www.wfmc.org Site du *workflow management coalition*, pour la promotion et le développement de l'usage et des technologies du *workflow*.

© Éditions d'Organisation

144

À lire

K. Levan, *Le projet Workflow*, Éditions Eyrolles, 1999. Ouvrage de référence sur la question du *workflow* : principes, outils et exemples.

(S') Enrichir en continu

La performance d'une entreprise ne s'exprime plus en terme exclusivement productiviste, et la répétabilité *ad vitam aeternam* de processus de fabrication préétablis ne fait plus recette. C'est bien plus dans sa capacité à être réactif pour résoudre rapidement les problèmes, et détecter suffisamment tôt les tendances du marché, que s'exprime aujourd'hui la performance. Pour cela, il faut au préalable admettre que les hommes de l'entreprise sont autre chose que de simples exécuteurs dont la tâche ne s'estime qu'en termes de taux horaires et en nombre d'heures fournies. Il est temps de passer à une véritable valorisation des compétences et des savoir-faire, et à la mise en commun des connaissances globales. En utilisant les outils de la gestion de la connaissance, l'entreprise peut rendre disponible à tout un chacun l'ensemble des connaissances capitalisées dans l'entreprise.

D4-1 Gestion de la connaissance (knowledge management)

1. Quoi ?

La gestion de la connaissance est l'utilisation d'une famille d'outils, de méthodes et de modes d'organisation pour faciliter la conservation et surtout le partage des connaissances réparties dans l'entreprise.

Le concept a pour ambition d'identifier, de valoriser et de diffuser les connaissances de l'entreprise. Habituellement, on différencie les connaissances « explicites » contenues dans les bases de données ou dans les dossiers, des connaissances « tacites » contenues dans le cerveau des hommes comme les compétences, les savoir-faire et les expertises.

2. Pourquoi ?

Dans une entreprise, il existe une quantité de connaissances, compétences et autres savoir-faire totalement inconnus et inaccessibles aux hommes en situation de difficulté. Souvent, ils ignorent qu'un problème du même type que celui rencontré à déjà été résolu par le passé. Ils ne savent pas non plus qu'un collaborateur de l'entreprise dispose d'une expertise particulière et serait d'un grand secours pour résoudre ce type de situation *a priori* inextricable. On ne compte plus les temps perdus, les énergies inutilement dépensées et les affaires en échec par ignorance des connaissances et des compétences pourtant disponibles dans l'entreprise. En milieu concurrentiel, cette situation n'est plus viable. Pour dynamiser la réactivité de l'entreprise et réagir efficacement, il faut procéder à une identification et à une globalisation de l'accès aux connaissances, compétences et savoir-faire. C'est l'objet de la gestion des connaissances.

3. Comment ?

Qu'est-ce que la connaissance ?

La connaissance peut être considérée comme un ensemble d'informations structurées, orientées sur un sujet et validées par des règles ou par l'expérience. Comme nous l'avons vu ci-dessus, on classe habituellement les connaissances en deux catégories, « explicites » et « tacites ». Les connaissances « explicites », formalisables et donc informatisables, ne représentent qu'une partie de l'ensemble des connaissances existantes dans l'entreprise. Les connaissances « tacites », très difficilement formalisables, ne sont que partiellement transférables. Le transfert ne peut avoir lieu qu'à l'occasion d'un échange à haute valeur ajoutée comme l'apprentissage ou la formation[1].

La valorisation des connaissances, but du projet de gestion des connaissances, comporte 2 phases essentielles : 1- identifier et capitaliser les connaissances ; 2- pour mieux les partager.

Identifier et capitaliser la connaissance...

L'enregistrement des connaissances de type *explicite*, par définition formalisables, s'intègre dans le projet de GED*(D1-3) (Gestion Électronique des Documents) et nous prendrons soin d'en suivre les recommandations. La formalisation des connaissances tacites est une opération fort délicate, et de nombreux travaux de recherche à ce sujet sont en cours. Cependant, pour une mise en exploitation rapide du système, il est préférable de ne pas trop se polariser sur cette question. Bien entendu, les experts seront tenus de remettre un peu d'ordre dans leurs connaissances et de structurer les savoir-faire pour mieux les communiquer[2]. Mais il ne faut pas réduire la notion de capitalisation des connaissances exclusivement à la question du stockage informatique. L'objectif n'est pas d'enfermer les connaissances dans un coffre-fort mais bien au contraire de les identifier pour mieux les partager, bref de les valoriser. Le stockage des objets de la connaissance n'est qu'un aspect. Il ne doit pas occulter la gestion des flux d'échanges entre les hommes qui les produisent et les utilisent.

---

1. La dichotomie entre les connaissances explicites et tacites n'est proposée que pour faciliter la compréhension. Les deux types de connaissances sont en réalité le plus souvent indissociables. Par exemple, lorsque l'on travaille sur un nouveau dossier (*connaissances explicites*), on a besoin des explications de son rédacteur (*connaissances tacites*).
2. Attention, c'est une opération longue et difficile...

... pour mieux les partager

Ainsi, pour l'acteur en situation, il sera bien sûr profitable de disposer d'un accès aux différentes bases documentaires et **autres systèmes de retour d'expériences*** afin d'identifier rapidement les documents et informations relatifs à la problématique présente (*connaissances explicites*). Mais ils sera aussi très important de faciliter le dialogue avec les « experts », lorsque ces derniers existent dans l'entreprise (*connaissances tacites*). Pour cela, la gestion des compétences[1] présentant une cartographie des profils des différents experts, constitue une brique essentielle du projet de gestion des connaissances au même titre que les bases documentaires. Cette cartographie des compétences permet de répondre à la question : « Qui sait ? »

> ***Systèmes de retours d'expériences*** : *enregistrement des événements et des solutions trouvées pour toutes les phases d'un projet achevé.*

... en une spirale de progrès continue

Dans tous les cas, la gestion des connaissances s'inscrit dans une dimension d'amélioration en continu. Les connaissances et définitions des profils seront continuellement mises à jour, l'expérience des uns contribuant en permanence à l'apprentissage commun. La capitalisation et le partage des connaissances ne sont pas disjoints et s'expriment au long d'une spirale continue de progrès.

---

1. Lire à ce sujet le paragraphe consacré à la Gestion des Ressources Humaines B2-2.

4. Quelles tendances ?

Partager la connaissance du client...

L'association des projets de gestion de la connaissance à une démarche de **CRM***(A1-1) pour l'amélioration de la relation client suscite un réel engouement. Il s'agit en effet de regrouper et de mettre en commun l'ensemble de la connaissance que chacun détient sur les clients afin de mieux les servir.

Un produit typique de gestion des connaissances...

Avec le développement de l'Internet, les solutions de gestion des connaissances, fondées sur le partage et l'échange, sont désormais viables techniquement. Pour en apprécier les orientations, il est intéressant de suivre les derniers travaux de Lotus. La solution de gestion de connaissance proposée par cet éditeur s'appuie sur la technologie du portail*(D1-1). Chaque utilisateur peut personnaliser son poste de travail en fonction de ses centres d'intérêt et de ses besoins particuliers en terme de partage de connaissances. Le système facilite l'accès aux bases de connaissances et le rapprochement entre les différents acteurs d'un projet. Il est ainsi aisé de définir des salles virtuelles (*communities*) pour échanger avec ses partenaires autour de documents de la base de connaissances. L'outil intègre un système de construction de la cartographie des compétences et un gestionnaire des connaissances indexant l'ensemble des documents accessibles. Avec cette nouvelle génération, nous sommes tout à fait sur la voie d'une utilisation des technologies comme support essentiel de nouveaux modes de travail coopératif.

5. Remarques et commentaires

Des enjeux clairement identifiés

Dans tous les cas, le projet de gestion de la connaissance ne peut être sa propre finalité. Il doit répondre, comme tout projet, à des enjeux exprimant des besoins fonctionnels clairement identifiés.

Un nouveau mode de coopération

Il ne faut pas s'attendre à ce que le système de gestion de la connaissance devienne le « sésame » de l'entreprise et apporte à chaque question une réponse claire et précise. Pour nombre de situations, il n'existe pas une solution unique mais un ensemble de solutions plus ou moins bonnes selon les cas. C'est à l'utilisateur de juger, de composer et d'arbitrer. Pour cela, il est important de disposer d'un accès structuré aux sources d'information, afin de se forger une solide opinion et de décider en connaissance de cause. Les solutions de gestion de la connaissance ont justement pour rôle d'organiser les différentes sources d'information, que ce soit la gestion documentaire, les retours d'expériences ou la cartographie des profils des experts. Habituellement, face à l'imprévu, les hommes ne disposent que de leur propre expérience et d'un nombre limité d'informations pour apprécier une situation ou résoudre un problème. Quel progrès que de pouvoir aussi s'appuyer sur les informations et les expériences cumulées des autres membres de l'entreprise !

6. Pour aller plus loin

Suivre les travaux de Ikujiro Nonaka en matière de réflexion sur le processus de création de la connaissance et sur l'articulation entre connaissances tacites et explicites. De nombreux sites Web s'y réfèrent et Nonaka et Takeuchi ont publié un livre majeur, *The Knowledge Creating Company*, Éditions Oxford University Press.

À visiter sur le Web

http://www.brint.com/km/ Un site portail un peu touffu mais comportant de très nombreux liens vers des sites de référence sur la gestion des connaissances (anglais).

http://www.cio.com/forums/knowledge/ CIO.com est un site de référence destiné aux *information executives*. La rubrique destinée au *knowledge management* présente des liens et dossiers intéressants... (anglais).

http://www.lotus.com/home.nsf/welcome/km Le site de Lotus Corp : présentation des solutions de gestion de la connaissance et retour d'expériences (anglais).

À lire
J.-Y. Prax, *Guide du Knowledge Management*, Éditions Dunod, 2000. Un livre de référence sur la gestion de la connaissance illustré d'exemples pratiques.
Knowledge Management, Arts et Métiers, Éditions Dunod, 2000. Un point sur l'état actuel des connaissances et des solutions en matière de knowledege management.
Knowledge management, Éditions d'Organisation, 1999. Un recueil des meilleurs articles sur la question de la gestion de la connaissance publiés dans la revue de référence *Harvard Business Review*. On peut ainsi lire les points de vue des experts du moment comme : Peter Drucker, Ikujiro Nonaka ou Chris Argyris, pour ne citer qu'eux...

7. *Concepts voisins*
Gestion des Ressources Humaines (B2-2), Groupware (D3-1), Portail (D1-1).

Figure 2.D-5

Le concept de gestion des connaissances est indissociable de la gestion du projet proprement dit. Pour bien comprendre la portée de ce concept majeur, le manager devra aussi bien évaluer les particularités de la gestion du projet.

D4-2 *Le projet de gestion des connaissances*

Aujourd'hui, nous disposons de suffisamment de retours d'expériences de projets de gestion de la connaissance pour en tirer quelques enseignements sur les conditions de réussite des différentes phases du projet. Étudions cinq des règles essentielles conditionnant la réussite du projet.

1. Adopter l'approche « petits pas » (par projet)
Lors de la phase d'identification, il faut se limiter aux seules connaissances « utiles » et ne pas rechercher immédiatement l'exhaustivité. L'adjectif utile ne doit pas être livré à la subjectivité des concepteurs mais dépendre de l'usage attendu. Ainsi, il est préférable de privilégier une démarche par projets successifs, avec des enjeux précis et identifiés, plutôt qu'une approche globale trop ambitieuse.

2. Favoriser la dynamique coopérative aux dépens de la mémoire d'entreprise
Il ne faut pas se laisser abuser par les interprétations du terme « capitalisation ». De trop nombreux projets ont pour ambition la construction de la mémoire de l'entreprise, afin de conserver le **capital immatériel***. S'il est tout à fait légitime de penser pouvoir conserver les savoirs et savoir-faire au-delà du passage des hommes, il est parfaitement utopiste de chercher à les rendre interchangeables en formalisant, sous forme de procédures, leurs connaissances. Il n'est en effet pas évident, et c'est un euphémisme, de dissocier la connaissance des cerveaux qui la détiennent. Et plutôt que de rechercher une stan-

dardisation formelle de connaissances banalisées (approche héritée des **systèmes experts***), le projet de gestion de connaissances trouve sa raison d'être dans la mise en œuvre d'une dynamique coopérative pour un réel partage de la connaissance. Cette phase de capitalisation est orientée utilisateur et non patrimoine. Il s'agit de fournir à l'utilisateur en situation tous les éléments susceptibles de répondre à sa problématique présente. Cette assistance peut être disponible dans une base documentaire de type GED*(D1-3) ou auprès d'un expert identifié par une cartographie des compétences.

> ***Capital immatériel :*** *en opposition au capital matériel identifiable et quantifiable sur le plan comptable, le capital immatériel regroupe les connaissances (des clients et des marchés par exemple), compétences, savoir-faire et autres tours de main d'une entreprise. La question de la propriété de ce capital reste entière....*
> ***Système expert :*** *une approche des années 80 utilisant les techniques de l'Intelligence Artificielle pour « enregistrer » les connaissances de l'expert afin de pousser plus en avant l'automatisation des processus. Hormis quelques cas relativement simples, les SE n'ont jamais démontré leur efficacité.*

3. *Préférer les réalités concrètes et parfois dures aux doux rêves utopiques : le partage n'est pas inné...*

La réussite du projet repose sur une gestion efficace des flux de connaissances. Il s'agit en effet de connecter l'utilisateur avec la bonne source d'information, que cette dernière soit disponible au sein de la GED, détenue par un expert ou accessible de l'extérieur.

Le travail de groupe et le partage des connaissances ne sont pas innés pour tout le monde. Certains services, comme la R et D et les bureaux d'études, sont plus réceptifs à ce mode de fonctionnement, car ils pratiquent depuis longtemps la gestion du retour d'expérience. Ils demeurent une exception. En règle générale, les systèmes de management des entreprises favorisent l'individualité. Ainsi, il faudra maîtriser nombre de paramètres culturels et organisationnels qui risquent de devenir des causes d'échecs. Par exemple, il ne faudra pas sous-estimer la charge de travail nécessaire à la constitution des référentiels de travail. Les cadres « experts », très souvent en surcharge, ne seront pas toujours naturellement motivés pour ce surcroît de travail. Dans le même ordre d'idée, nous pouvons aussi relever la pauvreté des comptes rendus de retour d'expériences. Lorsque le processus n'a pas été préparé avec soin, les hommes hésitent à décrire précisément les obstacles qu'ils ont rencontrés au cours d'un projet[1].

4. *Considérer le projet comme un processus continu*

Le système de gestion de la connaissance ne sera considéré comme opérationnel qu'à partir du moment où il aura été adopté par un nombre conséquent d'acteurs de l'entreprise. Le projet est un processus continu et l'utilisation du système doit s'accompagner de son enrichissement : ajouts de nouveaux éléments aux bases de connaissances, compléments aux profils de compétences, enregistrement de l'expérience.

---

1. À la fin d'un projet, personne ne tient à expliquer comment il a vécu la loi de l'emmerdement maximum (loi de Murphy : *Anything that can go wrong, will go wrong*). On ne tient pas à charger le bilan ! C'est pourtant le principe fondamental des systèmes de retour d'expériences. Il est aussi vrai que tout ne peut pas être rationalisé après coup. On ne saura pas toujours établir une règle binaire cause/effet pour expliquer les problèmes rencontrés et les solutions mises en place.

5. Mesurer la performance en terme d'usage
Pour atteindre cet objectif, la performance ne sera pas évaluée en terme de quantité de connaissances formalisées mais bien en terme de recours à son utilisation et à son enrichissement. Nous mesurerons notamment la croissance du nombre d'utilisateurs réguliers ou encore le soin apporté par ces derniers pour enrichir la base de leurs propres expériences.

Pour aller plus loin
Se reporter aux références cités pour le concept de gestion des connaissances.

> Il existe quelques outils de capitalisation et d'exploitation des connaissances relativement simples sur le plan du principe comme les systèmes de raisonnement par cas et les arbres de décision. Ils sont opérationnels.

D4-3 Système de raisonnement par cas (case based reasoning)

Les systèmes de raisonnement par cas facilitent la résolution des problèmes en proposant les solutions utilisées par le passé pour des situations analogues.

Après avoir identifié les caractéristiques du problème présent, l'utilisateur recherche les analogies des symptômes dans la base de cas et étudie les solutions trouvées précédemment.

Pour que le système soit efficace, il doit être enrichi régulièrement. Pour chaque situation rencontrée, le contexte et les solutions trouvées seront soigneusement décrits. La difficulté repose sur la qualité de cette description et sur les critères d'indexation adoptés pour classer le cas.

Les systèmes de raisonnement par cas sont souvent utilisés pour la maintenance technique, le contrôle qualité et plus généralement les aides au diagnostic.

Pour aller plus loin

À visiter sur le Web

http://www.cbr-web.org Un site intéressant sur les systèmes de raisonnement par cas géré par l'université de Kaiserlautern : principes, recherches en cours et produits existants (anglais).

D4-4 Les arbres de décision (tree decision)

C'est la formalisation du raisonnement d'un expert lorsqu'il peut être exprimé sous une forme de choix conditionnels : « Si A alors B ». En partant de la conséquence, l'aspect visible de la situation, on essaiera de remonter aux causes possibles grâce à une arborescence matérialisant les différentes questions que se pose l'expert dans une situation analogue. Par exemple :

Constat : « *Le moteur ne démarre pas* ».
Branche 1 Question : « *Est-il alimenté ?* »
Branche 2 Question : « *La sécurité s'est-elle déclenchée ?* »
Branche 3 ...

En répondant à chacune des questions, la branche est déroulée jusqu'à la solution.

Ces méthodes sont souvent utilisées comme guide de dépannage et pour la résolution des problèmes de premier niveau (*call center* par exemple).

Dès qu'un projet a démarré, le compteur de dépassement s'enclenche. Tout temps consacré à une tâche qui ne semble pas directement productive sera générateur de stress négatif. Les acteurs du projet hésiteront à consacrer une semaine à une formation dont ils mesurent mal les apports vis-à-vis de leurs propres enjeux (délais impératifs). Il est vrai que, dans une formation classique, sans pour autant mettre en doute la qualité de cette dernière, le bénéfice directement applicable semble souvent relativement faible par rapport au temps passé. L'e-learning est une nouvelle approche de la formation apportant, entre autres, une meilleure gestion du contenu et du temps passé en fonction des besoins immédiats...

★ D4-5 E-learning (enseignement à distance sur Internet)

1. Quoi ?

L'e-learning, c'est la formation sur l'Internet. Avec l'e-learning, l'apprenant[1] dispose depuis son ordinateur d'une panoplie d'outils pour une formation à la carte. Il peut ajuster son apprentissage à son rythme, en fonction de sa disponibilité et de sa progression. L'apprenant peut suivre des cours en vidéo-conférence, étudier à partir de son support personnel et inte-ractif (CD-ROM), échanger avec d'autres stagiaires et le formateur par mail ou par forum, ou encore participer à des classes virtuelles. L'e-learning permet de généraliser l'accès à un mode de formation personnalisé.

2. Pourquoi ?

La quête de l'amélioration permanente des processus est indis-sociable d'une mise à niveau périodique des connaissances des hommes. De plus en plus régulièrement, les méthodes sont modifiées et la durée de vie des instruments de travail, qu'ils soient informatiques ou non, est de plus en plus courte. Pour assurer le changement continu, les hommes de l'entreprise doivent suivre régulièrement des formations. Cependant, déta-cher le personnel pour une formation externe est toujours une

---

1. Néologisme, traduction directe de l'anglais *learner*. Ce terme semble plus à propos pour parler de l'e-learning que les classiques mots français trop connotés comme « élève » ou « stagiaire ».

© Éditions d'Organisation

opération délicate, voire impossible dans certains cas. Il n'est pas toujours aisé de composer avec certaines absences. Avec l'e-learning, il suffit d'un poste sur le Web pour recevoir une formation personnalisée à un moment choisi. La formation peut alors devenir un réflexe et s'intégrer dans un cadre d'apprentissage en continu.

3. Comment ?

Formation et éducation

Sous le vocable de formation, on englobe généralement deux concepts assez différents. La formation ciblée et orientée sur une pratique bien déterminée et la formation de type éducatif plus orientée vers un développement personnel. En règle générale, les entreprises privilégient la première catégorie de formation. Elle génère plus rapidement des résultats visibles. Les autres modes de formation ne sont pas délaissés pour autant ; les responsables de Ressources Humaines ont bien compris l'intérêt à plus long terme. Mais le plus souvent, et notamment dans les petites structures, elles ne sont pas prioritaires. Les solutions proposées par l'e-learning sont adaptées aux deux types de formation.

Principe de l'e-learning

Avant l'essor de l'Internet, les premiers essais d'enseignement par ordinateur (**Computer Based Training***) n'avaient pas fait leurs preuves. L'isolement de l'apprenant était le principal défaut. Quel que soit le type de formation, rien ne remplace le contact direct entre l'apprenant, son tuteur et ses pairs. En exploitant les technologies de l'Internet, l'e-learning profite de cet enseignement et propose aujourd'hui des solutions répondant parfaitement aux attentes des apprenants. La formation est en effet personnalisée et orientée « client ». L'apprenant sélectionne les modules qui l'intéressent. Il dispose d'outils d'auto-évaluation pour guider ses choix parmi les modules proposés. Il peut participer à des échanges à valeur ajoutée avec les autres apprenants et le formateur. Dans tous les cas, il gère son apprentissage et construit son propre cursus. C'est une véritable formation en « *juste à temps et juste comme il faut* ». Les solutions d'e-learning actuelles proposent 3 modes de fonctionnement complémentaires :

- **mode synchrone**
  Tout le monde est dans la même unité de temps. Depuis son poste, l'apprenant peut participer à des sessions en groupe dans une classe virtuelle. Il peut échanger avec les autres participants en utilisant les outils de conférence (vidéo, audio, *chat*[D2-4]), partager un tableau blanc ou participer à des expériences en groupe. Avec la vidéo-conférence, il peut aussi assister en direct à des séminaires.

- **mode collaboratif asynchrone**
  Avec ce mode de fonctionnement, il n'y a pas d'échanges simultanés. L'apprenant peut travailler à son rythme et échanger avec ses pairs et le formateur par e-mail et forum(D2-6)*.

- **mode auto-dirigé**
  L'apprenant dispose, depuis son ordinateur, de l'accès à l'ensemble des cours et des références (CD-ROM, sites Web,...). Grâce aux exercices interactifs et aux auto-évaluations régulières, il ajuste et cadre sa formation selon ses besoins et son rythme de progression en parfaite autonomie.

> **Computer based training (CBT) : *enseignement par ordinateur*.** *C'est une approche interactive de la formation où l'ordinateur peut à tout moment mesurer et évaluer les réponses de l'élève et proposer des choix adaptés. Le système lui fournira au final un profil de ses réponses pour son auto-évaluation.*

4. Quelles tendances ?
En attendant les réseaux hauts débits...
La généralisation du recours à l'e-learning reste tributaire de l'extension des réseaux rapides et larges bandes. La vidéo est en effet très gourmande en bande passante et l'interactivité lors des sessions d'échanges en mode synchrone, notamment pour les classes virtuelles, impose des temps de réponse très courts.

Vers un enseignement mondialisé ?
En s'appuyant sur l'Internet, l'e-learning « mondialise » la formation. De plus en plus d'universités s'ouvrent au virtuel et une nouvelle génération de centres de formations propose, par l'intermédiaire de portails verticaux, un choix toujours plus vaste de cours et de formateurs sélectionnés.

5. Remarques et commentaires
De nouvelles méthodes pédagogiques
Pour une utilisation efficace des ressources de l'e-learning, les formations seront entièrement refondues en termes de méthode d'apprentissage et de contenu. En utilisant efficacement l'ordinateur, l'apprentissage devient plus ludique et repose sur des jeux, des tests, des exercices interactifs, et dans une moindre mesure, des simulations. Il est intéressant de noter qu'avec le développement prévisible des fonctions de simulations et d'exercices interactifs, on s'oriente vers un schéma d'apprentissage de type essais-erreurs. Le recours de plus en plus fréquent à ce type d'apprentissage, pour des apprenants toujours plus autonomes, constitue une véritable révolution de la pédagogie.

6. Pour aller plus loin
À visiter sur le Web
http://www.cisco.com/warp/public/10/wwtraining/elearning/ Le site de Cisco comporte de nombreuses informations, définitions et

principes sur la question de l'e-learning ainsi qu'une démonstration en ligne (anglais).

http://www.lotus.com/home.nsf/rightframe/1learnspace. Présentation des outils d'e-learning de Lotus (anglais).

http://e-learning.hp.com/ Le site de HP propose une démonstration d'e-learning en ligne (anglais).

http://www.blackboard.com Un exemple de portail d'e-learning. Le site propose de nombreuses formations en ligne (anglais).

À lire

C. Parmentier, F. Arfaoui, *Tout savoir pour e-former*, Éditions d'Organisation, 2001. Un point sur la question de la formation professionnelle sous ses aspects juridiques, techniques et pédagogiques à l'heure des nouvelles technologies.

P. Gil, *e-former*, Éditions Dunod, 2000. Étude des enjeux et impacts des nouvelles technologies sur la formation.

7. Concepts voisins

Forum (D2-6), Outils de conférences (D2-5).

Figure 2.D-6

Devenir une vigie éclairée

La collecte des informations à l'extérieur de l'entreprise est devenue un enjeu crucial. Les entreprises ne vivent pas en vase clos et il est primordial de mesurer régulièrement la température extérieure. Suivre les produits des concurrents, guetter les développements en cours ou analyser les tendances des marchés sont des activités à part entière de l'entreprise. Avec le développement de l'Internet, un maximum d'informations devient accessible. Mais pour éviter de se laisser déborder, il est important d'utiliser des outils spécifiques et des méthodes adaptées de veille économique et stratégique...

✳ *D5-1 Veille économique et stratégique*

1. Quoi ?

L'Internet et l'accès généralisé à l'information en ligne offrent un terrain privilégié pour les chasseurs de renseignements. Mais la surabondance des informations ne facilite pas la prospection. Pour trouver les informations pertinentes, il faut utiliser les bons outils et appliquer les méthodes adéquates. C'est l'objet de la veille économique et stratégique.

2. Pourquoi ?

Dans un environnement concurrentiel en perpétuelle mutation, il est prudent de mettre en place un poste de guet. Il s'agit en effet de ne pas perdre de temps pour réagir aux variations de l'environnement. Avec la mise en place d'une veille économique et stratégique, l'entreprise délaisse ses tendances égocentriques pour suivre les tendances du marché, rester attentive aux évolutions des besoins clients, se tenir au courant des dernières innovations techniques et surveiller ses concurrents.

Les informations collectées seront d'un grand secours lors de l'élaboration ou du recentrage de la stratégie. La veille est aussi souvent utilisée en support des opérations de **benchmarking***.

> ***Benchmarking** : évaluer et comparer sa performance et ses modes d'action avec ceux des autres acteurs économiques, concurrents ou non. C'est une démarche de progrès visant une amélioration en continu et non une quête angoissée de son propre reflet sur une échelle de valeurs subjectives. La question à poser n'est pas : « Miroir, joli miroir, suis-je toujours la plus belle ? » mais plutôt : « Mais ... comment font-ils ? »...*

3. Comment ?

On identifie 3 phases principales : *collecter l'information, mettre en forme l'information, distribuer l'information.*

1. Collecter l'information

La veille n'est pas une collecte tous azimuts. Son objectif principal est de rapporter suffisamment d'éléments précis et structurés pour aider les hommes de l'entreprise à se forger une opinion sur un thème donné afin de décider. Pour être utilisable, l'information collectée doit être en relation plus ou moins étroite avec les préoccupations de l'entreprise. Avant de démarrer la collecte, les responsables prendront soin de sélectionner avec précision les axes de surveillance en rapport avec les priorités de l'entreprise.

> *Le Web et ses quelques milliards de pages sont un terrain de prospection privilégié qui ne doit pas faire oublier les autres sources d'informations comme les banques de données spécialisées, les banques de brevets, les annuaires, les forums...*

Pour leurs enquêtes, les prospecteurs disposent d'outils comme les moteurs de recherche*(D5-2) et les agents intelligents*(D5-6). L'utilisation de ces outils à des fins de veille demande une certaine pratique. Même en utilisant des moteurs de recherche puissants comme les **moteurs sémantiques***, tous les outils ont leurs limites. Le prospecteur n'hésitera pas à reprendre la formulation en changeant les mots-clés et à utiliser différents moteurs avec des syntaxes adaptées.

> **Moteur sémantique :** *moteur exploitant les recherches en informatique linguistique et acceptant des formulations se rapprochant de la langue parlée.*

2. *Mettre en forme l'information*
Mais la collecte n'est pas une fin en soi. Les acteurs de l'entreprise n'ont que faire de données brutes. Afin de les rendre exploitables, le prospecteur mettra en forme les informations collectées. L'utilisateur doit en tirer un enseignement maximal. Pour cela, il existe différentes méthodes (statistiques, linguistiques...) pour notamment réduire le bruit, recouper l'information et rapprocher les concepts voisins.

3. *Distribuer l'information*
Ensuite, les informations collectées et structurées sont délivrées sans attendre auprès des acteurs susceptibles de les exploiter et d'agir[1]. Le plus souvent, ces derniers sont identifiés au préalable. Mais avec la généralisation des outils de gestion de compétences[2], les prospecteurs auront bientôt la possibilité de sélectionner de nouveaux destinataires.

---

1. Certains dossiers de fond nécessitant un traitement récurrent sont remis à jour régulièrement et distribués périodiquement.
2. Voir la gestion des connaissances D4-1.

4. Quelles tendances ?

L'intranet comme outil de diffusion de l'information

L'intranet et l'usage de la GED seront bientôt incontournables pour faciliter la distribution et la gestion des dossiers de veille.

Nous sommes tous des chargés de veille...

La généralisation de la pratique de la veille à tous les niveaux de l'entreprise constitue la tendance la plus marquante actuellement. Pour évaluer la pertinence d'une information ou encore détecter les signaux faibles, il faut disposer d'une certaine compétence pour les domaines considérés. Aussi performants que puissent être les chargés de veille, ils ne disposent pas de l'ensemble des compétences nécessaires pour une prospection efficace sur tous les axes choisis par l'entreprise. Les résultats sont beaucoup plus probants lorsque chaque service de l'entreprise, pour son domaine d'intervention, contribue activement à la veille.

5. Remarques et commentaires

Évaluer sa vulnérabilité face aux chasseurs extérieurs...

La mise en place d'une veille économique et stratégique permettra aussi d'évaluer avec précision la vulnérabilité de l'entreprise face aux analyses des concurrents. Il est en effet très instructif de retourner contre soi ses propres outils de prospection, afin d'apprécier le juste niveau de communication nécessaire pour assister le commerce et le marketing, sans pour autant dévoiler des atouts stratégiques exploitables par la concurrence....

6. Pour aller plus loin

À visiter sur le Web

www.adit.com Le site de l'Agence pour la diffusion de l'information technologique. Elle assure une veille permanente et diffuse plusieurs publications pour de nombreux secteurs (français).

www.afdie.com Le site de l'Association française pour le développement de l'intelligence économique (français).

À lire

F. Jacobiak, *Intelligence économique en pratique*, Éditions d'Organisation, 2001. Un guide de référence pour mettre en place une veille stratégique et économique opérationnelle.
B. Martinet, Y.-M. Marti, *Intelligence économique*, Éditions d'Organisation, 2001. Cet ouvrage étudie précisément les différentes phases de la veille économique.

> **P**our accéder à l'information, la sphère Internet propose des outils comme les annuaires, les moteurs de recherche ou les listes de diffusion...

✲ D5-2 Annuaires et moteurs de recherche sur l'Internet

Sur l'Internet, il existe deux grandes familles d'outils pour repérer l'information : les annuaires et les moteurs de recherche.
Les *annuaires* adoptent un classement thématique des sites. Il n'ont pas la prétention d'être exhaustifs mais, au contraire, d'être sélectifs. Seuls les sites répondant à certains critères de pertinence sont susceptibles d'être sélectionnés. Le choix des sites et leur classement dans la base de référence sont effectués manuellement. *www.yahoo.fr* ou *www.nomade.fr* sont des exemples d'annuaires.

> *Chaque moteur indexe plusieurs centaines de millions de pages... mais aucun n'est exhaustif.*

Les *moteurs de recherche* (crawlers) indexent en permanence et automatiquement les pages du Web, sans pratiquement aucune action humaine. Lors de la recherche, les pages sont triées et ordonnées selon la pertinence des termes choisis[1]. Chaque moteur a sa propre méthode de tri et pour une même question, ils ne fourniront pas les mêmes résultats. Lorsque l'on utilise ce type de moteur de recherche, il ne faut pas hésiter à soigner la formulation de sa requête et à recommencer en utilisant les **opérateurs booléens***.

www.google.fr et *www.altavista.fr* sont des exemples de moteurs de recherche.

> **Opérateurs booléens** : *pour affiner une recherche, les résultats peuvent être filtrés en utilisant, entre les mots-clés, des opérateurs booléens comme AND, OR, NOT.*
>
> *A AND B : chercher les pages comportant ces deux mots.*
>
> *A OR B : chercher les pages contenant soit l'un soit l'autre mot.*
>
> *A NOT B : chercher les pages contenant A mais pas B. Mais chaque moteur a sa propre syntaxe...*

D5-3 Méta-moteur (meta search)

Les méta moteurs ne sont pas des moteurs de recherche mais des outils sensés simplifier la prospection. Avec une simple requête, le méta moteur se charge d'interroger toute une gamme de moteurs de recherche. Cependant, cet outil n'est pas aussi miraculeux qu'il le paraît. Il ne pourra traiter que des requêtes relativement simples sans opérateurs booléens ni

---

1. Au contraire des annuaires orientés sites, les moteurs de recherche sont orientés « pages ». Ils listent dans leurs réponses les pages Web collectées selon la question posée sans se préoccuper des sites d'appartenance...

mots-clés. Il n'existe pas de standard de formulation et chaque moteur de recherche a sa propre syntaxe.

www.metacrawler.com est un exemple de méta moteur.

D5-4 Moteurs de recherche humains

Les recherches plus complexes peuvent être sous-traitées à une équipe de spécialistes de la prospection sur le Web. Après identification et formulation de la requête, un dialogue s'instaure avec le netsurfer chargé de la recherche. Cet échange préalable, par fonction de *chat**(D2-4) le plus souvent, permet de mieux préciser la recherche demandée. La réponse sera disponible en quelques heures.

www.question.fr ou *www.webhelp.fr* sont des moteurs de recherche humains.

D5-5 Liste de diffusion (mailing list)

C'est une liste d'internautes qui ont choisi par simple inscription de recevoir périodiquement une lettre d'informations thématiques. Généralement, cette lettre contient une rubrique éditoriale, quelques informations récentes sur le thème choisi et une suite de questions et de réponses d'abonnés. Un grand nombre de sites proposent un abonnement gratuit à une lettre d'information. Pour cela, il suffit simplement d'inscrire son e-mail dans la case correspondante.

http://www.francopholistes.com Ce site référence l'ensemble des listes de diffusions francophones.

> **L**'informatique existe aussi pour assister les hommes dans l'exécution de leurs tâches les plus courantes. Les agents intelligents, véritables assistants des utilisateurs, connaissent actuellement un essor caractéristique de l'importance des attentes en ce domaine.

D5-6 Agents intelligents

1. Quoi ?

Ce sont des programmes **autonomes** s'exécutant sans intervention humaine. Ils ont la capacité d'adapter leurs comportements en accord avec la situation rencontrée et les besoins précis de l'utilisateur. Les agents sont utilisés comme assistants, le plus couramment pour rechercher des informations ou pour faciliter l'utilisation d'outils complexes.

2. Pourquoi ?

Dans un univers hyper-informé, l'utilisateur a besoin d'un maximum d'assistance pour dénicher les informations essentielles, sans devoir y consacrer un temps dépassant sa disponibilité. Il peut ainsi déléguer à des agents intelligents, la prospection d'informations selon des critères bien définis ou la recherche de la meilleure offre commerciale pour un produit spécifique.

3. Comment ?

On retient habituellement 5 caractéristiques essentielles d'un agent intelligent[1] :

- **autonome** : il s'exécute seul selon des objectifs prédéterminés, sans intervention humaine.
- **personnalisable** : l'utilisateur le configure selon ses besoins.
- **auto-adaptable** : il ajuste son comportement en fonction de la situation et des attentes de l'utilisateur.
- **auto-apprentissage** : il peut aller au-devant des désirs de l'utilisateur en s'appuyant sur l'expérience passée.

---

1. Selon leur rôle et leur degré d'évolution, ils remplissent plus ou moins ce contrat. La grande majorité se contente de ne répondre qu'aux premières caractéristiques.

- **coopérant** : les agents communiquent entre eux et agissent de concert.

Actuellement, les agents sont essentiellement utilisés pour trois types d'applications :

- La recherche d'informations : l'agent collecte sur le Web visible et **« invisible »***, les banques et les bases de données, toutes les informations conformes aux critères définis. Les agents s'exécutent en « temps masqué », indépendamment de l'utilisateur. Les plus sophistiqués adoptent une présentation structurée des résultats facilitant l'interprétation.

> **Web invisible** : *ce sont les pages non indexées, invisibles pour les moteurs de recherche mais souvent accessibles par les agents intelligents.*

- Les agents de e-commerce : ils recherchent sur le Web les meilleures offres en termes de coûts, mais aussi de disponibilité de services pour un type de produit défini.
- Les agents d'assistance : ils facilitent la vie de l'utilisateur en apprenant et en adoptant ses habitudes de travail lors de l'utilisation d'outils complexes. La technologie des **réseaux de neurones*** est prometteuse pour concevoir des agents d'assistance sachant s'ajuster au niveau d'expertise désiré par chaque utilisateur.

> **Réseaux de neurones** : *technique de conception des applications, s'inspirant des modes d'échanges entre les neurones du cerveau. Cette technique facilite le développement de fonctions d'auto-apprentissage des outils d'assistance.*

Les 4 stades de développement de l'intelligence des agents...

1. Simples agents de collecte, ils ne prennent aucune décision vis-à-vis de la pertinence des informations collectées.

2. Agents de collecte pouvant appliquer des traitements simples sur les informations collectées comme des contrôles de seuils.

3. Les agents sont capables de prendre des décisions plus évoluées, en accord avec l'utilisateur (comme la négociation d'une transaction ou la prise automatique de rendez-vous).

4. Les agents communiquent et agissent à plusieurs.

---

4. Quelles tendances ?

Les agents intelligents ne sont encore qu'à l'aube de leur développement. C'est une technologie très prometteuse et à cours terme leur usage en sera très certainement banalisé, notamment pour faciliter les négociations d'e-commerce de premier niveau.

5. Remarques et commentaires

Le terme fort ambitieux d'agents intelligents ne signifie en aucune manière qu'ils seront capables de deviner ce que l'utilisateur souhaite rechercher. Un agent, aussi sophistiqué soit-il, ne rapportera que ce que l'utilisateur l'a envoyé chercher. Il faut bien définir sa recherche, en soigner la formulation et étudier les résultats rapportés.

6. Pour aller plus loin

À visiter sur le Web

http://www.agentland.fr/ Site de référence francophone sur les agents intelligents. Le site comporte un grand nombre de liens classés (français).

www.spyonit.com propose des agents de surveillance qui vous préviennent quand une condition particulière est remplie. Par exemple, lorsque le produit recherché est disponible sur un site d'enchères (anglais).

www.netmind.com L'agent Mind-It proposé sur ce site surveille pour vous vos pages favorites et vous prévient à chaque changement. L'agent est bien entendu paramétrable (anglais).

www.strategicfinder.com est un agent de recherche avec une version de base téléchargeable gratuitement (anglais).

www.copernic.com propose différents agents de recherche et de commerce. Le modèle de base d'agents de recherche est téléchargeable gratuitement (français).

7. Concept voisin
Moteurs de recherche (D5-2).

Disposer d'une infrastructure pérenne (matérielle et logicielle)

Au cours des précédents chapitres, nous avons étudié l'ensemble des solutions susceptibles d'assurer, lorsqu'elles sont convenablement mises en œuvre, une amélioration significative de la chaîne de création de valeurs orientée client. Jusqu'à présent, nous avons pris soin d'aborder chacun des thèmes avec un regard orienté « utilisation ». Lorsque l'on s'équipe d'une nouvelle solution, c'est bien pour répondre à un besoin précis s'exprimant en terme d'usage. Ce n'est pas, espérons-le, pour occuper les ingénieurs avec un nouveau jouet. C'est donc bien ce regard qu'il faut adopter en priorité. Il ne faut pas pour autant occulter la technique proprement dite. Toutes les solutions reposent sur la technologie. La réussite de chaque projet, et par extension de l'ensemble de l'entreprise intégrée, est dépendante du maintien permanent d'une infrastructure de qualité.

Pour bien en saisir la portée et mieux comprendre le principe de l'entreprise intégrée, il est maintenant temps d'aborder un thème un peu plus technique et d'entrer au cœur des concepts technologiques.

L'ordinateur est le point central du système d'information. Mais comment fonctionne un ordinateur ? Qu'est-ce que le hardware ? À quoi sert le système d'exploitation ? Tous ces points et bien d'autres encore seront expliqués à la section :

§ Le poste de travail

L'ordinateur permet de réaliser de nombreux calculs et traitements automatiques, indispensables au fonctionnement des sociétés actuelles. Pour cela, il faut l'alimenter en données essentielles. Mais comment gère-t-il les données de l'entreprise ? Nous étudierons ce point précis à la section :

§ Gérer les données

Mais nous ne sommes pas seuls au monde et les ordinateurs ne font pas que traiter des données, ils les échangent aussi. Les réseaux, et notamment l'Internet, sont dorénavant incontournables. Nous étudierons ce thème à la section :

§ Communiquer

Nous entrons actuellement dans un monde technologique fondé sur la communication. Les systèmes d'information sont désormais déployés à grande échelle. Nous étudierons ce thème à la section :

§ Déployer

Le poste de travail

Malgré l'entrée dans le XXIe siècle, on ne trouve pas, en descendant de notre soucoupe volante personnelle, des ordinateurs super intelligents, capables de réagir efficacement en toute situation, comme nous le promettaient les auteurs d'anticipation. Si les ordinateurs disponibles actuellement n'ont pas « encore » conscience de leur propre existence, ils sont cependant suffisamment puissants pour gérer les informations et répondre à un grand nombre de besoins de l'entreprise.

Un ordinateur, quel qu'il soit, se compose obligatoirement d'une partie matérielle et d'une partie logicielle : le système d'exploitation et les applications. Le couple matériel (hardware) et logiciel (software) est indissociable. Le matériel sans logiciel ne sert à rien, ce n'est que de la quincaillerie. C'est un corps sans cerveau. C'est le logiciel qui donne vie au matériel. Que ce soit un IBM 390 *(mainframe)* ou un palm pilot (ordinateur personnel de poche), le principe est équivalent. Étudions dans un premier temps le matériel...

MATÉRIEL (hardware)
E1-1 Ordinateur (matériel)

1. Quoi ?

Un ordinateur est un instrument capable de réaliser un traitement particulier défini par un programme, à partir de données fournies, et de délivrer un résultat (figure 2. E-1).

Sur le plan purement matériel, un ordinateur, quel qu'il soit, comporte au minimum trois parties principales :

- **Une partie exécutive,** avec un ou plusieurs processeurs et une mémoire vive dite de travail. C'est le cœur de l'ordinateur, c'est là où s'effectue l'ensemble des traitements.

175

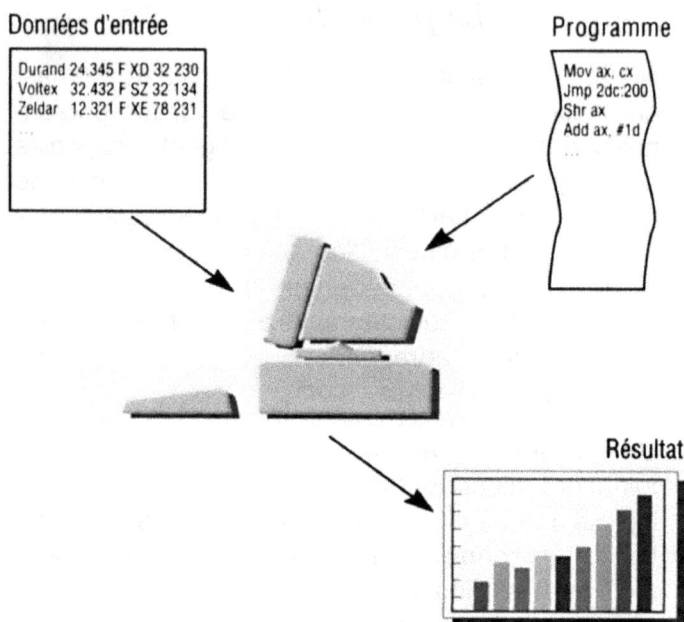

Données d'entrée

```
Durand 24.345 F XD 32 230
Voltex  32.432 F SZ 32 134
Zeldar  12.321 F XE 78 231
...
```

Programme

```
Mov ax, cx
Jmp 2dc:200
Shr ax
Add ax, #1d
...
```

Résultat

Figure 2.E-1

- **Des périphériques d'entrée/sortie.** L'ordinateur n'est pas isolé et doit échanger avec l'extérieur, ne serait-ce que pour recevoir des commandes et afficher les résultats. Pour cela, il comporte des périphériques d'entrée comme le clavier, et des périphériques de sortie comme l'écran.
- **Des périphériques de stockage.** Un grand nombre de données et d'instructions doivent être stockées durablement. Le disque dur et le lecteur de disquettes sont des périphériques de stockage.

2. Pourquoi ?

À l'origine, les ancêtres de l'ordinateur moderne étaient essentiellement utilisés pour réaliser des calculs (on les appelait alors des calculateurs) ou des classements (comme les machines

© Éditions d'Organisation

mécanographiques). Depuis, avec l'essor des réseaux, l'ordinateur est devenu communicant. Il est maintenant possible d'échanger des informations entre différents ordinateurs distants. Sans déroger à son principe de base, l'ordinateur est rapidement devenu le cœur du traitement et de la gestion d'une grande part de l'information produite et consommée dans l'entreprise. Avec l'augmentation de puissance constante et la baisse régulière des coûts, les ordinateurs sont aujourd'hui présents à tous les niveaux de l'entreprise.

3. Comment ?

Principe fondamental

Un ordinateur est un centre de traitement sachant exécuter un nombre fini d'opérations. Pour que l'ordinateur puisse résoudre un problème spécifique, ce dernier doit être traduit en une suite d'opérations (instructions) compréhensibles par l'ordinateur. Dans un premier temps, le programmeur va définir les différentes phases du traitement à effectuer. C'est l'algorithme. Puis, dans un second temps, il va traduire cet algorithme en une suite d'opérations (les instructions) exécutables par l'ordinateur. C'est le programme.

Depuis son origine, le principe de base de fonctionnement des ordinateurs n'a pas changé. Il est directement issu des travaux d'Alan Turing qui, dès 1936, avait théoriquement défini la faisabilité d'un automate capable de traiter des problèmes dits calculables[1]. Ce principe a été mis en œuvre et perfectionné par Johannes Von Neumann, notamment lors de la construction de l'Eniac, le mythique premier ordinateur, en 1946.

---

1. Selon ce principe, tout problème calculable peut être décomposé en un ensemble d'opérations élémentaires. Il suffit alors de disposer d'un automate sachant exécuter les susdites opérations élémentaires pour résoudre le problème.

Fonctionnement (voir figure 2. E-2)

Le processeur, cœur de l'ordinateur, exécute un jeu déterminé d'instructions élémentaires[1]. Il ne travaille en direct qu'avec la mémoire vive. Pour exécuter un programme, celui-ci doit être au préalable chargé dans la mémoire vive[2]. Le programme est lu séquentiellement. Les données de travail, comme les résultats intermédiaires, sont aussi stockées dans la mémoire vive. Pour échanger avec les périphériques, le processeur communique avec le bus d'entrée/sortie. Il peut ainsi échanger avec la mémoire de masse, qui est un périphérique, lire les données entrée au clavier ou écrire sur l'écran.

Pour soulager son travail et accélérer les traitements, le processeur principal est assisté de processeurs spécialisés comme, par exemple, le processeur d'entrée/sortie qui prend en charge toute la gestion avec les périphériques[3]...

---

1. Élémentaires, le mot n'est pas trop fort, les premiers microprocesseurs à succès (Z80, 8085) ne connaissaient pas la multiplication.
2. Si le programme est plus important que la taille mémoire, il n'est que partiellement chargé. C'est pour cela que l'augmentation de la taille de la mémoire vive améliore sensiblement les performances en réduisant les allées-retours avec le disque.
3. Pour accélérer les échanges avec les périphériques, il existe un mode de fonctionnement dit DMA (*Direct Memory Acces*) permettant d'accéder à la mémoire vive en direct, et de transférer rapidement de grandes masses de données, sans passer par l'intermédiaire du processeur.

Mémoire vive

Processeur

| 12bo:200 123 |
| 12bo:204 224 | Données
| 12bo:208 15b |
| ... |

AX
BX
CX
DX
...
IP

| Mov ax, cx |
| Jmp 2dc:200 |
| Shr ax | Programme
| Add ax, #1d |
| ... |

Accès direct à la mémoire (DMA)

Entrée/sortie

| Périphériques d'entrée (clavier, souris...) | | Périphériques de sortie (écran, imprimante...) | | Disques |

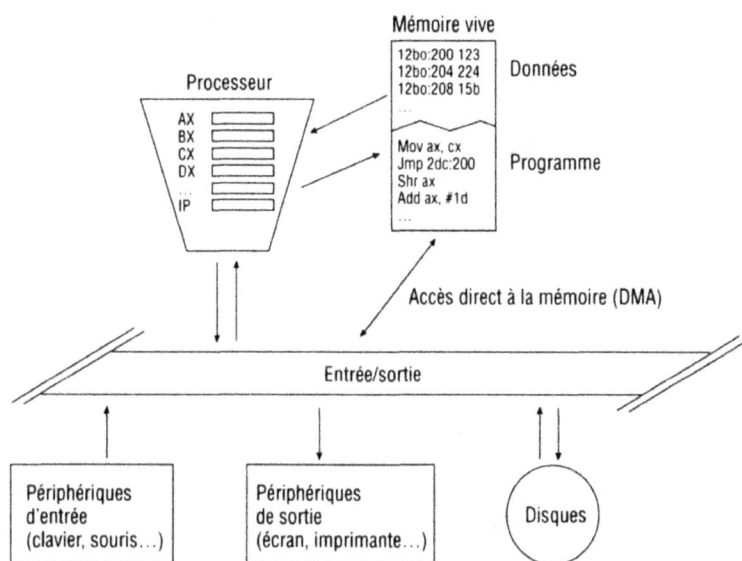

Figure 2.E-2 Principe de base de l'architecture matérielle des ordinateurs

4. Quelles tendance ?

Toujours plus de puissance...

Nous sommes toujours dans l'attente d'ordinateurs plus puissants pour un maximum de services et de convivialité. Les nouvelles ergonomies sont très gourmandes en ressources. Les images en trois dimensions et toutes les formes d'animation et d'interactivité demandent des capacités et des vitesses de traitement considérables. On attend depuis plusieurs années la limite de la loi de Moore[1], mais l'amélioration permanente des techniques de gravure repousse régulièrement cette échéance. Ainsi, la capacité d'intégration est toujours en progression. Les proces-

---

1. La loi de Moore stipule que le nombre de transistors intégrés sur une puce électronique double tous les 18 mois.

179

seurs sont de plus en plus rapides[1] et traitent des mots toujours plus longs[2] : 16 bits hier, 32 bits aujourd'hui, 64 bits demain...

5. Remarques et commentaires

Et les machines neuronales ?

Depuis fort longtemps, les chercheurs tentent de réformer le modèle d'ordinateur Turing/Von Neumann pour se rapprocher du fonctionnement du cerveau humain, et ainsi accéder aux fonctions d'auto-apprentissage. Un ordinateur classique n'acquiert aucune expérience et, quelle que soit sa puissance, il ne sait exécuter que des programmes prédéterminés. Les machines neuronales, disposant de fonctions d'auto-apprentissage, sont capables d'apprendre seules et d'adopter un comportement non prévu mais adapté aux situations rencontrées. Les travaux autour des machines neuronales ne sont pas récents ; le perceptron de Ronsenblatt, premier essai de machine dite connexionniste, date de la fin des années 50. Actuellement, les applications portent essentiellement sur les questions de reconnaissance de formes. Les résultats sont notamment probants pour la reconnaissance d'images, de l'écriture et de la voix.

---

1. L'horloge de base rythme le fonctionnement interne du processeur. La valeur du « cycle », unité de base du traitement d'un processeur, est directement dépendante de la fréquence de l'horloge. Plus la fréquence de l'horloge est élevée, plus les instructions sont exécutées rapidement. Mais la mémoire vive et le bus d'entrée/sortie ne sont pas toujours aussi rapides et fonctionnent à une fréquence d'horloge inférieure. Il n'est pas toujours utile de disposer d'un processeur rapide s'il doit attendre régulièrement pour accéder à ses ressources...

2. La taille du mot définit la précision des données traitées par le processeur. Pour travailler sur un mot de 64 bits, un processeur de 32 bits sera contraint de le traiter en deux passes. Un processeur 64 bits est, bien entendu, considérablement plus puissant mais bien plus coûteux à réaliser.

6. Pour aller plus loin

À lire

Tannenbaum, *Architecture de l'ordinateur,* Éditions Dunod. Le livre de référence. Il est détaillé, clair et précis, mais relativement pointu et réservé à un public averti.

J. Steiner Osmane, *Guide technique et pratique des PC,* Éditions Eyrolles Multimédia. Ce livre décrit le fonctionnement et les différents composants du PC.

7. Concept voisin

Système d'exploitation (E1-15).

> **P**our augmenter la performance des ordinateurs, il existe quelques artifices comme la mémoire cache, le disque cache et la mémoire virtuelle.

E1-2 Mémoire cache

Les mémoires rapides sont très coûteuses. Elles sont réservées à la réalisation d'un cache, de taille limitée, placé en frontal du processeur. Le cache stocke les instructions les plus fréquemment utilisées. Lorsque le processeur lit une première fois une case mémoire, il la charge en même temps dans le cache. Quand il devra relire la même case, il ira directement la chercher dans le cache rapide.

E1-3 Disque cache

Les accès aux disques durs sont incomparablement plus lents que les accès à la mémoire vive. Pour certaines applications sollicitant excessivement le disque dur, il est quelquefois intéressant de structurer une partie de la mémoire vive comme un disque, et d'y stocker les fichiers les plus sollicités. Mais attention aux pannes, les données écrites risquent d'être perdues. Il faut réserver cet usage pour les fichiers uniquement en lecture ou à usage temporaire.

E1-4 Mémoire virtuelle

Cette fonction permet de structurer une partie du disque comme la mémoire vive. Ainsi, il sera possible d'exécuter plus d'applications qu'il n'existe de mémoire vive réellement disponible. Toutes les applications ne sont pas en cours de traitement au même moment. Le système décharge et recharge (*swap*) régulièrement sur le disque les applications en attente.

> **P**ar principe, le processeur ne sait exécuter qu'un nombre d'instructions bien déterminé. Un traitement devra être décomposé en instructions élémentaires (le programme) avant d'être soumis à l'ordinateur. Il peut alors sembler intéressant de graver directement dans le silicium du processeur des instructions complexes. Les traitements n'ont pas besoin d'être détaillés outre mesure et les programmes sont moins longs. *A contrario,* ce type de processeur est beaucoup plus coûteux à réaliser. Il existe actuellement deux grandes familles de processeurs se différenciant par la complexité de leur jeu d'instruction. Les processeurs de type CISC (*Complex Instruction Set Computer*) exécutent des instructions relativement complexes et les processeurs de type RISC (*Reduced Instruction Set Computer*), au contraire, n'exécutent que des instructions élémentaires.

A ### E1-5 Processeurs CISC et RISC

Les processeurs RISC (*Reduced Instruction Set Computer*) sont nés du constat que près d'un tiers des instructions des processeurs CISC (*Complex Instruction Set Computer*) étaient peu ou pas utilisées. Pourquoi alors ne pas réduire le jeu d'instructions ? Par voie de conséquence les coûts de fabrication baisseront significativement. Le jeu d'instructions des processeurs RISC est ainsi fortement réduit et ne comporte que des opérations élémentaires. Chaque instruction d'un processeur RISC s'exécute très rapidement. Elle ne prend, en général, qu'un seul cycle machine (les instructions complexes des processeurs CISC peuvent prendre plusieurs cycles). Bien entendu, pour un traitement équivalent, le nombre d'instructions à exécuter est plus important que dans le cas de l'utilisation d'un processeur CISC.

Les processeurs Intel Pentium sont des processeurs CISC. Les processeurs IBM Power PC ou Sun Ultrasparc sont des processeurs RISC. Les processeurs CISC, avec la gamme Pentium d'Intel, dominent encore le marché, essentiellement grâce aux économies d'échelle. Mais le successeur des Pentium chez Intel, dénommé « Merced », sera un processeur RISC.

> Exécuter un programme sur plusieurs processeurs en même temps améliore significativement les performances. Cela ne devrait pas surprendre grand monde. Encore faut-il définir la bonne architecture de traitement parallèle et le découpage du programme le plus adéquat. Les traitements parallèles sont des solutions importantes pour gérer les bases de données de très grandes tailles et à hautes exigences en terme de performance. Étudions les différentes techniques.

SYSTÈME MULTIPROCESSEURS
E1-6 SMP

Le principe le plus ancien, SMP (*Symetric Multi-Processing*) place en parallèle plusieurs processeurs partageant la même mémoire. Ce système n'est pas aisé à mettre en œuvre. Les questions de synchronisation entre les différents processeurs pour accéder à la mémoire sont délicates à résoudre.

E1-7 MMP (Massively Parallel Processing)

Les MPP utilisent un grand nombre de processeurs. Chaque processeur dispose de sa propre mémoire. Ce mode de fonctionnement est efficace, mais nécessite impérativement des développements spécifiques. Le programme doit être prévu pour ce type d'utilisation.

E1-8 Clusters

Les *clusters* sont des ordinateurs organisés en « grappe » et interconnectés par des liaisons rapides Ethernet. Comme pour les systèmes MPP dont le principe est assez proche, ce mode de fonctionnement nécessite impérativement des développements spécifiques. Avec les besoins toujours croissants en matière de capacité de traitement, comme l'exige par exemple l'e-business, les solutions à base de clusters vont fortement se développer.

> **M**ais l'ordinateur, ce n'est pas uniquement le processeur. Il faut aussi communiquer et échanger avec le monde extérieur. Pour faciliter l'interconnexion avec les périphériques ou cartes annexes de différents constructeurs, il existe des standards. Étudions quelques exemples de bus externes standard.

E1-9 BUS PCI (Peripheral Component Interconnect)

C'est aujourd'hui le format de bus le plus courant pour connecter les différents périphériques à l'intérieur du PC. Il permet d'ajouter des cartes spécifiques comme les cartes réseaux ou modem...

E1-10 SCSI (Small Computer System Interface)

C'est un bus interne ou externe essentiellement dédié à la connexion des disques de stockage. Une interface SCSI permet de connecter jusqu'à 7 périphériques. L'interface SCSI est actuellement la plus rapide pour le monde PC. Il en existe plusieurs versions selon la taille des mots échangés (8 ou 16 bits) et la fréquence supportée (de 5Mb/s à 80 Mb/s).

E1-11 USB (Universal Serial Bus)

L'USB est un standard récent pour la connexion de périphériques extérieurs. Aujourd'hui, de nombreux fabricants de périphériques ont adopté ce standard pour leurs produits : souris, clavier, modem, graveur de CD-ROM...

Les périphériques USB sont théoriquement de type *plug and play** (E1-13) et peuvent être connectés à « chaud » (sans nécessiter l'arrêt du PC).

E1-12 PCMCIA (Personal Computer Memory Card International Association)[1]

C'est une association de constructeurs qui a défini les caractéristiques standard d'interface d'un périphérique au format carte de crédit, appelé Pc Card, particulièrement adapté aux ordinateurs portables. Il existe 3 types de cartes selon l'épaisseur et les fonctions supportées ; type I : adjonction de mémoire, type II : modem/fax ou carte réseau, type III : disque amovible... Les cartes PCMCIA peuvent être installées ou retirées « à chaud » (nul besoin d'arrêter le PC).

---

1. Et non *People Cannot Memorize Computer Industry Acronyms.*

E1-13 PnP (Plug and play) *Branchez et utilisez...*

Le concept de *plug and play* est une fonction séduisante des systèmes d'exploitation de nouvelle génération. Cette fonction permet de reconnaître les périphériques au moment de leur connexion et de les configurer en automatique, sans intervention de l'utilisateur. Cela ne marche pas encore dans tous les cas.

> **Q**uel que soit notre avis sur le sujet, les ordinateurs prennent inexorablement possession de notre environnement. Et pour les avoir toujours plus près de nous, ils deviennent de plus en plus petits, de plus en plus discrets. Bientôt, plus personne ne se passera de son PDA.

E1-14 PDA (Personal Digital Assistant) *Assistant numérique*

En de nombreuses situations, les assistants numériques sont des instruments plus pratiques que les ordinateurs portables. Plus compacts, ils intègrent de nombreuses fonctions pratiques comme un agenda, un répertoire, un traitement de texte, un tableur et une connexion téléphonique. Avec l'avènement attendu de l'**UMTS*** (E3-14), on peut s'attendre à l'arrivée de nouvelles générations de PDA orientées Internet. Avec les impératifs de mobilité de plus en plus exigés par les entreprises actuelles, ils ont toutes les chances de rencontrer le succès. Un commercial pourra, par exemple, consulter le stock ou mettre à jour un fichier spécifique, directement depuis le client, sans avoir besoin de se connecter physiquement au réseau local.

© Éditions d'Organisation

> *L'UMTS est une norme de réseau haut débit de télécommunication mobile.*

LOGICIEL (software)

Sans logiciel, l'ordinateur n'est qu'un ensemble de métal et de silicium. Pour lui donner vie, il faut un logiciel de base : le système d'exploitation.

★ *E1-15 Système d'exploitation* (operating system)

1. Quoi ?

C'est le logiciel de base de tout ordinateur quel qu'il soit. Le système d'exploitation prête vie à l'ordinateur. Il met en fonction les différents modules matériels de l'ordinateur et les rend accessibles aux applications utilisateurs. Le système d'exploitation intègre aussi des services orientés besoins de l'utilisateur et des applications comme le gestionnaire de fichiers ou le système de fenêtrage. MS-Dos, Windows 98, Windows NT, Unix, Linux, MacOS sont des systèmes d'exploitation.

2. Pourquoi ?

Pour une plus grande efficacité et une meilleure **portabilité***, une application utilisateur, comme un traitement de texte, ne communique pas directement avec le matériel. Elle utilise les ressources proposées par le système d'exploitation. Ainsi, l'application de traitement de texte n'a pas à se préoccuper de l'organisation physique des données sur un disque. Elle n'a pas à savoir si ce dernier est au format IDE ou SCSI*(E1-10) pour lire ou écrire un fichier. C'est le système d'exploitation qui prend en charge la gestion de ce fichier et son écriture physique sur le disque. Tout ordinateur, depuis les plus gros *mainframe,* jusqu'aux PDA*(E1-14) en passant par les systèmes dédiés comme les **routeurs***, ont un système d'exploitation.

187

La **portabilité** *définit la capacité d'un programme à s'exécuter sur des plates-formes différentes. Un **routeur** est un équipement de réseau prenant en charge l'acheminent des messages.*

3. Comment ?

Le système d'exploitation est une pièce essentielle de la structure multicouche informatique entre l'utilisateur et le matériel (figure 2. E-3).

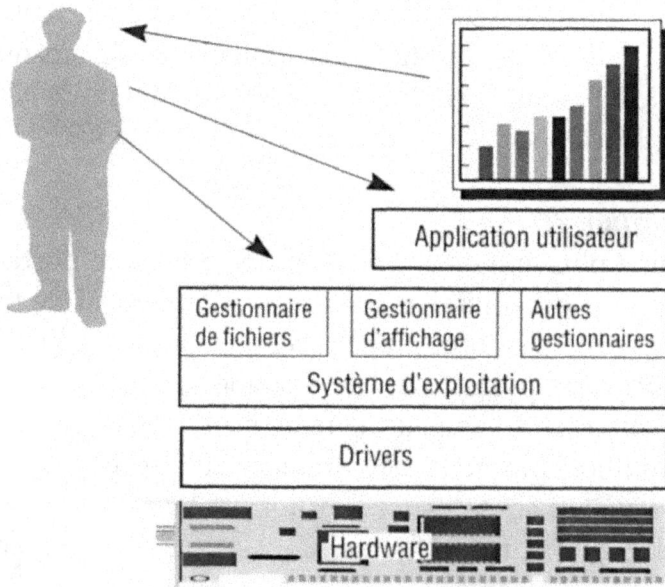

Figure 2.E-3 Le système d'exploitation

Reprenons l'exemple du traitement de texte. Lorsque l'application de traitement de texte souhaite écrire des informations sur le disque, elle transmet simplement au système d'exploitation le nom du fichier et la liste des données à écrire. C'est le système d'exploitation qui organise et structure les différents fichiers du disque. Pour écrire physiquement les données sur le disque, il transfert à une couche logiciel inférieure, le **driver*** (ou pilote), l'ensemble des informations d'écriture. C'est le driver qui va directement piloter le matériel. Chaque matériel a son propre driver qui adapte au matériel spécifique les commandes reçues du système d'exploitation.

> *Sur un PC, les principaux **drivers** sont regroupés dans un module appelé **BIOS** (Basic Input Output System).*

Il est bien entendu possible de communiquer directement avec le système d'exploitation, sans passer par un applicatif. Lorsque vous utilisez le gestionnaire de fichiers de Windows, vous communiquez avec le système d'exploitation.

4. Quelles tendances ?

Réduction du nombre de systèmes d'information

À l'origine, la plupart des constructeurs d'ordinateurs proposaient leur propre système d'exploitation. Il en existait ainsi un grand nombre, tous incompatibles entre eux. La tendance actuelle est plutôt tournée vers la standardisation d'un nombre réduit de systèmes d'exploitation (comme Unix par exemple). Disposer d'un même système d'exploitation sur l'ensemble des plates-formes de l'entreprise est intéressant à plus d'un titre. Les applications sont transportables d'un système à l'autre, sans devoir pour autant être réécrites en totalité. La communication entre les ordinateurs de l'entreprise est plus aisée et il n'est plus indispensable de disposer d'autant de spécialistes qu'il y a de systèmes d'exploitation différents dans l'entreprise.

Le système d'exploitation en passe de devenir libre...
Il est intéressant de suivre les développements de Linux*(E1-22), un des produits phares du logiciel libre*(E1-23), et ses impacts sur l'évolution de la commercialisation des systèmes d'exploitation. Nous consacrons à ce sujet un paragraphe ci-après.

5. Remarques et commentaires

Des systèmes encore trop complexes...
L'usage de l'ordinateur se démocratise à grand pas. Il n'existe plus beaucoup de métiers qui n'imposent pas l'utilisation régulière d'un ordinateur. Pourtant, malgré les progrès en matière de convivialité des systèmes d'exploitation de micro-ordinateurs, ils restent encore peu adaptés aux réelles attentes des utilisateurs. La conception des systèmes d'exploitation est, en effet, directement issue d'une époque encore récente, où l'utilisation de l'ordinateur était exclusivement réservée à l'informaticien. C'était un outil technique pour spécialiste. Cette lourde hérédité privilégie les nécessités de l'administration du système aux dépens de la simplicité d'utilisation. Ce n'est pas Linux qui va inverser la vapeur. Il faudra attendre une nouvelle génération de systèmes d'exploitation, fruits d'un autre mode de réflexion, plus proches des utilisateurs non-spécialistes.

6. Pour aller plus loin

À lire

Silbersharts, Galvin, *Principes appliqués des Systèmes d'Exploitation,* Éditions Vuibert. Ce livre propose une approche pédagogique des systèmes d'exploitation et étudie notamment les systèmes Unix, Solaris et Windows NT. C'est un ouvrage assez technique.

Tannenbaum, *Système d'exploitation,* Éditions Dunod. Les exemples proposés par ce livre de référence datent un peu (MS-Dos). Ils restent cependant d'actualité et l'ensemble des concepts sont clairement expliqués.

7. Concepts voisins

Linux (E1-22), Ordinateur – Matériel – (E1-1).

> Tous les systèmes d'exploitation d'ordinateurs ne sont pas équivalents. Pour mieux comprendre les particularités de chacun d'eux, et ainsi estimer leurs avantages et leurs inconvénients selon l'usage attendu, nous allons étudier dès à présent les caractéristiques les plus classiques comme le multitâche, le temps réel ou le temps partagé.

A

E1-16 Multitâches

Le multitâche est un mode de fonctionnement des systèmes d'exploitation permettant d'exécuter plusieurs traitements durant la même unité de temps. Un programme, au cours de son exécution, passe une grande partie de son temps à attendre. Il attend la libération d'une ressource, comme un fichier occupé par un autre programme ; il attend une saisie au clavier ou alors un périphérique lent comme une imprimante. Même le plus rapide des utilisateurs d'un traitement de texte tape à une vitesse sans commune mesure avec les possibilités du processeur. Il serait dommage que ce dernier se tourne les pouces entre deux touches frappées. Avec un système multitâches, d'autres travaux peuvent être lancés pour profiter des temps d'attente. Les systèmes d'exploitation réellement multitâches, comme Windows NT ou Unix, gèrent précisément les questions de synchronisation et de priorité, afin d'optimiser l'exécution des tâches et l'occupation des ressources systèmes. Les anciens MS-Dos des PC et les premières versions de Windows étaient des monotâches[1].

---

1. MS-Dos est l'ancien système d'exploitation des PC. Windows utilisait un artifice logiciel pour permettre l'exécution de plusieurs programmes, mais il ne s'agissait pas d'un véritable multitâche.

191

A *E1-17 Temps réel* (real time)

Les systèmes d'exploitation temps réel sont des systèmes capables de répondre à un événement donné, avec un temps de réponse connu et prévisible. Par exemple, pour commuter un aiguillage entre deux trains, il est préférable de connaître précisément le temps maximum mis par le système entre l'événement (le train précédent est passé) et la réaction effective (je commute l'aiguillage avant le train suivant). Les systèmes temps réel ont connu leur heure de gloire lors des premières époques de l'informatisation de l'industrie. Depuis, dans ce domaine, ils ont été supplantés par les automates programmables, machines dédiées aux fonctions de l'automatisme et du pilotage industriel. Les systèmes d'exploitation temps réel représentent un marché de niche toujours d'actualité pour des besoins spécifiques, comme les systèmes embarqués ou les applications télécom.

Des produits comme VRTX de Mentor Graphics ou QNX de QNX Software sont des systèmes d'exploitation temps réel.

A *E1-18 Multi-utilisateurs* (multi-users)

Un système multi-utilisateurs permet à plusieurs utilisateurs d'exploiter simultanément le système. Il est par principe multitâche. Plusieurs programmes sont exécutés dans le même temps. Mais la réciproque n'est pas vraie. UNIX est un système multi-utilisateurs et multitâche.

A *E1-19 Temps partagé* (time sharing)

C'est un principe de partage des ressources et du temps processeur entre plusieurs programmes. C'est le principe de base des systèmes multi-utilisateurs. Chaque utilisateur dispose d'un temps machine et d'un quota de ressources (mémoire, disque...). Théoriquement, ce temps est défini suffisamment court pour servir tous les utilisateurs, afin que chacun d'eux ait l'impression d'être le seul à utiliser la machine. Ce principe est né dans les années 60, lorsque les ordinateurs étaient une denrée très coûteuse et centralisée. Unix est un exemple de systèmes d'exploitation temps partagé.

> **É**tudions maintenant deux notions qui vont nous aider à comprendre les systèmes d'exploitation modernes : les processus et les *threads*.

E1-20 Processus

Un processus est une unité de traitement pour un système multi-tâche. Un même programme, exécuté par 2 utilisateurs, générera deux processus indépendants. Le système d'exploitation a ses propres processus. Un processus système, qui s'exécute inlassablement en tâche de fond, est appelé un processus démon (*daemon*).

E1-21 Thread

Un *thread* est une unité d'exécution d'une granularité plus fine qu'un processus. Pour améliorer les performances d'exécution d'un programme, ce dernier peut être découpé, lors de la conception, en unités de traitement indépendantes. Ces unités indépendantes peuvent s'exécuter simultanément : ce sont les *threads*. On parle alors de programmation *multithread*. Ce mode de programmation est indispensable pour exploiter les capacités des systèmes multiprocesseurs*(E1-6, 7, 8).

> **L**e monde des systèmes d'exploitation est en plein bouleversement. Le perturbateur s'appelle Linux. Il menace de réformer les modes de conception et de commercialisation des logiciels de bases.

* E1-22 Linux

1. Quoi ?

Linux est une version opérationnelle sur PC du système d'exploitation UNIX. Mais là n'est pas sa principale originalité. Linux est un logiciel libre*(E1-23) totalement indépendant de tout éditeur ou constructeur. Conçu à l'origine par Linus Torvald en 1991, puis confié à la communauté informatique conformément à L'OSS *(Open Source Software)*, Linux est en constante évolution. La version stabilisée directement exploitable et les versions en cours de développement sont accessibles à tout un chacun. Chaque version est téléchargeable gratuitement.

2. Pourquoi ?

Le marché Unix a tardé à s'imposer sur PC. Unix est en effet un système d'exploitation exigeant en ressources et très orienté outil d'informaticien. Il n'a jamais réussi à se positionner sur micro comme un réel concurrent de Microsoft Windows. Au début des années 90, la communauté Linux a ouvert la brèche en proposant un produit puissant et opérationnel sur PC. Il est surtout remarquable par son mode de développement communautaire et son principe de distribution libre.

3. Comment ?

Linux est né dans une mouvance de l'Unix libre déjà ancienne. Dès 1983, le mouvement GNU *(GNU is Not Unix)* combattait la dépendance du système d'exploitation à un éditeur unique. Le GNU a ainsi créé un mode de distribution de logiciels librement accessibles. En 1991, un étudiant finlandais, Linus Torvald, a commencé un portage d'Unix sur PC. C'était une tâche titanesque qu'il ne pouvait conduire seul. Après avoir mis au point un noyau de base, il fit appel à la communauté des développeurs pour construire le système en totalité. Linux est stabilisé et opérationnel depuis 1994.

De nombreuses sociétés commerciales ont saisi la vague Linux et proposent, sous forme de package complet, la dernière version stabilisée et opérationnelle pour une utilisation professionnelle. Pour compenser le manque à gagner sur la vente des licences du système d'exploitation, elles proposent aussi des produits et services annexes.

4. Quelles tendances ?

Une forte croissance attendue...

Linux est principalement utilisé comme système d'exploitation des serveurs Web. Pour l'instant, en France en tout cas, son utilisation en tant que système d'exploitation pour applications critiques reste marginale. Cela devrait rapidement changer. Le catalogue d'applications disponibles commence à s'étoffer. Déjà, les grands éditeurs, comme IBM ou Oracle, portent la majorité de leurs produits phares sur ce système d'exploitation.

Sur le plan micro et poste de travail individuel, le marché reste limité et le produit n'est pas non plus réellement adapté à une utilisation grand public.

5. Remarques et commentaires

Linux va-t-il rester « unique » ?

Pour sa part, le système d'exploitation Unix a vécu une vie bien mouvementée depuis sa création en 1969. Longtemps considéré comme le futur standard de l'informatique, il a malheureusement été victime de nombreuses scissions. Les luttes inter-éditeurs ont irrémédiablement nuit à sa vocation fédératrice. Le système Unix n'a paradoxalement jamais été unique. La multitude de versions commercialisées, incompatibles de surcroît, ont fortement handicapé son développement. Aujourd'hui, la définition d'un système d'exploitation standard est impérieuse. **L'interopérabilité*** des systèmes est un enjeu majeur pour le développement de l'entreprise étendue et de l'e-business. Linux est supporté par une vaste communauté qui surveille étroitement les dérives potentielles. Cependant, il existe déjà trop de distributions qui ne sont pas toutes compatibles à 100 %. Espérons que Linux ne vivra pas les mêmes déboires que son illustre aîné[1] !

> ***L'interopérabilité*** *définit la capacité des systèmes à œuvrer en commun et à échanger informations et services.*

6. Pour aller plus loin

À visiter sur le Web

www.aful.org Le site de l'Aful, l'Association française des utilisateurs de Linux (français).

www.linux-france.org Site de référence Linux (français).

www.linux.org Site de référence Linux (anglais).

À lire

Les distributions commerciales de Linux sont vendues en librairie avec un livre de référence, pour un prix en général inférieur à 200 Frs. Citons par exemple :

> *Kit de démarrage Linux,* Micro-Applications avec la distribution de Red Hat.

---

1. Quelques-uns s'inquiètent de l'intérêt porté par IBM à Linux. Cet intérêt est loin d'être symbolique et IBM investit massivement sur Linux. Va-t-il continuer à jouer le jeu du logiciel libre ? N'oublions pas qu' IBM est le premier déposant de brevets logiciels. Affaire à suivre...

Linux Mandrake, Campus Press avec la distribution de Mandrake.

Linux, Osman Eyrolles Multimedia avec la distribution suSE.

Et pour ceux qui s'intéressent à la petite histoire...

Il était une fois linux, Linus Torvald OEM, 2001.

7. Concepts voisins

Système d'exploitation (E1-15), Logiciel libre (E1-23).

> **Le** monde du logiciel libre ne produit pas que Linux et s'intéresse à l'ensemble des logiciels de base. Étudions cette nouvelle tendance qui révolutionne les approches classiques et propriétaires de la conception et de la distribution des logiciels.

E1-23 Logiciel libre (OSS Open Source Software)

Les logiciels libres portés par la vague Internet vont sérieusement bouleverser les règles de commercialisation et de distribution pratiquées jusqu'à ce jour par les éditeurs. Commençons par une mise au point : un logiciel libre n'est pas nécessairement gratuit[1]. Ce n'est pas ainsi qu'il se caractérise. Le logiciel libre est un logiciel indépendant des éditeurs, et dont le code source est accessible à l'ensemble de la communauté[2]. Il peut ainsi être modifié et adapté pour répondre à des besoins précis. Seule contrainte (qui est en fait le principe de base), toutes les améliorations du logiciel doivent être publiées pour en faire profiter l'ensemble de la communauté.

---

1. Il ne faut pas confondre un logiciel libre avec un freeware ou un shareware.

2. Pour plus de précisions sur la définition du logiciel libre, consulter la description des règles établies par l'OSD l'*Open Source Definition* sur le site : *www.opensource.org*

> **Remarque** : lorsque l'on parle de logiciel propriétaire, la notion de propriété s'applique à l'éditeur et non à l'acheteur. Quel que soit le prix du logiciel, l'utilisateur n'achète qu'un droit d'usage. Toute modification, même à des fins personnelles, est strictement interdite sans autorisation de l'éditeur.

Les logiciels libres sont développés par une communauté conséquente de développeurs, et la totalité des sources est publiée. L'ensemble de la communauté peut juger de la qualité, apporter les corrections nécessaires et corriger les bugs*(F3-10). Des produits comme Linux (système d'exploitation), Apache (serveur Web) ou MySQL (bases de données) sont robustes et performants. Ils sont aujourd'hui les plus utilisés dans le monde de l'Internet.

Notons que la publication du code source des programmes permet d'éviter la présence insidieuse de codes espions (*back door**[E4-16]).

Pour aller plus loin

www.opensource.org Le site de référence de l'*Open source software* définit les critères des logiciels libres (anglais).

www.gnu.org/home.fr.html Le site du mouvement GNU. Il contient de nombreuses informations, références et définitions sur le principe du logiciel libre (français).

> **Q**uel que soit le type de système d'exploitation choisi, la gestion d'un parc d'ordinateurs est très coûteuse. Depuis quelques années, des constructeurs cherchent à faire passer la notion de « client léger », plus facile à administrer...

E1-24 Client léger et client lourd (thin client or fat client)

Lors de la première déferlante Internet, quelques constructeurs/éditeurs, comme Sun ou Oracle, ont tenté de remplacer les traditionnel PC *(fat client)* par des postes plus légers *(thin client)* connectés sur un intranet. Avec un client léger, la grande majorité des ressources sont gérées sur le serveur central[1]. Cette solution, plus rapide à mettre en œuvre et plus aisée à maintenir, permet de réduire significativement le **coût de possession (TCO)*** du poste de travail. Par exemple, la gestion des versions des logiciels distribués à grande échelle a un coût loin d'être négligeable. Avec l'ensemble des logiciels résidant sur un serveur, comme le propose le concept du client léger, les coûts induits sont sérieusement maîtrisés. Malheureusement, les économies sont trop souvent réalisées aux dépens de la souplesse d'utilisation. Les premiers clients légers étaient trop peu autonomes pour être massivement adoptés par les entreprises. Cependant, l'avenir appartient à une génération de postes de travail plus légers et plus simples d'utilisation que les habituels postes PC sous Windows.

> *Le **TCO** **Total Cost Owner** (coût de possession) définit le coût total d'un ordinateur en incluant tous les frais de gestion d'un poste : coûts d'achat, de maintenance, d'administration, de gestion des versions logiciels...*

© Éditions d'Organisation

---

1. Dans les versions les plus radicales, le poste léger se contente d'un navigateur et ne dispose pas même d'un disque dur. Le serveur gère tous les fichiers.

Figure 2.E-4

La gestion des données est une fonction essentielle des ordinateurs.

Gérer les données

Chaque fonction de l'entreprise a ses propres besoins en matière d'outils informatiques. Le service comptable utilise un logiciel de comptabilité. Pour délivrer les états comptables, le logiciel exploite des données. Parmi celles-ci, on trouve les références des clients et produits.

De même, le service production utilise son propre logiciel. Pour fonctionner, il exploite lui aussi de nombreuses données. Là encore, les références des clients et des produits seront des données indispensables.

Le logiciel du service livraison aura aussi besoin des mêmes références pour générer les bordereaux...

© Éditions d'Organisation

Nous pourrions passer en revue l'ensemble des logiciels spécifiques à chaque fonction de l'entreprise. Nous mettrions en évidence un grand nombre de données communes. Lorsque les applicatifs sont totalement indépendants, la mise à jour des données de références redondantes pour chaque applicatif est un vrai casse-tête. Le manque de rigueur naturelle est une cause d'erreurs plus ou moins dramatiques selon les conditions.

Pourquoi alors, ne pas centraliser en un exemplaire unique l'ensemble des données partagées ? C'est justement ce que propose les systèmes de gestion de bases de données.

E2-1 SGBD (Système de Gestion des Bases de Données avec R pour Relationnel) DBMS (DataBase Management System)

1. Quoi ?

C'est un progiciel spécialisé dans la gestion des données. Les SGBD isolent physiquement les données de référence des applications qui les utilisent. Plus particulièrement, les SGBD relationnels[1] placent en évidence les relations existantes entre les différentes données de l'entreprise. Ils proposent une organisation des données sous forme de tables composées de lignes et de colonnes. Chaque ligne représente un enregistrement : un client par exemple, et chaque colonne représente ses attributs (nom, adresse, téléphone...). Les applications ou les utilisateurs accèdent directement aux différentes lignes et

---

1. Il existe deux autres modèles majeurs de bases de données antérieurs au modèle relationnel : les bases hiérarchiques et les bases réseaux. Ces deux modèles ne sont plus guère utilisés et nous ne nous intéresserons qu'au modèle relationnel.
Pour la petite histoire, le modèle relationnel a été mis au point au début des années 70, dans un laboratoire d'IBM, par une équipe dirigée par le Dr Codd. Oracle a été le premier SGBD relationnel commercialisé.

colonnes en utilisant un langage d'interrogation spécifique aux bases de données : le langage SQL*(F3-4, *Standard Query Language*). Le SGBD intègre aussi des outils d'administration pour gérer l'intégrité des tables, manipuler les données et accélérer les traitements (**indexation**)*.

L'indexation **est un classement des enregistrements pour accélérer les recherches.**

2. Pourquoi ?

Les différentes applications de l'entreprise (comptabilité, commercial, production...) utilisent les mêmes données de référence (clients, produits...). Avant l'avènement des SGBD, chaque application utilisait des fichiers spécifiques et incompatibles entre eux. Ces redondances mal maîtrisées étaient la cause de nombreuses erreurs et distorsions. Chaque mise à jour entraînait des modifications très lourdes. Il fallait intervenir au niveau de toutes les applications utilisant ces mêmes données. Avec les SGBD, les données sont localisées en un point unique et accessible par tous les applicatifs.

3. Comment ?

Un SGBD relationnel organise les différentes données sous forme de tables. Chaque table est structurée en lignes et colonnes. Toutes les tables de la base de données peuvent être simplement rapprochées dès qu'elles partagent une même colonne (un attribut). Par exemple, la table « client » contient toutes les coordonnées des clients et la table « ventes » regroupe les différents achats réalisés par les clients. Chacune des deux tables a une colonne commune : le numéro du client. Il sera possible de réaliser une jointure simple pour, par exemple, définir le chiffre d'affaires par client, éditer la liste des clients ayant commandé pour plus de 50 000 euros dans le mois, ou encore connaître les produits vendus par région. Pour cela, on utilise un langage standardisé d'interrogation des bases de données : SQL*(F3-4) que nous étudierons avec plus d'attention au paragraphe consacré aux langages (voir figure 2. E-5).

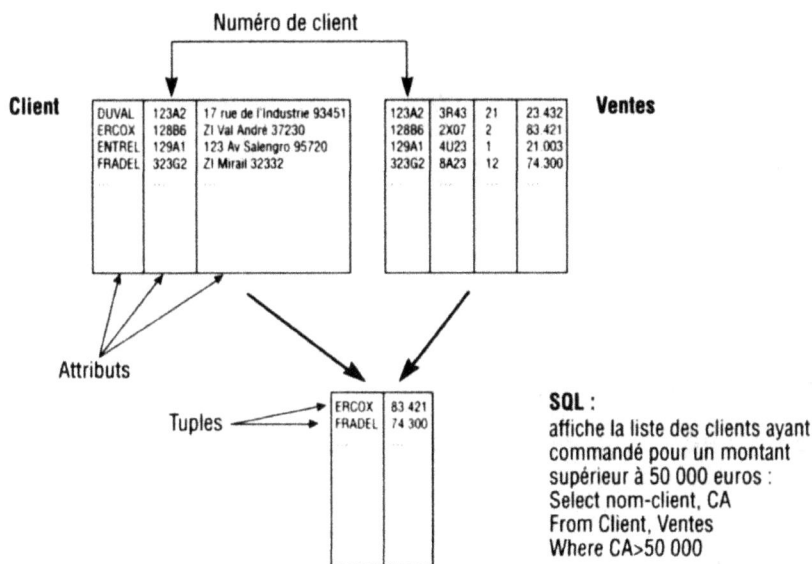

Figure 2.E-5 Jointure simple

> **Des données toujours plus complexes**
> *Les SGBD d'aujourd'hui ne se contentent pas de gérer exclusivement des données numériques ou texte, mais assurent aussi la gestion de données plus complexes comme les images, les sons ou la vidéo.*

La définition des tables de référence ne saurait être arbitraire. Il est important de structurer l'ensemble de la base de données pour pouvoir répondre à un maximum de **requêtes*** correspondantes aux besoins de l'entreprise, en ne réalisant que des jointures simples. Pour mieux maîtriser la conception du **schéma relationnel***, il existe une normalisation : les formes normales (NFN). Ces dernières définissent trois niveaux de règles pour éviter les erreurs de conception, comme les redondances mal à propos pénalisant les évolutions futures de la base.

> Une **requête** *est une commande envoyée vers le SGBD pour rechercher, écrire ou lire des données de la base. Le* **schéma relationnel** *décrit les tables et leurs relations.*

4. Quelles tendances ?

Grandes bases ou petites bases ?

Le marché des bases de données est en pleine explosion. Avec le succès attendu de l'e-business et le développement de la Gestion de la Relation Client (CRM), il faut conserver et analyser un maximum de données. Le marché est ouvert aux bases de très grande dimension. A l'autre extrémité de la chaîne, le marché des petites bases de données est aussi, dans une moindre mesure, en expansion. Les petites bases de données se contentent de peu de ressources pour fonctionner. Elles peuvent être installées sur un simple ordinateur portable et répondent ainsi aux exigences de mobilité actuelles. Un acteur de l'entreprise en déplacement disposera sur son portable de l'ensemble de ses données de référence.

Des solutions complètes

Il est à noter que les grands éditeurs de SGBD s'orientent de plus en plus vers la fourniture de solutions complètes, comme les ERP*(B1-1), le CRM*(A1-1) ou les suites décisionnelles. Ces solutions sont bâties autour de leurs produits de SGBD.

© Éditions d'Organisation

Des bases polyvalentes
Pour faciliter les analyses décisionnelles, les bases de données relationnelles peuvent intégrer physiquement un moteur OLAP*(D1-8). Cette tendance, initiée par Microsoft avec SQL Server 7, est adoptée par les autres éditeurs concurrents.

MySQL
Le marché des bases de données n'est pas à l'abri de la forte poussée du logiciel libre*(E1-23). On suivra de près les développements de produits comme MySQL...

5. Remarques et commentaires
Les SGDBOO Bases objet
On a longtemps pensé que les bases de données de type objet, les SGBDOO, allaient conquérir le marché. Les bases objet sont en effet conçues pour référencer des objets complexes. Elles complètent parfaitement les applications développées selon un mode de programmation orienté objet*(F3-5). Mais les bases de données objet ne se sont toujours pas imposées face au modèle relationnel. Elles sont encore confinées sur un marché de niche comme les applications scientifiques ou de CAO.

6. Pour aller plus loin
À visiter sur le Web
On ne manquera pas de visiter les sites des principaux éditeurs qui disposent d'une version française comme :
    Oracle : *www.oracle.com/fr*
    Microsoft : *www.microsoft.com/france/sql/default.asp*
    IBM : *www.fr.ibm.com/france/logiciels/db2.htm*
    www.Mysql.com Le site de la base MySQL. Elle est disponible en téléchargement.

À lire

C. Date, *Introduction aux bases de données*, Éditions Vuibert, 2000. Ouvrage de référence sur les bases de données. Depuis plus de 25 ans, Chris Date analyse l'évolution des bases de données.

G. Gardarin, *Bases de données,* Éditions Eyrolles, 2001. Ouvrage de référence d'un des principaux spécialistes français des bases de données relationnelles.

Associer traitements et données

Lorsque l'on analyse les applications utilisant les mêmes données, on constate la présence de traitements similaires. En fait, la logique de ces traitements est étroitement liée aux données, indépendamment des applications. Ils pourraient exister en un seul exemplaire partagé par l'ensemble des applicatifs, comme les données communes. Les SGDB modernes offrent la possibilité de placer directement les traitements partagés au niveau de la gestion de la base. Étudions les *triggers* et les procédures stockées.

A E2-2 Trigger *(déclencheurs)*

Ce sont des traitement automatiques se déclenchant sur un événement précis. Par exemple, lorsqu'un certain enregistrement de la base est mis à jour, un déclencheur lance automatiquement un programme de contrôle de validité ou de mise à jour de champs associés.

A E2-3 Procédures stockées

Ce sont des traitements stockés dans la base de données. Les procédures stockées sont habituellement exécutées sur demande d'un poste client. Elles simplifient et rationalisent la programmation, en centralisant les traitements communs.

Gestion de la cohérence de la base

Le maintien de la cohérence de la base de données est un impératif de survie pour le système d'information. La base de données ne doit jamais se trouver dans une état instable. Il est préférable d'utiliser un ensemble de données moins fraîches mais cohérentes plutôt que partiellement mises à jour et totalement illogiques. La cohérence de la base de données peut à tout moment être mise en péril. Pour éviter toute incohérence, les systèmes de gestion de données intègrent différents services. Étudions le verrouillage.

A

E2-4 Verrouillage

Pour éviter les conflits d'accès sur une même ressource, les systèmes de SGBD intègrent des fonctions de verrouillage. Prenons un exemple. Une tâche commence à écrire une liste de données. À tout moment, elle peut être interrompue par une autre tâche plus prioritaire. La liste partiellement modifiée est alors incohérente. Elle est pourtant accessible et utilisable par des tâches plus prioritaires. On imagine sans mal les erreurs possibles. Avec le principe du verrouillage, la première tâche commencera par poser un verrou. Les données seront inaccessibles, tant que la même tâche n'aura pas levé le verrou. Avec le principe du verrou, on est sûr que la cohérence de la base ne sera pas mise en péril par des accès intempestifs aux données en cours de modification. La cohérence est un principe fondamental des bases de données.

Mais le principe sécurisant du verrouillage peut conduire à des situations inextricables. Étudions l'interblocage ou verrou de la mort.

A E2-5 Dead Lock *(interblocage)*

C'est une situation typique de la programmation multitâches. Une tâche T1 a verrouillé pour son usage une ressource A et attend le déblocage d'une ressource B avant de poursuivre son exécution. Cette ressource B est elle-même bloquée par une tâche T2, qui attend justement la libération de A avant de poursuivre son exécution. Le système est dit interbloqué, chacune des tâches s'attendant mutuellement[1]. Il est en situation de verrou mortel. Dans un tel cas, la seule solution est de détruire une des deux tâches (les systèmes évolués prennent en charge cette gestion).

> **L**e principe du verrou protège la base de toute interruption intempestive, lors de l'exécution d'une requête. Une mise à jour un peu complexe peut nécessiter l'exécution de plusieurs requêtes. Entre deux requêtes d'un même lot, le système peut se retrouver en état instable et être néanmoins parfaitement accessible. Son utilisation sera dangereuse pour les autres applications. Les SGBD modernes proposent de regrouper l'ensemble des requêtes d'un même lot en une unité insécable : la transaction...

A E2-6 Transaction

Il est possible de réunir plusieurs requêtes liées dans la même unité de traitement : la transaction. Le système garantira alors l'exécution de la transaction complète. S'il ne peut la traiter en totalité, il reviendra à l'état stable antérieur. Il n'y aura pas d'exécution partielle non maîtrisée. Prenons le cas d'une opé-

---

1. Bien entendu, l'interblocage peut porter sur plus de deux tâches. Il est alors plus difficile à détecter.

© Éditions d'Organisation

ration bancaire de débit/crédit. Pour conserver la cohérence de la base, la requête créditant le compte du client A et la requête débitant le compte du client B doivent toutes les deux s'exécuter. Si jamais le système connaît une défaillance entre les deux requêtes, l'une des deux opérations, débit ou crédit, ne sera pas exécutée. La base de données deviendra incohérente. En plaçant les deux requêtes dans une même transaction, nous aurons la garantie de l'exécution commune des deux opérations. En cas de défaillance du système, aucune des deux ne sera exécutée. La base est toujours cohérente.

Le modèle ACID définit les règles des transactions

- **Atomicité** : toutes les actions sont exécutées ou aucune.
- **Cohérence** : la transaction doit placer le système en un état cohérent. Si ce n'est pas possible, elle revient à l'état stable précédent.
- **Isolation** : les changements intermédiaires, apportés à la base par la transaction en cours, ne sont pas vus par les autres transactions exécutées en parallèle depuis d'autres tâches avant la validation.
- **Durabilité** : une fois validés, les changements apportés par la transaction sont durables.

Utiliser les données pour décider : les systèmes décisionnels

Le système d'information gère une grande masse de données en croissance continue. Ces données, produites et collectées par les systèmes de production, sont riches de « sens » pour les analystes et décideurs. Pour une exploitation efficace à des fins décisionnelles, il faut mettre en place une architecture matériel spécifique. Étudions le data warehouse.

> **Remarque** : nous ne traitons ici que les aspects de la chaîne déci-
> sionnelle liés à l'infrastructure proprement dite. Pour retrouver
> les outils orientés utilisateurs, je vous invite à vous reporter aux
> concepts D1-4 et suivants (tableaux de bord).

✱ E2-7 Data warehouse et Datamart

1. Quoi ?

Le data warehouse, entrepôt de données, est un système de
base de données dédié au décisionnel. Il permet de récupérer
les données de l'entreprise stockées dans les bases de production, et de les organiser pour une exploitation exclusivement
décisionnelle, afin d'alimenter les tableaux de bord*(D1-4) ou
les analyses CRM*(A1-1).

2. Pourquoi ?

Les données du système d'information de l'entreprise sont
porteuses d'un sens précieux pour les décideurs. Mais ce capital informationnel de grande valeur ne pourra pas être exploité
directement. Les données de l'entreprise sont, le plus souvent,
réparties sur des systèmes de bases de données hétérogènes.
Les informations issues de deux systèmes de production différents ne seront pas nécessairement en phase. Le data warehouse va nous permettre de regrouper, de restructurer et de
mettre en cohérence les données de l'entreprise pour une utilisation à des fins décisionnelles.

3. Comment ?

Le data warehouse n'est pas une simple grosse base de données regroupant les données provenant des divers systèmes de
production. Les utilisateurs vont prendre des décisions, et
s'engager à partir des données contenues par le data warehouse.

Résumons ici les principales caractéristiques des data warehouse en terme d'usage.

- Pour qu'elles soient utilisables, quelle que soit leur provenance initiale, toutes les données seront **intégrées**. Elles seront notamment stockées sous le même format[1].
- Pour ne pas perdre de temps à rechercher les informations, les données ne sont pas stockées en vrac, mais **organisées par thème.**
- Les données stockées sont **cohérentes**. Elles correspondent à un cliché de l'entreprise à un instant précis. Il ne faudrait pas qu'une mise à jour partielle des données fausse les analyses[2].
- Les données sont **stables.** Il ne faut pas qu'elles évoluent entre deux requêtes successives qui seront évaluées l'une par rapport à l'autre. Le cas échéant, aucune comparaison ne serait possible.
- Pour tracer des tendances, les données sont **historisées.** La base conserve les états antérieurs des informations essentielles au fil des mises à jour.
- De toute façon, les données ne sont **pas volatiles.** Elles sont horodatées et l'utilisateur peut ainsi consulter un cliché complet et cohérent de son thème, à une date donnée.

Le data warehouse s'insère au cœur de la chaîne décisionnelle (voir figure 2. E-6). Il est alimenté par des outils de collecte ETL*(E2-8, *Extraction Transformation Loading*) récupérant les

© Éditions d'Organisation

---

1. Il ne s'agit pas d'une « simple » question technique. On ne pourra comparer que des objets comparables. Par exemple, si deux usines ont des rythmes de production différents, il faudra définir le dénominateur commun avant de les regrouper dans la même analyse. Cette question de l'intégration peut rapidement devenir très complexe et difficile à traiter.

2. On ne comparera pas les résultats des ventes du mois en cours, du magasin X mis à jour le 29, avec ceux du magasin Y mis à jour le 30.

données dans les bases de production. Il est accessible depuis les outils de la business intelligence comme les tableaux de bord*(D1-4) et les outils d'analyse et de data mining*(A4-1).

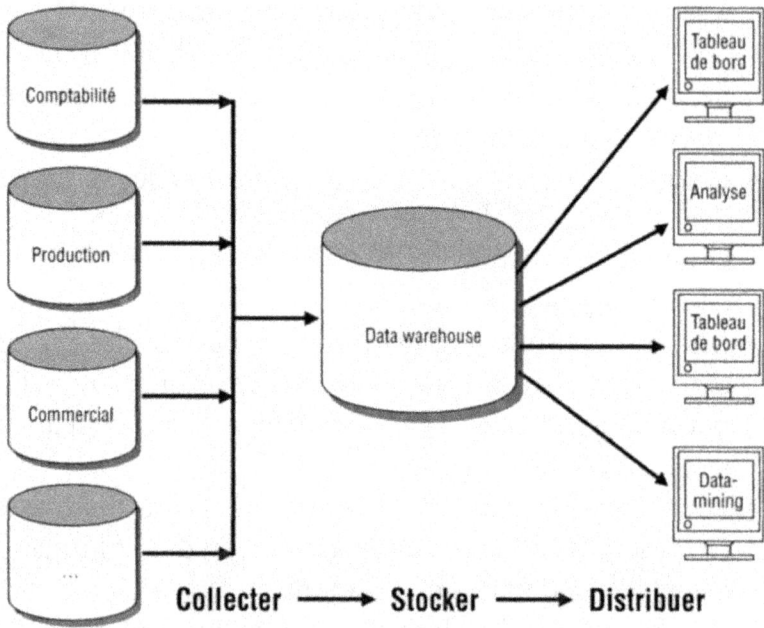

Figure 2.E-6 Data warehouse

4. Quelles tendances ?

Les suites décisionnelles

Les premières solutions de stockage de l'information décision-nelle, comme les **infocentres***, étaient des pièces rajoutées au système d'information. Aujourd'hui, avec l'augmentation des besoins en matière d'analyse et d'aide à la décision, la cons-truction de la chaîne décisionnelle, articulée autour du data warehouse, est un marché en pleine expansion. Les grands éditeurs de progiciels d'entreprise proposent des suites déci-sionnelles complètes et cohérentes.

> *Les **infocentres** étaient la première génération de bases de données purement dédiées au décisionnel. Ils sont aujourd'hui remplacés par les data warehouses et les* datamarts.

5. Remarques et commentaires

Le data warehouse universel a vécu

Les data warehouses de la première génération étaient conçus dans une optique généraliste. Ils ambitionnaient de centraliser le maximum d'informations possibles. Trop complexes à mettre en œuvre, ils étaient de surcroît peu en accord avec les attentes réelles des décideurs. Depuis, les concepteurs adoptent une démarche par projet successif. Cette approche permet de mieux maîtriser les opérations de **collecte*** et de **nettoyage*** des données. A chaque phase de constitution du data warehouse, seules les informations susceptibles de répondre aux besoins précis et identifiés du projet sont collectées et mises en forme. Cette approche beaucoup plus efficace peut être orientée uniquement sur un métier donné. On parle alors de *datamart**.

> *La **collecte**, le **nettoyage** et la **consolidation** des données prélevées dans les bases de production sont des tâches lourdes et coûteuses, qui sont rarement jugées à leur juste valeur. Elles représentent une étape majeure du projet décisionnel.*
> *Le **datamart** est une version plus réduite du data warehouse. Il est orienté sur un métier particulier et un problème clairement identifié.*

6. Pour aller plus loin

À visiter sur le Web

www.datawarehouse.com Site de référence sur le data warehouse (anglais).

www.decisionnel.net/datawarehouse/index.htm Site de référence francophone sur la chaîne décisionnelle (français).

www.dmreview.com Revue en ligne, une référence du décisionnel (anglais).

www. dwinfocenter.org Le site de Larry Greenfield. La liste de liens est très complète (anglais).

www.rkimball.com Le site de ralf Kimball, spécialiste international (anglais).

À lire

R. Kimball, *Entrepôts de données,* ÉditionsEyrolles. Ce livre expose clairement le principe du data warehouse (les ouvrages de Ralph Kimball sont une référence).

R. Kimball, *Concevoir et déployer le data warehouse,* Éditions Eyrolles. Ce livre présente la conduite du projet. Il est intéressant pour en apprécier l'ampleur et la portée.

J.-M. Franco et S. de Lignerolles, *Piloter l'entreprise grâce au data warehouse,* Éditions Eyrolles, 2001. Une autre approche orientée applications.

A. Fernandez, *Les nouveaux tableaux de bord des décideurs,* Éditions d'Organisation, 2000. Pour une vision plus globale de la chaîne décisionnelle.

7. Concepts voisins

OLAP (D1-8), Tableaux de bord (D1-4), Data mining (A4-1).

Pour collecter les informations dispersées dans les différentes bases de données et systèmes spécifiques dans l'entreprise, il existe une famille d'outils de collecte appelés ETL *(Extraction Transformation Loading).*

E2-8 ETL (Extraction Transformation Loading)

Les outils spécialisés d'ETL prennent en charge la collecte et le nettoyage des données issues de bases de données hétérogènes et des ERP*(B1-1) les plus courants. L'utilisateur modélise le schéma d'extraction pour les différentes sources et précise toutes les opérations d'agrégation et de contrôle des valeurs (élimination des valeurs aberrantes), avant de délivrer les données. Ils accèdent à la plupart des bases et gèrent un référentiel centralisé de l'ensemble des méta-données*(E2-9). Pour les sources de données non supportées par le produit, il est possible de développer une interface spécifique avec un langage script Java*(F3-9), Visual-Basic*(F3-7) ou autre.

Pour aller plus loin
À visiter sur le Web

Visitez les sites des éditeurs comme :

> *http://www.ascentialsoftware.com/solutions/datastage/over-view/datastage.htm* ou
> *http://www.hummingbird.com/solutions/di/index.html*

> **P**our faciliter la prise de décision dans l'entreprise, il ne suffit pas de délivrer régulièrement des informations. Encore faut-il que ces dernières soient fiables et que l'utilisateur puisse identifier sans aucun doute leur provenance et les traitements qu'elles ont pu subir. Il est en effet temps aujourd'hui de gérer les données, non seulement en terme d'accessibilité mais aussi en termes de qualité et de traçabilité. Pour cela, les éditeurs proposent une gestion spécifique du référentiel de méta-données. Mais qu'est-ce qu'une méta-donnée ?

E2-9 Méta-donnée

Avant de s'engager et de prendre des décisions à partir d'une information, il peut être bon de se poser au préalable quelques questions quant à ses qualités et origine. Quelle est cette information ? D'où provient-elle ? Comment est-elle calculée ? Quand et comment est-elle rafraîchie ? Quelles sont les précautions d'usage ? Toutes les réponses à ces questions sont contenues dans une fiche associée appelée méta-donnée (données sur les données).

La gestion centralisée des méta-données permet de suivre (traçabilité), en terme de qualité, la donnée à toutes les étapes de sa vie : stockage, extraction, traitement et présentation.

Pour aller plus loin
À visiter sur le Web

www.omg.com Le modèle de méta-donnée CWM (*Common warehousemetat data*) de l'OMG est maintenant reconnu comme un standard.

www.mcdinfo.com Un autre site bien documenté sur les méta-données.

Échanger données et documents

Les données et documents de l'entreprise n'existent pas exclusivement pour être stockés. Ils doivent aussi être échangés avec d'autres systèmes. Mais pour exploiter un document externe, encore faut-il en comprendre le format ! La multitude des formats, tous plus ou moins incompatibles, n'est pas là pour arranger nos affaires. Le manque de standard de format d'échange a toujours été l'un des problèmes essentiels de l'informatique[1]. La question est encore plus cruciale actuellement avec la communication étendue hors de l'entreprise. Elle conditionne le développement de l'e-business. Étudions XML qui fait l'unanimité auprès de l'ensemble des acteurs du monde de la technologie.

---

1. La réalisation de « moulinettes » et autres bricolages nécessaires pour rendre compréhensibles les documents représente un des postes de coûts cachés les plus importants.

E2-10 XML (eXtensible Markup Language)

1. Quoi ?

XML est un métalangage très puissant de description de documents et par extension, de données. Il est en passe de devenir le standard de description de données et de documents. Il est adopté par les principaux acteurs du monde des technologies. Il contient dans sa définition toutes les informations d'utilisation et de présentation des documents. Ainsi, quelle que soit la plate-forme, le document sera toujours affiché de la même façon.

2. Pourquoi ?

L'annonce de l'arrivée d'un format standard, pour tous les documents en circulation dans l'entreprise, est un vieux serpent de mer qui visite régulièrement les développeurs et utilisateurs depuis de nombreuses années. En attendant, on ne compte plus le temps passé à essayer de récupérer les données en provenance de systèmes hétérogènes et incompatibles. Cette fois-ci, avec XML, ce n'est plus un rêve. Le standard semble être là. XML va lever un des points de blocage majeurs de la mise en place de l'entreprise étendue et du développement de l'e-business.

3. Comment ?

Un langage « personalisable »

Tout comme **HTML***, XML est un langage de description de documents dans la lignée de SGML *(Standardized General Markup Language)*, utilisé par les outils de gestion documentaire. Les langages de ce type définissent des « balises », les *tags*, pour organiser la structure du document. Chaque balise définit le rôle et le sens associés aux informations. XML présente l'avantage d'autoriser la définition de balises personnelles.

Ainsi, il devient possible de définir son propre langage de description métier. Avec XML, chaque secteur professionnel peut bâtir son métalangage de description[1].

HTML *(HyperText Markup Language) est le langage de description des pages du Web.*

La présentation du document est aussi standardisée
XML pousse encore plus loin la définition du document et permet aussi de séparer le contenu de la présentation. Quelle que soit la plate-forme, le document sera toujours affiché tel que l'auteur l'a prévu.

Des documents dynamiques et interactifs...
L'interface DOM *(Document Object Model)* permet l'accès aux constituants du document XML depuis un programme informatique. Il est ainsi possible, depuis une **applet*** par exemple, d'accéder au document et de définir un niveau d'interactivité très poussé[2].

Applet : *petit programme informatique intégré au document et autorisant une haute interactivité. Par exemple, une* applet *permet de définir, directement au niveau du document, des traitements spécifiques associés à un ou plusieurs boutons.*

1. Prenons le cas d'une facture. Il sera possible de définir avec des balises l'emplacement sur le document réservé au nom, à l'adresse et au descriptif...
2. Le document peut être modifié en fonction d'options sélectionnées par l'utilisateur à partir de menus, liste de choix, boutons... sans pour autant contacter le serveur.

4. Quelles tendances ?

XML va rapidement devenir le support de tous les échanges de documents dans l'entreprise et avec l'ensemble des partenaires. De nombreux travaux portent sur la normalisation des différents termes métiers, avec XML comme support. C'est en effet un passage obligé pour l'EDI (Échange des Documents Informatisés, C3-1).

Plus généralement, XML tend à devenir le standard de toutes les descriptions de documents et de données. Certains le présentent comme l'espéranto des systèmes d'informations. Souhaitons-lui un meilleur succès.

5. Remarques et commentaires

On notera avec plaisir une certaine évolution des mœurs. Aucun éditeur ne cherche à combattre le standard en travaillant seul sur un format concurrent. Tous profitent de ses qualités multi plates-formes pour appuyer leurs propres solutions.

6. Pour aller plus loin

À visiter sur le Web

www.oasis-open.org/ Le site de OASIS (*Organization for the Advancement of Structured Information Standards*) : un site dédié à XML et ses évolutions (anglais).
www.xml.org Portail XML géré par OASIS (anglais).
www.xmlfr.org Portail francophone.

À lire

A. Michard, *XML, Langage et applications*, Éditions Eyrolles, 2001.

7. Concept voisin

EDI (C3-1).

Avec le nouveau système de bases de données, vous pouvez, avec une simple question, connaître la liste de tous les clients qui commandent d'habitude et n'ont pas commandé ce mois-ci !

Waou Super !, j'essaye tout de suite...

« ... Donne-moi la liste de toutes les filles disponibles de la boîte qui ne me connaissent pas encore... »

Figure 2.E-7

Communiquer

Les ordinateurs ne se contentent pas de traiter et de stocker l'information. Ils la communiquent aussi. La communication est devenue une fonction essentielle. Mais pour échanger des informations aisément et en toute sécurité, il faut respecter certaines règles de base : utiliser le même média, respecter un protocole commun, garantir la qualité de la communication et partager une même définition des contenus.

- Utiliser le même média
  En premier lieu, sur le plan physique, il est indispensable que les deux interlocuteurs utilisent le même type de média (câble, optique, onde radio...). Les hommes communiquent principalement par la voix et par l'écrit. Ce sont leurs deux principaux médias de communication. Il ne sera pas possible d'établir le contact avec des fourmis

qui utilisent un mode de communication chimique à base de phéromones.

- Respecter un protocole commun
Même lorsque les deux correspondants utilisent le même média, l'échange du contenu n'est pas pour autant garanti. Personnellement, je sais parler et je sais écrire... en français. Je serais incapable de communiquer avec un locuteur ne pratiquant que le swahili. De même, au niveau des ordinateurs, les deux correspondants doivent disposer de la même définition des verbes fondamentaux : c'est le protocole.

- Garantir la qualité de la communication
Lorsqu'on essaie de communiquer oralement dans une foule bruyante, notre correspondant rencontre bien des difficultés à saisir le sens du message. De même, certaines écritures manuscrites sont plus à deviner qu'à lire. Les ordinateurs ne disposent pas de la capacité à deviner le message ou à reconstruire les passages manquants en se fiant au sens. Pour éviter toute forme de distorsion, l'intégrité du message sera contrôlée au niveau physique, quitte à réitérer l'échange si ce dernier s'est mal déroulé.

- Partager une même définition des contenus
Parler la même langue ne suffit pas pour entrer en communication. Il faut aussi comprendre le sens attaché aux différents mots. Etant moi-même peu versé dans le monde juridique, j'éprouverais quelques difficultés à suivre une conversation entre deux experts discutant de l'interprétation d'un point de droit. Cette question en informatique n'est pas réellement standardisée. Ce sont en général les applications qui se comprennent et échangent à ce niveau. Nous suivrons en ce sens les travaux autour d'XML*(E2-10) et des protocoles de hauts niveaux orientés métiers de l'EDI*(C3-1).
Après cette petite mise en jambe, étudions le principe des réseaux locaux...

★ E3-1 Réseaux (locaux)

1. Quoi ?

Un réseau est une liaison entre, au moins, deux ordinateurs pour échanger des informations et des messages structurés. On différencie les réseaux locaux LAN (*Local Area Network*) limités à l'entreprise, des réseaux étendus WAN (*Wide Area Network*) permettant les échanges sur de plus longues distances.

2. Pourquoi ?

Les systèmes informatiques jouent un rôle de plus en plus important dans le fonctionnement de la société. Déjà, une part conséquente des informations produites par les entreprises est exclusivement gérée par les ordinateurs. Le fonctionnement des sociétés humaines en général et des entreprises en particulier, repose sur la communication et l'échange d'informations. Pour être en phase avec les attentes de la société, les ordinateurs doivent communiquer. Dans les entreprises, le virage de la communication est déjà sérieusement négocié. Le cœur du système d'information n'est plus l'ordinateur lui-même, unité de traitement, mais le réseau, moyen de communication. Par analogie, on peut avancer que le réseau est l'épine dorsale du système d'information de l'entreprise étendue.

3. Comment ?

Principe de base
Tout commence par un message...
Toute information ou objet gérés par un ordinateur ne sont constitués que d'une suite de signaux électriques binaires. Que ce soit un texte, une image, un son, une vidéo, l'information ou le document seront toujours représentés comme une série de 0 et de 1. Pour transférer des informations ou des objets informatiques depuis un ordinateur vers un autre, « il suffit »

© Éditions d'Organisation

de les relier par un média supportant le transfert de ce type de séquence. Ce peut être un fil de cuivre, un câble coaxial, des ondes radio ou de la fibre optique. Le message est transmis sous forme électrique ou lumineuse selon le média.

...transmis sans erreur si possible

Pour éviter les erreurs et autres parasites de transmission inhérents à toute communication, le message est validé par un code calculé à partir de son contenu (***checksum**** ou CRC*). L'émetteur calcule une valeur à partir des données transmises et l'inscrit en fin de message. Le récepteur effectue le même calcul et compare les résultats. Il peut ainsi valider ou non le message et en demander sa répétition.

> *Le* **checksum** *est une somme algébrique de tous les éléments du message. Le* **CRC** *Cycling* Redundancy Check : *C'est une division arithmétique du message par un polynôme connu. Cette méthode est plus précise et plus efficace que le simple* checksum.

Mais attention, sur un réseau, il y a souvent plus de deux correspondants

Comme pour un courrier, un message est adressé à un destinataire bien précis. Au moment de l'émission, le message est complété d'un en-tête indiquant le destinataire. Sur un réseau local, chaque correspondant dispose d'une adresse spécifique. Le message ne sera lu que par le destinataire qui se sera reconnu.

Et lorsque plusieurs ordinateurs parlent en même temps, que se passe-t-il ?

Les ordinateurs présents sur un réseau local sont en général indépendants les uns des autres. Si, par hasard, deux ou plusieurs postes décident de communiquer en même temps, les messages se télescopent et sont incompréhensibles. C'est sur le traitement de cette question que se différencient les deux grands types de réseaux locaux : **Ethernet** et **Token Ring.**

Ethernet adopte un mode de fonctionnement non déterministe et applique un protocole de type CSMA/CD *(Carrier Sense Method Access/ Collision Detect).*
Avant d'émettre, l'ordinateur vérifie que la ligne soit libre (CSMA). Dans l'affirmative, il envoie son message et écoute à nouveau la ligne pour s'assurer qu'il n'y ait pas eu de collision (CD). Un autre ordinateur peut en effet avoir choisi, en toute indépendance, d'émettre au même moment. S'il y a eu collision, chaque émetteur calcule un délai aléatoire (donc différent) et émet à nouveau le message.

Token Ring (littéralement anneau à jetons) utilise un principe différent. Un jeton *(token)* circule en permanence sur le réseau. L'ordinateur, qui souhaite parler, attend que le jeton soit en position « libre ». Il le place alors en position « occupé » et joint son message. Le jeton étant « occupé », personne d'autre ne peut parler jusqu'à ce que le destinataire récupère son message. Il sera alors basculé en position « libre » et prêt pour un nouveau message.

Cependant, ce ne sont pas des trames que l'utilisateur souhaite échanger mais des messages ou des fichiers
Lorsqu'on utilise un ordinateur, ce ne sont pas des trames que l'on souhaite échanger. La notion de trame nous est alors totalement inconnue. Ce que l'on souhaite échanger, ce sont des fichiers ou des courriers texte. Pour cela, on utilise un système d'exploitation réseau qui prendra en charge l'ensemble des fonctions réseaux. Novell Netware a longtemps régné sur ce marché en proposant une architecture de type client/serveur avec un **serveur dédié***. Windows for Workgroup proposait un principe de réseau plus simple : le ***peer to peer****(E4-8).

> *Un **serveur dédié** est un poste stockant l'ensemble des ressources et plus particulièrement les fichiers communs. Il est à la disposition de l'ensemble des postes utilisateurs : les clients.*
> *Les réseaux **peer to peer** n'utilisent pas de serveur dédié. Chaque poste, présent sur le réseau, est client et serveur à la fois. Chaque utilisateur définit sur son propre poste les ressources qu'il souhaite partager avec la communauté.*

4. Quelles tendances ?

Ethernet devient universel

Token Ring, le principe de réseau proposé par IBM, avait la lourde tâche de détrôner Ethernet. Il n'a pas réussi. Son coût de mise en œuvre reste plus élevé que celui d'Ethernet.

Ethernet était pénalisé par son principe. Lorsque le nombre de correspondants augmente, le nombre de collisions augmente aussi, et le débit est sérieusement ralenti. Avec les commutateurs Ethernet, le problème est aujourd'hui résolu. Les commutateurs découpent et isolent le réseau en segments indépendants. Sur un segment donné, seuls les messages, destinés aux hôtes réellement présents, circulent. La probabilité de collision de message est ainsi limitée. Dans certains cas, cette probabilité peut même tendre vers 0. Un hôte très sollicité, comme un serveur, peut être seul sur son segment et disposer ainsi de la totalité de la bande passante.

Quant aux systèmes d'exploitation réseau, ils sont pris dans la tourmente TCP/IP*(E3-2) et l'intranet grignote, grignote les parts de marché.

5. Remarques et commentaires

Le développement de l'Internet banalise à tous les niveaux la notion de réseau. D'ici peu, les fonctions de communication des ordinateurs ne seront plus une pièce rapportée. L'ordinateur devient un instrument communicant à part entière. Les nouvelles générations d'ordinateurs intégreront les fonctions de communication au cœur même de la machine et du système d'exploitation. Je vous invite à poursuivre avec le chapitre suivant spécifiquement dédié au principe d'Internet.

6. Pour aller plus loin
À visiter sur le Web

www.guill.net/reseaux/index.html Un site didactique très complet sur les réseaux (français).

À lire

D. Comer, *Reseaux et Internet,* Campus press, 2000. Une explication claire et détaillée des réseaux.

G. Pujolle, *Initiation aux réseaux,* Éditions Eyrolles, 2000. Un ouvrage didactique de référence sur les réseaux. Tous ceux qui s'intéressent aux réseaux depuis une vingtaine d'années ont au moins lu un ouvrage de Guy Pujolle.

J.-L. Montagnier, *Pratique des réseaux d'entreprise,* Éditions Eyrolles, 2001. Un ouvrage pratique pour comprendre les réseaux d'entreprises.

7. Concept voisin
Internet (E3-2).

Du réseau local à l'Internet

On se posera longtemps la question de la raison du succès de l'Internet. En tout cas, sur le plan purement technique, il est essentiellement dû à la simplicité et à l'universalité du protocole TCP/IP. Mais reprenons tout cela dans l'ordre...

E3-2 L'Internet (aspects techniques)

1. Quoi ?

L'Internet est un réseau universel accessible à tout utilisateur disposant au moins d'un terminal (comme un ordinateur personnel) et d'une ligne téléphonique. L'Internet offre au minimum les accès suivants :

- le Web, une véritable mine d'informations multi-sujets ;
- l'e-mail, pour communiquer de personne à personne ;
- les forums : pour participer à des discussions de groupe ;
- les fonctions de téléchargement de fichiers.

Avec le développement du commerce électronique, de nouveaux usages de l'Internet sont en cours de généralisation.

2. Pourquoi ?

L'Internet est né de la nécessité de relier entre eux des réseaux distants comme les réseaux internes d'universités. Cette initiative a rencontré un succès sans limites. Le maillage des réseaux s'est étendu à toute la planète, pour devenir l'Internet moderne. Les hommes ont toujours cherché à améliorer les voies de communication, pour raccourcir un tant soit peu les distances ou en tout cas les temps de parcours. L'Internet a très rapidement reçu un accueil dépassant largement les prévisions les plus utopistes. Devenu un terrain privilégié pour les innovations, l'Internet initie de nouveaux modes de fonctionnement pour notre société et nos entreprises.

3. Comment ?

La brique fondamentale de la réussite technique du déploiement de l'Internet s'appelle TCP/IP. La qualité et la simplicité de ce couple de protocoles ont permis de mailler des réseaux existants aussi divers que variés.

Qu'est-ce que TCP/IP ?

TCP/IP sont en fait deux protocoles différents : TCP *Transfert Control Protocol* et IP *Internet Protocol.* Ils étaient à l'origine fortement liés au système Unix. Il ont été mis au point pour faciliter la communication entre des machines de constructeurs différents.

TCP est un protocole orienté « connexion ». Son objectif est d'acheminer un message complet dans son intégrité à son destinataire. Pour cela, il segmente les messages trop longs en paquets *(datagram)* plus facilement transmissibles et les transmet à IP[1]. Il vérifie que les différents paquets soient arrivés à bon port. Le cas échéant, il réexpédiera les paquets perdus ou en erreur.

IP est un protocole orienté paquets. Il a pour objectif d'acheminer un paquet *(datagram)* entre deux noeuds de communication. Chaque paquet est indépendant et IP n'a aucune notion du message proprement dit. Tous les paquets ne suivront pas nécessairement le même chemin au travers du maillage de réseaux pour atteindre le correspondant. Quels que soient les parcours suivis, le message sera reconstitué à l'arrivée. Le protocole IP *(Internet Protocol)* a été développé pour répondre aux besoins d'interconnexion de réseaux différents. C'est la brique constitutive du grand maillage (voir figure 2. E-8).

---

1. Ce découpage en couches, comme le montre la figure 2. E-9, permet de bien différencier les préoccupations. Avec TCP, ce sont deux ordinateurs qui échangent un message et ne s'intéressent pas aux contraintes matérielles. Avec IP, ce sont deux noeuds sur le réseau qui échangent une trame.

Le processus A envoie un message au processus B situé sur un ordinateur distant

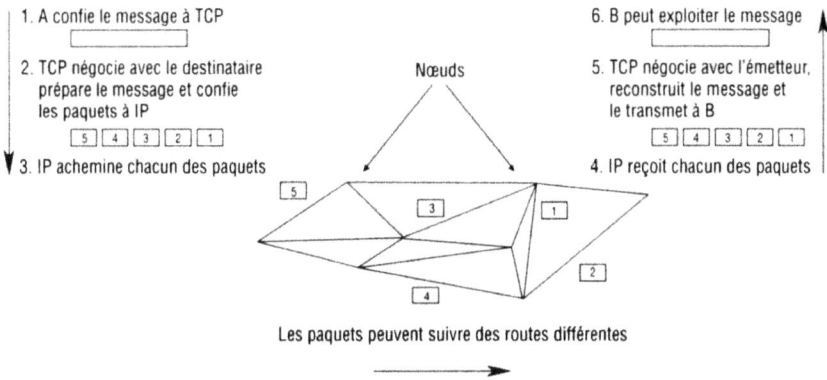

1. A confie le message à TCP

2. TCP négocie avec le destinataire prépare le message et confie les paquets à IP

|5|4|3|2|1|

3. IP achemine chacun des paquets

Nœuds

6. B peut exploiter le message

5. TCP négocie avec l'émetteur, reconstruit le message et le transmet à B

|5|4|3|2|1|

4. IP reçoit chacun des paquets

Les paquets peuvent suivre des routes différentes

Figure 2.E-8 TCP/IP

Physiquement, comment sont interconnectés les réseaux ?
Les routeurs interconnectent les différents réseaux pour acheminer les messages à destination. Ce sont des ordinateurs orientés exclusivement réseaux. Les routeurs sont des éléments-clés de l'Internet.

Comment adresser un message à un ordinateur situé sur un autre réseau ?
Chaque ordinateur est identifié par une adresse sur le réseau, dite adresse IP. Cette adresse, codée sur 4 octets (on parle alors d'IPv4 pour la différencier d'IPv6 ou nouvelle génération dont on parlera un peu plus en avant), définit le numéro de réseau et le numéro d'ordinateur dans le réseau.

Pourtant, lorsque l'on utilise l'Internet, on utilise des adresses texte : www.nodesway.com !
Bien qu'il soit tout à fait possible de taper directement l'adresse IP de l'ordinateur que l'on souhaite atteindre, il est préférable d'utiliser l'adresse URL (*Uniform Ressource Locator*),

229

de type *www.nodesway.com,* plus facile à mémoriser. L'Internet intègre des services pour gérer les serveurs de noms de domaines DNS *(Domain Name Server).* Ces serveurs assurent la traduction des adresses URL en adresses IP compréhensibles par le protocole. Par exemple, le site de *Reporters sans Frontières www.rsf.com* a pour adresse IP : 194.117.203.93.

Plus précisément, comment sont transmis les messages e-mail ou les pages Web ?
Les protocoles TCP et IP transmettent les messages sans pour autant se préoccuper du rôle joué par chacun d'eux. Pour cela, des protocoles de niveau supérieur définissent les différents verbes de l'échange (voir figure 2.5-9)[1]. La messagerie, par exemple, s'appuie sur un protocole spécialisé comme SMTP *(Simple Mail Transport Protocol).* Ce protocole prend en charge l'acheminement de votre courrier vers le serveur de votre correspondant. Les pages Web, au format HTML, seront acheminées grâce au protocole HTTP *(Hyper Text Transfert Protocol).* Chacun de ces services formulera son message et le transférera à TCP.

Une dernière question : comment peut-on charger une page Web alors que dans le même temps, nous expédions un message ?
Chaque service de l'Internet utilise un port TCP *(socket)* différent. La notion de port permet de séparer les messages en fonction des différentes applications à l'écoute. Par exemple, les messages destinés à l'affichage des pages Web (protocole HTTP) utilisent le port numéro 80 et la messagerie utilise le port 110. Il n'y aura pas de confusion.

---

1. Le modèle normalisé OSI avait défini ainsi une structure en 7 couches pour bien différencier les niveaux de préoccupation. Le lecteur intéressé par le modèle OSI se reportera aux ouvrages cités à la rubrique 7 *Pour aller plus loin* du concept Réseaux.

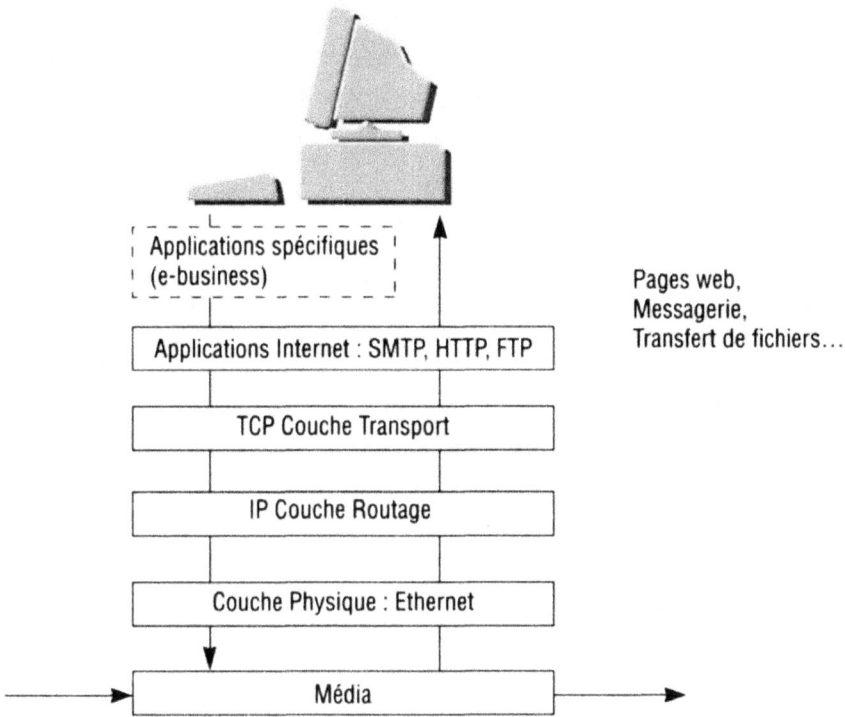

Figure 2.E-9 Le système multicouches

4. Quelles tendances ?

Le protocole IP évolue

Le protocole IP n'a pas été prévu à l'origine pour un usage à grande échelle comme l'exige l'Internet d'aujourd'hui. Un projet de révision Ipng*(E3-3) est en cours et nous en parlerons un peu plus en avant.

Les couches applicatives

L'Internet devient le support de nouveaux processus commerciaux baptisés du terme générique e-business. Pour bâtir et fiabiliser ces nouveaux processus, les éditeurs travaillent à une nouvelle génération de protocoles de haut niveau orientés applications commerciales. Ces nouveaux protocoles métiers se positionnent dans le modèle multicouches de la figure 2. E-9. Ils sont représentés par le volume « Applications spécifiques ».

5. Remarques et commentaires
Nouveaux usages et réseaux haut débit

L'usage de l'Internet se démocratise rapidement et touche significativement tous les pans de la société. Il tend à devenir le réseau unique de communication multimédia. Il induit ainsi de nouveaux modes de fonctionnement et prépare plusieurs révolutions, comme le commerce avec l'e-business ou l'enseignement avec l'e-learning*(D4-5). Le changement ne sera réellement effectif qu'avec la généralisation et la banalisation de l'accès aux réseaux hauts débits et larges bandes*(E3-8,9,10), susceptibles de transporter des contenus à haute valeur ajoutée.

6. Pour aller plus loin
À visiter sur le Web

www.w3c.org Le site du *World Wide Web consortium* centralise une mine d'informations et de documents sur les différentes techniques liées à l'Internet (anglais).

http://guide.ungi.net Un guide en ligne de l'usage de l'Internet (français).

À lire

Se reporter aux références du thème Réseaux.

7. Concepts voisins
Réseaux (E3-1), IPng (E3-3).

Évolution de l'Internet

Le protocole IP n'a pas été prévu pour l'Internet d'aujourd'hui. De part sa conception, il atteint la limite maximale d'adressage possible et risque de freiner le développement de l'Internet s'il reste en l'état. Un projet appelé IPng *(IP new génération)* ou Ipv6 propose de réformer le protocole IP.

E3-3 IPng (new generation, IPv6)

IPng ou IPv6 est un projet de réforme de la trame IP. C'est un immense chantier en perspective. Internet est actuellement dépassé par son succès, et le codage d'adresse IP sur 4 octets approche de la saturation[1]. Il faut augmenter la capacité et réorganiser la définition des champs servant à décrire l'adresse, qui passe ainsi de 32 bits de codage à 128 bits. Les prescripteurs profitent de cette modification pour réorganiser la trame IP et intégrer de nouveaux services ainsi qu'une gestion efficace de la sécurité.

Accéder à l'Internet

Accéder à l'Internet ? Rien de plus simple ! Il suffit pour cela de disposer d'un ordinateur personnel, d'une ligne téléphonique, d'un abonnement à un fournisseur d'accès (il en existe des gratuits) et d'un modem. Mais comment fonctionne un modem ?

E3-4 Modem (modulation/démodulation)

Le modem permet de transférer des données informatiques sur une ligne téléphonique. Le modem transforme le signal digital (0 et 1) en un signal analogique (fréquences sonores) numéri-

© Éditions d'Organisation

---

1. Notamment avec l'arrivée de nouvelles générations de terminaux mobiles dotés d'adresses IP fixes.

que, et vice versa. La transformation du signal numérique en analogique s'appelle la modulation, l'opération inverse s'appelle la démodulation. L'amélioration de la technique de modulation a permis, ces dernières années, une très nette amélioration des vitesses de transmission pour passer de 2400 bits/s vitesse, jugée comme limite il y a quelques années, à 33000 et 56000 bits/s actuellement.

A **Remarque** : le **baud** mesure le nombre de changements d'état par seconde. 300 bauds équivalent à 300 changements d'état. Les lignes téléphoniques sont généralement limitées à une vitesse maximale de 2400 bauds. Pour transférer plus d'informations, les nouvelles techniques de modulation codent plusieurs bits par changement d'état. Il vaut mieux ainsi exprimer la vitesse en bits par seconde.

> **A**vec le développement des contenus présents sur l'Internet, l'accès par modem à bas débit se révèle rapidement insuffisant. Une nouvelle technique, l'xDSL (ADSL en France), offre l'accès rapide à l'Internet depuis une simple ligne téléphonique, sans pour autant imposer des investissements importants pour l'usager.

E3-5 ADSL (Digital Subscriber Line)

L'ADSL est une solution relativement simple d'accès Internet à haut débit sur un câble téléphonique. La limitation de la vitesse de transmission sur une ligne téléphonique n'est pas liée aux fils de cuivre servant à la communication, mais bien à l'électronique de traitement placée aux deux extrémités. Destinés à l'origine aux communications vocales, les systèmes téléphoniques sont prévus pour des traitements à basse fréquence (3KHz en moyenne). Avec une adaptation spécifique, côté central et côté client, il est possible d'atteindre des vitesses de transmission de l'ordre du Mhz en numérique.

Nouveaux formats et nouveaux usages : le son et la vidéo

L'Internet est en passe de devenir le réseau universel des échanges multimédias. De nouveaux formats de codage et de compression des sons et des images vidéo, comme MP3 et MPEG, arrivent. Ils sont très performants.

E3-6 MP3

Le MP3 est un format de compression de données particulièrement adapté à la transmission de sons de haute définition. Le son, au format MP3, est d'une qualité tout à fait correcte pour une taille de stockage environ 10 fois moindre que celle d'un CD. Associée à la généralisation des lecteurs spécialisés et des graveurs CD, une nouvelle forme de diffusion musicale en ligne est en train de voir le jour.

Pour aller plus loin

www.napster.com Ce site a bousculé tous les grands labels d'édition musicale en proposant un accès libre et partagé aux ressources musicales disponibles auprès de l'ensemble des membres de la communauté d'amateurs (anglais).
www.mp3.com Technique et musique (anglais).

E3-7 MPEG (Moving Picture Expert Group)

Le MPEG est un groupe d'experts définissant les standards des formats de compression de fichiers vidéo. Par extension, le même acronyme identifie le format lui-même.

MPEG1 : ce format de base offre une qualité vidéo de premier niveau suffisante dans de nombreux cas. Il se contente d'un principe de décodage logiciel.
MPEG2 : ce format offre une meilleure qualité que le précédent, il nécessite un décodage matériel. C'est le format adopté par le DVD et la télévision numérique.

MPEG4 : ce format est orienté « objet ». Il est particulièrement adapté aux exigences d'interactivité demandées par les jeux actuels et la vidéo-conférence.

MPEG7 : c'est un standard de définition des contenus sous forme d'objets multimédias. Il permettra, entre autres, de repérer des séquences à l'intérieur d'un flux vidéo par leurs descriptions. Ce standard, en cours d'élaboration, va foncièrement modifier notre relation à l'image.

Pour aller plus loin

À visiter sur le Web

www.mpeg.org Site portail de MPEG (anglais).

À lire

Lecomte, Cohen, *Normes et standards du multimédia,* Éditions Dunod, 2000.

> Les nouveaux formats multimédias sont très gourmands en bande passante. La généralisation de l'usage du multimédia sur l'Internet est conditionnée par le développement des réseaux haut débit et large bande.

Réseaux Hauts débits et large bande WAN (Wide Area Network)...

Au tout début de l'Internet, les pionniers de la cyber société se contentaient d'un Web relativement statique. Les attentes des utilisateurs ont très rapidement évolué et les usages actuels de l'Internet dépassent déjà largement les aspirations les plus ambitieuses des visionnaires de cette époque. Images complexes, vidéo de qualité cinéma, son de haute définition et interactivité à tous les niveaux sont désormais à l'ordre du jour. Ils sont indispensables pour répondre aux nouveaux besoins des utilisateurs comme l'enseignement à distance avec l'e-learning, pour ne citer que ce cas. Présentons quelques types de réseaux hauts débits et large bande.

E3-8 X25

X25 a été mis au point dans les années 70. Il est utilisé en France comme support de réseau public et géré par Transpac. Ses performances sont limitées et il tend aujourd'hui à être remplacé par Frame relay.

E3-9 Frame relay

Plus simple que X25, il améliore l'utilisation de la bande passante et réduit les temps de négociation avec les équipements du réseau comme les routeurs. Frame relay est particulièrement adapté aux débits moyens (de 2 à 40Mhz).

E3-10 ATM (Asynchronous Transfer Mode)

C'est un réseau à haut débit (155Mb/s et 622Mb/s). Le principe est fondé sur un découpage des messages en petits paquets de tailles fixes : 53 octets. Les petits paquets peuvent être **commutés*** très rapidement par des équipements électroniques. Le débit est ainsi beaucoup plus élevé et permet les échanges synchrones comme la voix ou l'image.

> La **commutation** (de paquets) est le choix d'une route particulière pour un paquet.

Par défaut, sur l'Internet, tous les messages sont traités à la même enseigne. Les équipements de réseaux n'effectuent aucun discernement entre une trame transportant les données d'une application critique, et celle transportant les photos de la dernière star du X. S'il y a congestion, rien n'indique à l'équipement concerné pourquoi il devrait rejeter la deuxième au profit de la première. La notion de qualité de service devrait remédier à cela.

E3-11 QoS (Quality of Service) *La qualité de service*

Sur l'Internet, transitent toutes sortes de trames. Comme pour tout problème de tuyauterie, les différents équipements du réseau ont une limite de capacité et ne peuvent pas toujours accepter de traiter tous les messages se présentant à l'entrée. On parle alors de congestion. Certaines trames, en excédant, seront rejetées sans autre forme de procès. Le destinataire, constatant un trou dans le message reçu, demandera à l'émetteur de renvoyer les trames manquantes[1]. Le message arrivera finalement à bon port mais le débit global sera écroulé. Certaines applications critiques ne pourront fonctionner ainsi. Il est donc important d'opérer, à tout niveau du réseau, une discrimination du type d'utilisation ou d'utilisateurs. On parle alors de qualité de service, QoS. La QoS garantit ainsi à certaines classes d'utilisateurs, un débit minimum, un délai d'acheminement maximum, une variation de ce délai limitée et un nombre maximum d'erreurs de transmission. Les réseaux Frame Relay et ATM supportent la gestion de la qualité de service.

Pour aller plus loin

À visiter sur le Web

Consulter à ce sujet les travaux de l'*Internet Engineering Task Force* : *www.ietf.org*

À lire

B. Fouquet, *Gestion de la qualité de service*, Éditions Eyrolles. Principe et mise en œuvre des solutions orientées qualité de service.

Le marché de l'Internet mobile

Le développement des infrastructures hauts débits et large bande va faciliter la création de nouvelles utilisations de l'Internet. La mobilité et l'accès Internet

---

1. Le protocole TCP se charge de cette négociation.

depuis n'importe quel lieu sont aussi des tendances très fortes à suivre. Étudions les accès à l'Internet sans fil...

E3-12 WAP (Wireless Application Protocol)

Le WAP est un protocole qui permet de connecter un terminal mobile, comme un téléphone portable ou un assistant personnel, au réseau Internet. Les spécifications du protocole sont gérées par un organisme : le WAP Forum. En raison des limites physiques et techniques (taille, capacité) d'un terminal portable, le protocole WAP ne donne pas directement accès au Web, mais uniquement à des serveurs développés spécifiquement pour cet usage, et utilisant le langage de description WML en remplacement du HTML. Le succès du WAP est encore mitigé. Les terminaux sont limités en terme de qualité d'affichage et le débit du GSM (9,6Kb/s) est trop faible. L'arrivée du **GPRS** (*General Packet Radio Service*), offrant un débit de 144Ks, et de l'UMTS* devrait faciliter le démarrage de l'Internet mobile.

Pour aller plus loin

À visiter sur le Web

www.lagenerationwap.com Un site exclusivement consacré au WAP (français).

www.wapforum.com (anglais).

E3-13 UMTS (Universal Mobile Telecommunications System)

UMTS est la norme définissant la 3ème génération de téléphone portable ou mobile.[1]

---

1. Les premiers portables téléphoniques analogiques constituent la 1ère génération. Le GSM (*Global System for Mobile Communication*) est la norme actuelle et représente la 2ème génération. C'est une norme définie pour le transport de la voix.

L'UMTS vise le haut débit (de 384Kbs à 2Mb/s). Il ouvre la voie à de nouveaux usages du portable tournés vers l'Internet comme les services multimédias (musique, vidéo) et l'interactivité. Les utilisateurs professionnels pourront rester reliés en permanence avec le système d'information de l'entreprise[1]. L'enjeu n'est pas simple et mobilise toutes les passions. Il s'agit, en effet, de bâtir de A à Z l'ensemble du réseau. Le client sera-t-il au rendez-vous de ce nouveau modèle économique ? Affaire à suivre...

Pour aller plus loin

À visiter sur le Web

http://www.umts-forum.org/what_is_umts.html Un site consacré à l'UMTS (anglais).

Les réseaux sans fil

Avec l'accroissement des besoins en matière de système interconnecté, la présence physique des fils est une contrainte. Qui n'a jamais rêvé de supprimer les écheveaux embarrassant nos bureaux ?

E3-14 Bluetooth

Issue des travaux d'Ericsson, cette technique permet d'inter connecter différents systèmes entre eux, en utilisant des liaisons radio à courte distante (quelques mètres de portée). Les usages semblent illimités. En bureautique, par exemple, tous les câbles de connexion reliant les différents périphériques, comme les imprimantes, les fax ou les scanners, peuvent être supprimés[2]. Bluetooth permet aussi de synchroniser les

---

1. Ça ne plaira pas à tout le monde...
2. Il suffit pour cela que chacun des périphériques soit équipé d'une puce Bluetooth.

différents systèmes entre eux. L'agenda du PDA*(E1-14) ou du portable sera automatiquement mis à jour avec celui du PC de bureau. Les connexions à l'Internet ne sont pas oubliées. Le PC de bureau, le portable ou le PDA peuvent directement communiquer sans fil, avec un point d'accès à l'Internet fixe, ou avec un téléphone mobile. D'autres créneaux d'utilisation que la bureautique sont aussi déjà envisagés. Les applications à la domotique semblent un marché prometteur.

Pour aller plus loin

À visiter sur le Web

www.bluetooth.com Un site de référence assez complet sur le sujet.

www.ericsson.com/bluetooth Le site du constructeur Ericsson, promoteur initial du concept bluetooth.

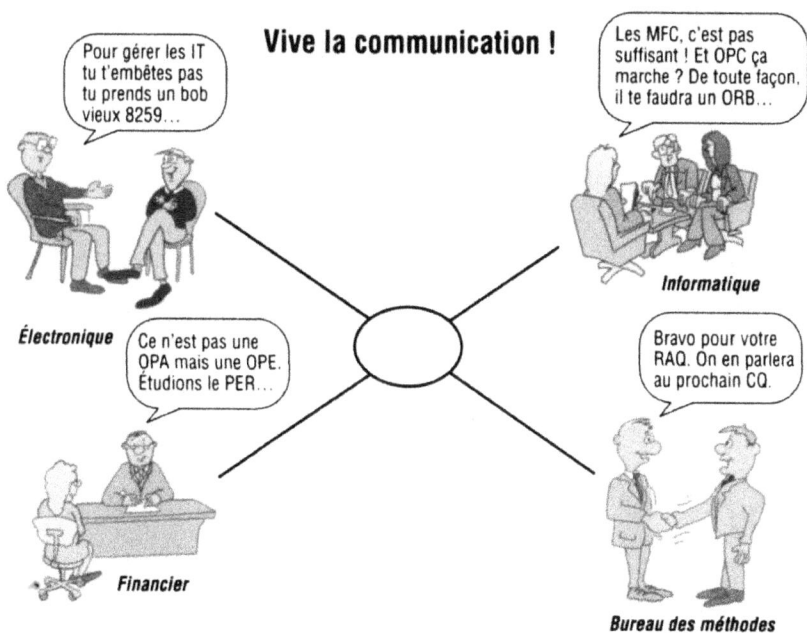

Figure 2.E-10

Déployer

Avec le développement des réseaux étendus, le système d'information change de nature. Il devient le lieu d'échanges d'informations internes à l'entreprise et externes avec les clients et les partenaires. Ce changement de rôle modifie profondément les approches traditionnelles de réalisation des projets d'informatisation. Classiquement limités à un périmètre départemental et fonctionnel, les projets s'apprécient désormais dans une dimension de communication étendue. Ce changement se définit selon 3 axes principaux :

- le type et le nombre d'utilisateurs ne sont plus limités[1] ;
- les applications communiquent naturellement et échangent des services ;
- tous les systèmes d'information sont interconnectés en interne comme en externe.

Pour bien apprécier la mutation en cours, il faut déjà comprendre le principe du client/serveur.

✶ E4-1 Client/serveur

1. Quoi ?

C'est un principe d'architecture fondé sur l'utilisation des réseaux locaux. Une machine, appelée serveur, regroupe l'ensemble des ressources partageables : données et traitements communs. C'est un fournisseur de services. Tous les postes utilisateurs, appelés clients, sont connectés par un réseau à la machine serveur. Ils utilisent directement, selon leurs besoins, les données et les traitements partagés, regroupés sur la machine serveur.

---

1. Avec l'e-business, les clients sont aussi des utilisateurs. Leur nombre ne peut être prédéterminé.

2. Pourquoi ?

Avec le déploiement des applications et la multiplication des postes utilisateurs, il faut rationaliser la conception des architectures. Le client/serveur permet de bien séparer les parties communes des applications, données et traitements, des parties locales et spécifiques propres à chacun des postes. Avec l'architecture client/serveur, les applicatifs sont plus faciles à maintenir et plus aisés à déployer.

3. Comment ?

Une application répartie comporte 3 composantes :
1. Les données communes à tous les postes ;
2. Les traitements communs à tous les postes ;
3. Les traitements spécifiques à chacun des postes. C'est le plus souvent l'interface utilisateur.

Les architectures client/serveur de la première époque ne centralisent sur le serveur que les données communes au sein d'un SGBD*(E2-1). L'ensemble des traitements de la logique applicative sont résidents sur les postes clients. Les clients communiquent avec le serveur et accèdent aux données communes en utilisant des requêtes SQL*(F3-4). On appelle ce modèle de client/serveur, l'architecture à deux niveaux. Une version plus évoluée de ce modèle d'architecture déporte une partie des traitements communs de la logique applicative sur le serveur sous forme de procédures stockées*(E2-3) traitées par le SGBD. Le client demande alors l'exécution de procédures par une simple requête (figure 2. E-11). Mais il faudra attendre les architectures à 3 niveaux (3 tiers) pour bien séparer les trois composantes que sont les données communes, les traitements communs et les traitements spécifiques à chacun des postes (figure 2. E-12).

Les architectures à 2 niveaux étaient bien adaptées pour des applications réparties auprès de quelques dizaines d'utilisateurs. Avec l'e-business et le déploiement sur l'Internet, le nombre d'utilisateurs augmente considérablement et seules les architectures multi-niveaux (multi-tiers) restent viables.

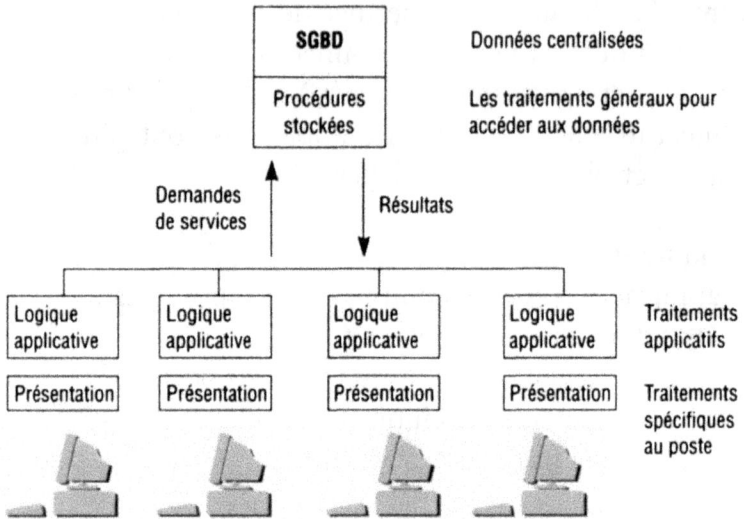

Figure 2.E-11 Architecture client/serveur classique

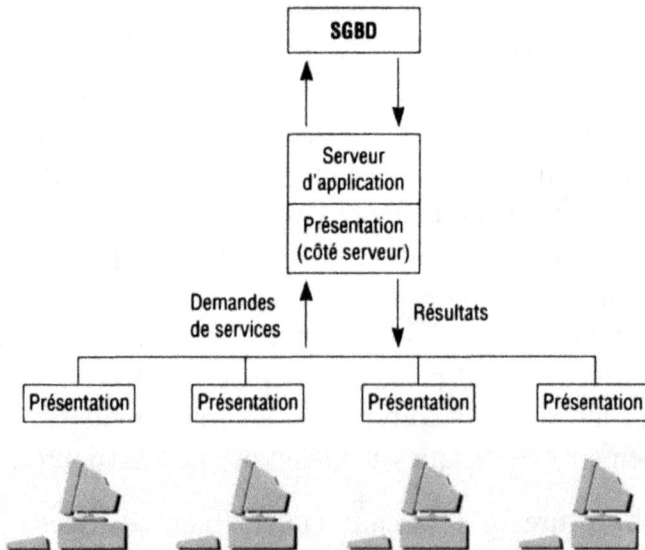

Figure 2.E-12 Architecture client/serveur 3 niveaux

4. Quelles tendances ?

Client/serveur et intranet...

Avec le développement des solutions intranet, le principe d'architecture à 3 niveaux, comme le présente la figure 2. E-12, rencontre un franc succès. Le maximum des ressources partagées sont centralisées. En environnement intranet, chacun des postes utilisateurs se contente d'un simple navigateur. La couche présentation est construite avec des composants logiciels*(E4-2) comme les **applets*** ou les **javabeans***, téléchargés depuis le serveur sur les postes utilisateurs selon les besoins. Cette approche facilite le déploiement de l'application et sa maintenance.

> *Les* **applets** *et les* **javabeans** *sont des petits modules programmes téléchargeables sur le réseau Internet/ intranet.*

5. Remarques et commentaires

L'e-business et le déploiement des applications sur l'Internet poussent le modèle d'architecture client/serveur dans ses retranchements. Nous entrons actuellement dans un monde d'applications distribuées à grande échelle, réformant nos habitudes de conception verticale. Avec l'e-business et les architectures multi-niveaux, les échanges ne se font plus exclusivement de client à serveur, mais aussi de serveur à serveur. Le système d'information étendue entre dans une dimension de fournisseurs et de consommateurs de services. Je vous invite à poursuivre la lecture de ce paragraphe entièrement dédié aux nouvelles architectures.

6. Pour aller plus loin

À visiter sur le Web

http://www.sei.cmu.edu/str/descriptions/clientserver.html Le site du *Software engineering institute* (SEI) : description du principe du client/serveur (anglais).

À lire

Orfali, Harkey, Edwards, *Client/serveur,* Éditions Vuibert, 1999. Un livre complet et pédagogique sur le client/serveur et l'après client/serveur.

7. Concepts voisins

Bases de données (E2-1), EAI (E4-2), *Middleware* (E4-4).

Les systèmes d'information des entreprises sont constitués de briques (et de brocs) hétérogènes. Il n'y a jamais eu d'approche unifiée et globalisée des projets informatiques de l'entreprise. Ce n'est pas surprenant. Lorsque les départements et autres divisions sont structurellement cloisonnés, pourquoi irait-on se préoccuper des besoins des voisins et bâtir des applications communicantes ?

Pourtant le besoin de communication a toujours existé. Il suffit, pour se rendre compte de son ampleur, de compter les passerelles techniques ou logiciels, les moulinettes et autres interfaces réalisées sur une période donnée. La réalisation des interfaces, indispensables à tout système informatique, consomme une part conséquente du budget total affecté à un projet ! Lors de l'étape planification du projet, ce poste n'est bien sûr jamais estimé à sa juste valeur. Il grèvera conséquemment le budget temps imparti à la réalisation proprement dite des fonctions de l'application. Pour contrer ces dérives, L'EAI *(Enterprise Application Integration)* propose de réviser les modes de conception, et de placer la communication au cœur du projet et du système.

E4-2 EAI (Enterprise Application Integration) *et l'architecture des systèmes*

1. Quoi ?

L'EAI est une nouvelle approche de la conception des systèmes d'information, plaçant au premier plan la communication et les échanges entre les différents modules du système : applications, bases de données ou poste utilisateur. Avec le concept d'EAI, le système d'information est vu comme un lieu d'échanges de services standardisés entre des fournisseurs et des consommateurs.

2. Pourquoi ?

L'approche de la construction des systèmes a toujours été parcellaire et limitée à un périmètre départemental bien défini. Les développements étaient réalisés pour répondre à un besoin précis et immédiat, sans prendre conscience de son devenir et des besoins des systèmes voisins. Chaque question d'interconnexion était alors réglée ponctuellement. Par manque de réflexion globale, le système d'information résultant se rapproche, métaphoriquement parlant, d'un véritable plat de spaghettis impossible à maintenir. Avec la complexité croissante des systèmes, cette approche empirique de la conception n'est plus tenable. L'EAI propose une réforme radicale en instituant la communication entre les applications comme principe de base.

3. Comment ?

Postulats de base :

- Les systèmes d'information sont constitués de briques hétérogènes. Ils ne sont pas intrinsèquement interopérables.
- Les systèmes d'information doivent être interconnectés en interne, et avec les systèmes d'information des partenaires économiques : clients et fournisseurs.

.../...

…/…

- Une application du système d'information n'est jamais écrite dans le marbre. Fondamentalement, elle sera appelée à évoluer. Le système d'information vit le changement permanent.

Le système d'information est un lieu d'échanges entre des consommateurs et des fournisseurs de services

Prenons l'exemple d'une application qui, pour un besoin particulier, souhaite disposer d'un calcul de COQ (Coût d'Obtention de la Qualité) pour une série de références. Cette fonction existe, elle est opérationnelle et validée dans l'applicatif de production. Mais cet applicatif, comme tous les applicatifs antérieurs à la démarche d'EAI, n'a pas été prévu pour partager ses ressources. Les développeurs n'ont que deux choix possibles : soit réécrire la fonction[1] en totalité, soit construire une passerelle spécifique. Le système D finit par être coûteux et alourdit le système d'information global.

Avec l'EAI, chaque partie du système d'information est vue dans une dimension d'échanges de services entre des consommateurs et des fournisseurs. Ainsi, l'application de production de l'exemple ci-dessus offrira le calcul du COQ comme un service accessible par des consommateurs potentiels[2].

---

1. Les systèmes d'information contiennent ainsi de nombreuses fonctions redondantes. Il est souvent plus facile de réécrire la fonction que de chercher à communiquer avec un applicatif peu loquace.
2. Notons qu'une application peut être tour à tour consommateur et fournisseur. L'application citée en exemple, qui nécessite la fourniture du calcul du COQ, peut à son tour fournir un autre service…

Comment échanger des services ?

Dans son principe, l'EAI définit trois types d'interfaces pour répondre aux trois questions essentielles de l'échange de services[1].

1. Où trouver les ressources et les services ?

Le service sollicité est-il présent dans le système d'information ? Si oui, où se trouve-t-il ? Pour répondre à ces questions, le système d'information gère une fonction d'annuaire*(E4-3). A la manière de l'annuaire téléphonique, les annuaires en ligne repèrent et identifient toutes les entités disponibles et accessibles (les ressources, les services, les informations, les matériels, etc...).

2. Comment y accéder ?

On a trouvé le service. Il est peut-être hébergé par un système dont on ne connaît ni la nature ni le fonctionnement. Pour échanger avec cet hôte, nous allons utiliser un mode de communication commun : le *middleware**(E4-4). Le *middleware*, pierre angulaire de l'EAI, est une couche intermédiaire standardisant tous les échanges du système d'information (voir figure 2. E-13). Le *middleware* prend en charge les demandes de services du client (consommateur), les achemine vers le serveur (fournisseur), puis rapatrie les réponses au demandeur. Le client formule une demande standardisée vers le *middleware*, sans se préoccuper des particularités du serveur[2]. Le serveur répond aux demandes de services, sans s'inquiéter des caractéristiques spécifiques du client.

---

1. En référence : A. Fernandez, « e-Business, EAI et Business Intelligence, le tryptique gagnant », *Informatique Professionnelle*, n° 194, Mai 2001.
2. Les principaux applicatifs propriétaires du marché (SAP, Peoplesoft...) définissent leurs propres interfaces standardisées (les connecteurs), afin de permettre l'accès à leurs ressources.

Tous les composants du système d'information sont isolés les uns des autres. Ils ne communiquent qu'avec le *middleware*, qui est l'élément fédérateur.

3. Comment les utiliser ?

Chaque service comporte son propre mode d'emploi. Pour standardiser au maximum les documents échangés et les services, le format XML*(E2-10) s'impose.

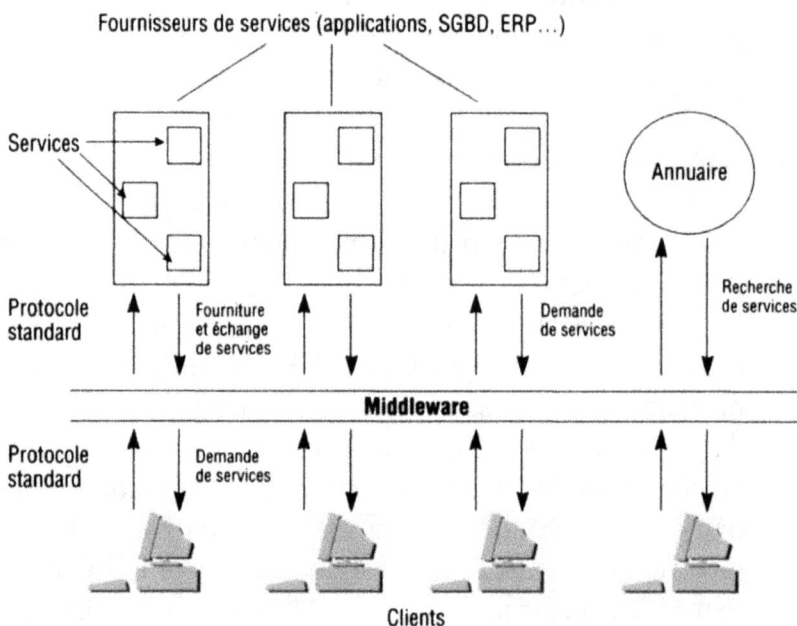

Figure 2.E-13 EAI et *middleware*

L'EAI et l'Internet : l'entreprise étendue

L'EAI est un concept particulièrement adapté à l'entreprise étendue. La même logique de gestion des flux applicatifs est directement transposable en environnement Internet. Un service peut ainsi être sollicité au-delà du système d'information interne, et directement sur l'Internet auprès des systèmes d'information des fournisseurs ou des clients. Les principaux standards et protocoles-clés sont déjà pratiquement définis[1].

4. Quelles tendances ?
Le middleware *et les services « métiers »*
Avec le développement de l'entreprise étendue et la dynamique de l'e-business, les échanges porteront sur des services toujours plus sophistiqués. Nous suivrons de près l'évolution des protocoles orientés métiers et transaction commerciale[2].

5. Remarques et commentaires
Le client universel...
Avec l'EAI et le concept du portail*(D1-1), le modèle client serveur entre dans une nouvelle dimension (voir figure 2. E-14). Théoriquement, par l'intermédiaire du portail, un utilisateur peut accéder à l'ensemble des services et documents de l'entreprise selon ses droits d'accès. La couche *middleware* se charge de mettre à sa disposition les services et documents sollicités. Cette nouvelle approche de la conception des systèmes isole les différentes problématiques comme les besoins fonctionnels métiers, les questions de communication et l'ergonomie des postes[3].

---

1. On suivra de près le format d'annuaire Internet **UDDI** (*Universal discovery description and integration* : **www.uddi.org**) ainsi que les travaux autour du protocole **SOAP** (*Simple object access protocol* : **www.w3.org/TR/SOAP**). Ce protocole servira de support à des protocoles d'échanges de services plus évolués et orientés métiers.
2. Suivre les travaux autour de ebXML déjà présenté au concept EDI (C3-1) et la gamme de solutions « Biztalk » de Microsoft (*www.biztalk.org*).
3. Par exemple le concepteur d'un module (objet) métier peut se consacrer exclusivement à l'implantation des fonctions demandées, sans devoir se préoccuper, outre mesure, des problématiques de communication et d'ergonomie.

6. Pour aller plus loin

À visiter sur le Web

www.eaijournal.com Une revue en ligne exclusivement consacrée à l'EAI (anglais).

http://eai.ittoolbox.com Un portail sur l'EAI (anglais).

À lire

L. Avignon, P. Pezziardi, D. Joguet, *Intégration d'applications*, Éditions Eyrolles, 2000. Les technologies d'EAI et leurs mise en œuvre.

7. Concepts voisins

Client/serveur (E4-1), *Middleware* (E4-4), Serveurs d'applications (E4-5).

Repérer les ressources et services

Les systèmes d'information deviennent rapidement complexes et contiennent un grand nombre de ressources et de documents. Comment se repérer ? Comment trouver un fichier, sans savoir précisément quelle machine l'héberge, ni comment y accéder ? Pour cela, il existe les annuaires en ligne. Appliquant le même principe que les traditionnels annuaires téléphoniques, ils permettent de repérer les différentes ressources, services et documents disponibles...

E4-3 Annuaire

Un annuaire est une base de données spécialisées qui organise et gère les informations sur les différentes ressources. Il permet ainsi de repérer fichiers, utilisateurs, machines, ressources et services. Le principe de fonctionnement est assez proche, sur le plan de l'usage, des annuaires téléphoniques. Il existe ainsi deux types d'accès. Lorsque l'on cherche un objet précis et identifié, on utilisera l'annuaire comme les pages blanches.

© Éditions d'Organisation

L'annuaire répondra à des questions comme : « Où se trouve le fichier X ? ». Mais si l'on souhaite connaître les ressources d'un certain type, on l'utilisera comme les pages jaunes. On pourra lui demander : « Quelles sont les imprimantes accessibles depuis mon poste ? »

Active Directory de Microsoft est un exemple typique d'annuaire d'entreprise.

LDAP (*Lightweight directory access protocol*) est un protocole d'annuaires sous Tcp/Ip.

UDDI (*Universal description discovery and integration*) est un annuaire à l'échelle du Web. Il répertorie les services d'e-commerce disponibles sur le Web. Chaque entreprise définit, d'une manière standardisée (sous XML), les services en ligne qu'elle peut offrir au marché. L'acheteur éventuel peut rechercher les services par activité, comme avec les pages jaunes de l'annuaire.

Pour aller plus loin

À visiter sur le Web

www.uddi.org Le site de référence des annuaires UDDI (anglais).

À lire

M. Risallah, *Construire un annuaire d'entreprise avec LDAP*, Éditions Eyrolles, 2000. Définition et mise en œuvre d'un annuaire d'entreprise.

Accéder aux ressources et services

Le concept de l'EAI repose sur une couche essentielle appelée le *middleware*. C'est LA brique fondatrice des systèmes d'information de l'entreprise étendue.

⊛ E4-4 Middleware

Le *middleware* est une couche intermédiaire standardisant les échanges entre les fournisseurs et les consommateurs de services. Théoriquement, le *middleware* se présente comme un bus d'échanges inter-applications. On définit habituellement 2 types de middleware :

- le *middleware* objet,
- le *middleware* à messages.

Le **middleware objet** est fondé sur le principe d'appel à distance de fonctions. Le *middleware* achemine immédiatement le service requis par le client vers le serveur. La fonction demandée est exécutée et le client attend le résultat. Le serveur et le client travaillent dans la même unité de temps en mode synchrone. Les services proposés sont des composants logiciels*(E4-6). Avec DCOM *(Distributed Component Object Model)* Microsoft a défini son propre modèle d'échanges d'objets en environnement Windows. L'**OMG*** *(Object Management Group)* défend le concept d'échanges d'objet CORBA *(Common Object Request Brocker Architecture)*.

> **OMG** (Object Management Group) *est une organisation internationale regroupant plus de 800 membres parmi les principaux acteurs du marché. L'OMG assure la promotion des technologies orientées objet pour le développement des logiciels.*

Avec le **middleware à messages MOM** *(Message Oriented Middleware)*, le client formule un message décrivant le service sollicité. Le message est transmis à la boîte aux lettres du serveur. Dès que la requête est exécutée, le serveur poste un message

© Éditions d'Organisation

réponse à destination du client demandeur. Le serveur et le client ne travaillent pas dans la même unité de temps, c'est un fonctionnement asynchrone. La gestion par message est particulièrement efficace. Elle permet de mieux organiser les demandes de services, en gérant les files d'attente de messages. Le destinataire n'est pas nécessairement à l'écoute. Il exécutera la requête dès qu'il le pourra. L'émetteur, de son côté, n'est pas obligé d'attendre, il sera prévenu lorsque la réponse arrivera. Les *middleware* à messages MOM ont l'avantage de s'interconnecter, sans trop de contrainte avec bon nombre de produits (ERP, SGBD...).

Pour aller plus loin

À visiter sur le Web

http://www.sei.cmu.edu/str/descriptions/threetier.html Le site du *Software engineering institute* (SEI) : une présentation du client/serveur à trois niveaux et du rôle du *middleware* (anglais).

www.omg.org Le site officiel de l'OMG répertorie l'ensemble des documents concernant Corba (anglais).

http://corbaweb.lifl.fr/ Site francophone autour de Corba.

www.middleware.net Un site traitant des différents *middleware* (anglais).

À lire

J. Edwards, *Client serveur à 3 niveaux*, Éditions Vuibert. Un guide sur les architectures à 3 niveaux et les différents types de *middleware*.

7. *Concepts voisins*

EAI (E4-2), Serveurs d'applications (E4-5), Composants logiciels (E4-6).

Un point sur les moniteurs transactionnels

Les moniteurs transactionnels sont nés avec les grands systèmes. Ce sont les premiers *middleware*. Le moniteur transactionnel est un produit logiciel installé sur un serveur au-dessus du système d'exploitation. Il prend en charge et optimise la gestion complète des transactions*(E2-6). Grâce aux moniteurs transactionnels, à une époque où l'informatique était bien moins puissante qu'aujourd'hui[1], il était possible de concevoir des applications, comme des systèmes bancaires ou de réservations en ligne, supportant plus d'un millier de clients.

Le principe : le moniteur transactionnel reçoit directement les demandes de services (transactions) et ne les transfert au processeur qu'après application d'un véritable plan d'optimisation des ressources. Ce sont des outils puissants. Ils évoluent actuellement vers les serveurs d'applications*(E4-5).

Avec le déploiement sur le Web et notamment les applications d'e-business, le *middleware* évolue vers des offres plus complètes et mieux structurées : les serveurs d'applications.

E4-5 Les serveurs d'applications

Un serveur d'applications est une offre complète d'outils intégrés, articulés autour d'un *middleware* (architecture à 3 niveaux), pour développer des applications orientées Web. Ils associent, dans une offre commune, les outils de déploiement et les outils de développement. Il faut prendre garde de ne pas mésestimer ces nouveaux concepts, en ne jugeant que la démarche commerciale des éditeurs. Les serveurs d'applica-

---

1. On se plaît toujours à rappeler que les PC de bureau disposent d'une puissance de calcul bien supérieure que les *mainframe* du début des années 80...

tions sont tout à fait dans la lignée de la nouvelle approche de la conception de systèmes d'information. On suivra avec attention des produits comme BEA Weblogic, un précurseur du domaine, Websphère le produit d'IBM, Sun microsystem et ses solutions à base de composants logiciels (les EJB) de l'offre **J2EE*** *(Java 2 enterprise edition)*, et Microsoft avec la stratégie.NET (dot Net).

> **J2EE** (Java 2 enterprise edition) : *spécification de services pour le déploiement à grande échelle d'architecture distribuée à base de composants Java : les EJB.*

Pour aller plus loin

À visiter sur le Web

On visitera quelques offres d'éditeurs comme :

  IBM : *www.software.ibm.com/webservers*
     www.fr.ibm.com//france/logiciels/websphere.htm
  ou BEA : *www.beasys.fr*
  ou Microsoft :
  www.microsoft.com/france/serveurs/dotnet/default.asp
  ou Sun : *//java.sun.com/j2ee/*

À lire

T. Brethes, F. Hisquin, *Serveurs d'applications*, Éditions Eyrolles. Cet ouvrage décrit le principe des serveurs d'applications et répertorie les principaux produits du marché.

> **S**i le *middleware* est le premier principe fondateur des nouvelles architectures distribuées à grande échelle, les composants logiciels sont le second.

Les applications d'informatique d'entreprise présentent un grand nombre de points communs. Développer à chaque nouveau projet les mêmes algorithmes et les mêmes traitements n'est pas très économique. C'est pourtant ainsi que fonctionnait l'informatique. Bien sûr, les programmeurs[1] prenaient soin de standardiser les fonctions les plus souvent utilisées. Mais par manque de normalisation, les bibliothèques de modules restaient confinées aux murs d'une salle informatique. Avec la programmation orientée objet*(F3-5), il est désormais possible de réutiliser des composants logiciels déjà écrits et validés. Ces composants standard peuvent être achetés auprès d'un fournisseur spécialisé ou échangés sur le réseau dans le cadre d'une architecture distribuée.

✴ E4-6 Composants logiciels

Un composant est une unité logicielle indépendante exécutant une fonction spécifique et réutilisable. Par analogie, le principe et l'utilisation du composant logiciel sont très proches du composant électronique. Dans les deux cas, pour utiliser le composant, il suffit de respecter les spécifications de connexion prescrites par le constructeur/éditeur. L'utilisateur ne s'intéresse qu'à la fonction traitée et à l'interface d'utilisation. Il n'a pas à se préoccuper de la logique interne. De plus, le composant est testé et validé.

Il existe plusieurs définitions de composants distribuables sur le réseau. Microsoft a dans un premier temps proposé les **ActiveX***, puis a développé les normes COM et DCOM pour définir des composants distribuables. De son côté, Sun, en

© Éditions d'Organisation

---

1. Les bons...

s'appuyant sur le langage Java, propose les **javabeans*** et les **EJB*** (*Entreprise javabean*).

> ***ActiveX*** *et* **javabean** *sont des composants le plus souvent téléchargeables sur le réseau. Ils sont généralement utilisés pour compléter les fonctionnalités d'une interface utilisateur.*
> *Les **EJB** Enterprise Javabean sont des composants logiciels industrialisés et interopérables. Ils sont utilisables sur toute plate-forme supportant Java.*

Avec les composants, nous entrons dans l'ère de l'industrialisation du logiciel. L'utilisation des composants initie une approche plus rationnelle du développement de logiciels, proche de l'industrialisation. Il ne sera plus nécessaire de réinventer à chaque projet le fil à couper le beurre...

Pour aller plus loin
À visiter sur le Web
http://www.components.org/ Le site du *Component vendor consortium*.

Concept voisin
Approche objet (F3-5).

> **L**es technologies de l'Internet deviennent le standard universel du système d'information de l'entreprise. La technologie est bien maîtrisée. Elle a fait ses preuves pour un déploiement à grande échelle. Les éditeurs majeurs du marché proposent des solutions de plus en plus cohérentes pour bâtir des systèmes d'information communicants et évolutifs. Afin de bien comprendre l'offre proposée et ses tendances, il est important d'étudier les principes de base du développement d'application sur l'Internet.

⭐ *E4-7 Architecture Web*

Une fois n'est pas coutume, et pour une meilleure compréhension, nous allons, pour ce thème particulier, procéder différemment. Les architectures Web ont évolué par étapes successives. Chaque stade d'évolution prend appui sur le stade précédent. Le fonctionnement actuel n'est compréhensible qu'après avoir pris connaissance des principes fondamentaux.

1er stade d'évolution : *accéder à des pages depuis tout lieu connecté*

Afficher une page disponible sur un site bien précis, depuis n'importe quel lieu connecté à l'Internet, est le rôle fondamental du Web.

Dans son principe de base, une page Web au format **HTML*** est transférée depuis un site serveur vers un poste client connecté à l'Internet. Pour afficher cette page, le poste client ne nécessite que l'usage d'un **navigateur***.

> *HTML est le format de codage d'une page du Web.*
> *Le **navigateur** (browser), dans son principe de base, sait lancer une requête particulière vers un site (une adresse URL), réceptionner une page HTML et l'afficher.*

Les pages affichées sont statiques. Quel que soit le contexte ou le client, ce sera toujours le même texte et les mêmes graphiques qui seront affichés.

Remarque : les liaisons ne sont pas persistantes et le serveur n'a pas le souvenir de la page envoyée ni de l'utilisateur connecté[1].

© Éditions d'Organisation

---

1. Lorsque vous naviguez sur un site, chaque fois que vous cliquez sur un lien, l'adresse complète de la page est envoyée au serveur. Ce dernier ne fait que renvoyer la page demandée.

> Bâtir un site Web statique n'est pas une chose compliquée en soi !
> En tout cas sur le plan technique. Il suffit de disposer d'un ordi-
> nateur libre, équipé d'un système d'exploitation, d'un serveur
> HTTP[1] et d'une connexion permanente à l'Internet. Les pages
> HTML, préalablement réalisées, seront alors disponibles depuis
> n'importe quel poste connecté à l'Internet (le principe est le
> même pour bâtir un intranet statique).

Mais un système d'information ne peut se contenter de l'affichage de pages statiques. Pour bâtir de véritables applications
sur le Web, les pages affichées doivent être dynamiques et leur
contenu doit changer en fonction du contexte.

2nd *stade d'évolution* : *afficher des pages dynamiques et interactives*

Pour rendre les pages dynamiques, il existe différentes solutions. Soit les pages sont traitées et modifiées directement sur
le poste client, soit elles sont préparées à la volée sur le serveur
avant d'être envoyées au client. Étudions quelques solutions
pour chacun des cas.

Côté client

Script

Pour créer des pages dynamiques et interactives, il est possible
d'ajouter, au cœur même de la page, des lignes de programme
écrites avec un langage de script, comme Javascript de Netscape. Au moment de l'affichage, le navigateur exécute le code
spécifique.

---

1. Le serveur HTTP est le module logiciel gérant les pages du Web. Il réceptionne les
requêtes des postes clients et renvoie les pages HTML demandées. Les pages sont acheminées sur le réseau en utilisant le protocole HTTP.

Applets

Les modules téléchargeables comme les *activex,* les *applets* ou les *javabeans* sont une autre solution. Ce sont des composants logiciels*(E4-6) chargés depuis le serveur. Ils enrichissent l'interface utilisateurs de fonctions interactives.

Côté serveur

Pour des applications professionnelles, qu'elles soient à usage interne ou orientées e-commerce, les pages affichées sur le poste client devront être construites avec des informations prélevées dans les bases de données de l'entreprise. Les solutions de scripts côté serveur comme **ASP** (*Active Server Page),* **JSP** *(Java Server Page)* ou encore le langage **PHP*** répondent à ce besoin. Nous sommes tout à fait au niveau des applications clients/serveurs à 3 niveaux dont nous avons déjà abondamment parlé (voir figure 2. E-15).

PHP est un langage de script, placé côté serveur, qui génère des pages dynamiques HTML à la volée. Le langage script peut accéder à des bases de données, de tarifs par exemple, pour construire des devis en ligne. PHP est un produit open source *(logiciel libre*(E1-23)).*

3ème stade d'évolution : interopérabilité sur le Web

À ce stade de l'évolution, nous sommes prêts à entrer dans l'ère de l'industrialisation et de la généralisation des solutions Web. Les nouvelles générations de serveurs d'applications*(E4-5), dont nous avons parlé ci-dessus, se positionnent à ce niveau.

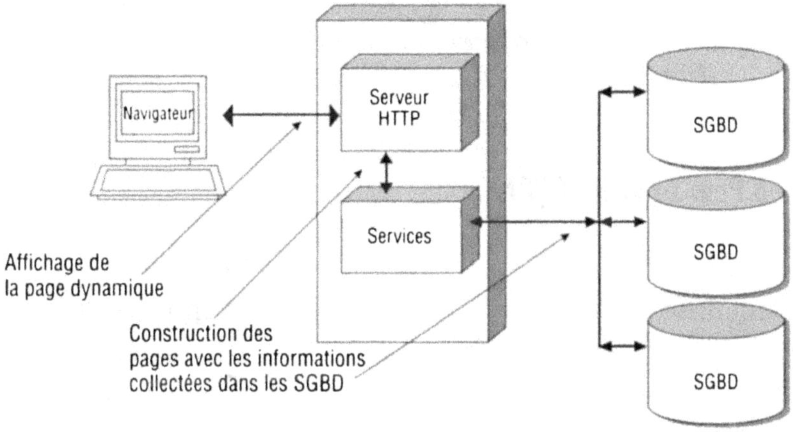

Figure 2.E-15 Affichage de pages dynamiques

Pour aller plus loin

À lire

B. Kienam, *E-commerce, stratégie et solutions,* Microsoft Press, 2001. Ce livre présente le b.a. ba pour bâtir un site de commerce en ligne.

Les nouvelles tendances de l'Internet

Le Web actuel peut être schématisé comme un ensemble de grappes de serveurs connectés à des clients passifs. Pour utiliser le Web, un simple terminal et un navigateur, comme Microsoft Explorer, sont bien suffisants. Le poste client est totalement passif, et tous les échanges Web, messagerie ou autres, passent par un serveur. Il existe une autre tendance très marquante actuellement : le *peer to peer* (P2P) ou réseau pair à pair. Avec ce modèle de réseau, nul besoin de passer par les services d'un serveur centralisé. Les différents clients connectés, vous ou moi, peuvent mettre en commun et échanger toute forme de documents en direct. Ce mode de fonctionnement a fait le succès de sites comme

263

Napster, un site d'échanges de musiques au format MP3. Le *peer to peer* deviendra-t-il une autre forme d'Internet ? À suivre...

★ *E4-8* Peer to peer *(P2P)*

1. Quoi ?

Le client/serveur*(E4-1) est actuellement le modèle de réseau le plus courant. L'ensemble des ressources partagées est situé sur un serveur. Les ressources disponibles sur chacun des postes sont réservées à un usage privé. L'Internet ne déroge en rien à ce principe. Depuis une connexion Internet, on ne peut pas, en principe[1], accéder aux ressources des autres postes clients connectés dans le même temps. Seuls les serveurs sont accessibles. Il existe un autre mode de fonctionnement en réseau appelé le *peer to peer* (pair à pair). Ce type de réseau n'utilise pas de serveur dédié. Chaque utilisateur définit sur son propre poste les ressources (disques, fichiers ou imprimantes) qu'il met à la disposition des autres pairs présents sur le réseau[2]. Ce mode de fonctionnement est possible sur l'Internet. Les différents clients connectés peuvent échanger et partager des ressources sans pour autant passer par un serveur centralisé.

2. Pourquoi ?

Avec la puissance actuelle des PC, chaque poste utilisateur connecté à l'Internet dispose en sommeil de grandes capacités inutilisées. Le modèle *peer to peer* apporte de nouvelles solutions pour mettre en commun et partager, simplement, avec la communauté des connectés, les ressources disponibles sur chacun des postes. A l'échelle de l'Internet, la potentialité offerte par la mise en commun des ressources est phénoménale.

---

1. En tout cas dans un mode de fonctionnement normal et sécurisé.
2. Le réseau local Windows for Workgroups utilisait déjà ce principe.

3. Comment ?

Pour bien en comprendre le principe, étudions 3 exemples typiques.

Échanger des fichiers en toute simplicité

Napster.com propose à tous les passionnés de musique de mettre en commun leurs fichiers musicaux stockés sur leur poste personnel. Lorsque vous vous connectez à la communauté Napster (un simple logiciel téléchargeable depuis le site Napster suffit), vous pouvez visualiser l'ensemble des fichiers musicaux (format MP3) disponibles, non pas sur des serveurs spécialisés, mais chez d'autres membres de la communauté, visiteurs du site comme vous. Vous pouvez alors récupérer les fichiers musicaux qui vous intéressent. Dans le même temps, d'une manière totalement transparente, d'autres amateurs seront peut-être en train de récupérer des fichiers musicaux depuis votre poste, sur votre disque, dans un répertoire que vous avez défini comme partageable.

Partager la puissance de calcul inutilisée

Dans une logique à peine différente, le projet SETI (*Search for Extra-Terrestrial Intelligence*) est aussi digne d'intérêt. Pourquoi laisser inutilisée la puissance de calcul de nos ordinateurs lorsqu'ils sont en veille ? En mettant en commun les ressources inutilisées de milliers d'ordinateurs, on arrive à une très grande capacité de calcul bien moins coûteuse qu'un super-calculateur. Le projet SETI propose à chaque participant – ils sont plus de 2 millions à travers le monde – de « prêter », à temps perdu, les ressources de leurs PC pour analyser les échos reçus par les radios téléscopes, afin de détecter une présence extraterrestre[1].

---

1. Ne nous méprenons pas, c'est un projet très sérieux mais les besoins en capacité de calcul pour effectuer cette analyse sont gigantesques. Il ne pouvait être traité d'une manière classique, au risque de mobiliser trop longtemps les super-calculateurs...

Le nouveau groupware étendu
Un troisième exemple d'exploitation de ce nouveau modèle de coopération est proposé, avec le produit « Groove », par Ray Ozzie, le concepteur de Lotus Notes, l'outil de phare du groupware*(D3-1). En reprenant le principe de Napster, Groove initie une nouvelle génération d'outils de groupware, orientés collaboratif étendu sur l'Internet. Il permet de partager plus simplement les informations avec l'ensemble des partenaires qu'ils soient clients ou fournisseurs.

4. Quelles tendances ?
On suivra de près le développement prévisible des solutions *peer to peer,* démocratisant la notion de coopération. Groove notamment, devrait trouver un accueil digne du successeur de Lotus Notes.
Les projets de partage des ressources de calcul inutilisées devraient se généraliser. Que ce soit en CAO ou en recherche médicale, les calculs sont de plus en plus complexes et les heures d'utilisation des super-calculateurs ne sont pas gratuites. Va-t-on s'orienter vers un nouveau modèle économique fondé sur la location des ressources inutilisées des ordinateurs ? Pourquoi pas...

5. Remarque et commentaires
Le *peer to peer* ne devrait pas laisser insensibles des acteurs majeurs comme Intel, Microsoft et les fabricants de PC. Ce nouveau modèle permettrait au PC actuel sur-dimensionné pour les besoins courants, de survivre face à la généralisation de clients légers...

6. Pour aller plus loin
À visiter sur le Web
www.groove.net Le site des solutions de groupware « Groove ». Le produit est téléchargeable en ligne (anglais).

www.napster.net Le site d'échanges de fichiers musicaux en ligne, précurseur des nouvelles utilisations du P2P (anglais). *http://france.gnutellaworld.net/* Site d'échanges P2P (français).

7. Concepts voisins

Réseaux (E3-1), Groupware (D3-1).

Sécurité ou comment apprendre à cultiver une paranoïa bénéfique

Les nouveaux processus sont totalement dépendants du système d'information. La moindre défaillance du système peut partiellement bloquer le fonctionnement de l'entreprise et causer des pertes financières conséquentes. A part quelques secteurs habitués à manipuler des données sensibles, peu d'entreprises considèrent à sa juste valeur la protection du système d'information. Cette question de la protection n'est pas nouvelle et des méthodes comme MARION ou MELISSA apportaient déjà une assistance bénéfique pour évaluer la vulnérabilité de l'entreprise. Avec l'entreprise étendue, l'ouverture sur l'Internet et l'e-business, la question de la sécurité du système d'information est une priorité majeure.

★ E4-9 Sécurité

1. Quoi ?

La sécurité peut être définie comme la garantie que toutes les interventions sur le système et sur les données sont réalisées par quelqu'un ou par un système autorisé.

2. Pourquoi ?

Avec l'ouverture des systèmes, les risques d'attaque se sont multipliés. Que ce soit l'espionnage ou le sabotage, que l'attaque soit interne ou externe, le risque est majeur et susceptible de mettre en péril l'entreprise.

Dans le cadre de l'entreprise étendue et du e-business, la mise en sécurité du système d'information est aussi un gage de confiance pour les partenaires. Pour un fonctionnement efficace de la chaîne client/fournisseur, il ne faut pas que l'intégrité des informations échangées puisse être mise en doute par l'un ou l'autre des partenaires. Le cas échéant, il hésitera à s'engager et la dynamique sera cassée. La confiance est une des clés essentielles de l'entreprise étendue.

3. Comment ?

Principe de la démarche sécurité

La sécurité est une démarche active. Elle commence toujours par une identification exhaustive des risques potentiels[1]. Pour évaluer la vulnérabilité, il existe des techniques comme les méthodes MARION (Méthodologie d'Analyse des Risques Informatiques Optimisés par Niveau) ou MELISSA (Méthode d'Evaluation de la Vulnérabilité RéSiduelle des Systèmes). Elles sont relativement anciennes mais toujours efficaces pour aborder la problématique[2].

Une démarche d'analyse apportera des réponses aux quatre questions fondamentales suivantes :

- **Quels sont les risques et quels sont leurs impacts ?**
  Au cours de cette phase, toutes les formes de risques (vol, sabotage, panne, bug, fraude, détournement,...) sont évaluées en termes de probabilité et d'impacts. Les impacts

---

1. Il faut à tout prix éviter les démarches intempestives sans méthode, mettant en œuvre des solutions de prévention sans une réelle évaluation des risques.
2. Le CLUSIF (Club de la Sécurité des Systèmes d'Information Français) travaille à une nouvelle méthode MEHARI, particulièrement adaptée aux systèmes distribués.

sont eux-mêmes valorisés, en termes de dommages directe et indirecte. On ne retiendra qu'une sélection de risques potentiels.

- **Quelles sont les solutions de prévention ?**

  Pour chaque risque retenu, les solutions de prévention sont évaluées en terme de coûts. Pour juger de son opportunité, le coût de la prévention est confronté aux coûts des dommages susceptibles d'être causés par le sinistre.

- **Comment détecter les attaques ?**

  Ensuite, tous les moyens pouvant être mis en œuvre pour détecter les attaques potentielles le plus tôt possible sont identifiés.

- **Quels sont les plans de secours ?**

  Ce chapitre couvre l'étude de l'ensemble des solutions, assurant un retour rapide à la situation antérieure au sinistre. Il englobe la gestion des sauvegardes, contenu et fréquence.

Communiquer en sécurité

L'interconnexion des systèmes d'information accélère les échanges d'information et « booste » les nouveaux processus, à la condition que les messages échangés soient fiables et sécurisés ! Pour assurer un niveau de sécurité suffisant à la mise en confiance réciproque des différents partenaires, le système d'information répondra aux 3 impératifs suivants :

- **confidentialité** : un message ne peut être lu QUE par son destinataire. Personne ne doit pouvoir écouter le message transmis.
- **intégrité** : le message transmis ne sera pas modifié intempestivement. Le destinataire doit être sûr que le message reçu est bien le message envoyé.

- **authenticité** : les deux correspondants doivent pouvoir être identifiés sans risque d'usurpation d'identité. L'auteur du message et le destinataire sont tous deux authentifiés.

Le marché propose aujourd'hui des solutions techniques pour répondre à ces 3 points essentiels et garantir une communication en toute sécurité. Les codages par clés*(E4-10) asymétriques, le principe des certificats*(E4-11) ou de la signature*(E4-12) sont autant de solutions fiables et opérationnelles disponibles aujourd'hui. Elles sont chacune analysées ci-après.

4. Quelles tendances ?

La sécurité, une clé du commerce en ligne

Le développement de l'e-business est conditionné par la mise en place de systèmes de sécurité fiables et rassurants pour l'ensemble des acteurs. Cette question est particulièrement sensible pour le B2C *(Business To Consumer)* et le paiement en ligne. On suivra avec attention les progrès de la technologie et les évolutions de la législation en vigueur en matière de reconnaissance des systèmes de sécurité[1].

5. Remarques et commentaires

La sécurité semble coûteuse quand on évalue mal les risques

Les questions de sécurité ne sont pas encore considérées à leur juste valeur par les entreprises. Ce n'est pas de la négligence. Tout simplement, les risques d'attaque sont mal perçus, et l'entreprise n'a pas toujours réellement connaissance de la valeur de ses données et des impacts des agressions.

---

1. L'utilisation des clés de protection fiables a été longtemps interdite par la loi française. Ce n'est que récemment que les clés de 128 bits, les seules qui offrent une garantie suffisante pour des échanges marchands, ont été autorisées.

C'est un peu le même principe qu'un contrat d'assurance. Pourquoi je paierais une prime pour une assurance censée me garantir un risque que je ne perçois pas ?

Peut-on tout se permettre une fois protégé ?
Mais attention, même bien équipé, il faut rester aux aguets. Paradoxalement, une fois les solutions de sécurité en place, un relâchement de la vigilance peut fragiliser le système. L'abus de confiance dans la technologie de protection installée[1] peut conduire à l'abandon des précautions de bon sens. La sécurité concerne tout le monde et pas uniquement le responsable de la sécurité.

6. Pour aller plus loin
À visiter sur le Web
Pour des informations complémentaires, consulter les site :
> *http://websec.arcady.fr/* (français).
> *www.Clusif.asso.fr* Le site du Club de la sécurité des systèmes d'information français.

Pour constater les traces que vous laissez sur l'Internet, visitez :
> *http://www.cnil.fr/traces/index.htm* Le site de la CNIL (francais).
> *http ://privacy.net* (anglais).

Pour surfer en tout anonymat sans laisser de traces :
> *http://www.secuser.com/anonymizer/* (français).
> *www.anonymat.org* (français).

---

1. Par exemple, un *firewall**(E4-15) pare-feu n'est pas une protection absolue dans tous les cas. Il existe des situations où des pirates ont réussi à passer entre ses mailles.

À lire

D. Pipkin, *Sécurité des SI*, Éditions Campus Press, 2000. Un point précis et complet sur la sécurité du SI.

E. Larcher, *Internet sécurisé*, Éditions Eyrolles, 2000. Les menaces et les protections liées à l'Internet.

7. Concepts voisins

Chiffrage (E4-10), Certificat (E4-11), Signature (E4-12).

Prévention des risques

Pour garantir la confidentialité et l'intégrité d'un message circulant sur un réseau publique comme l'Internet, la meilleure façon, c'est de le chiffrer. Mais comment transmettre à son correspondant, et uniquement à lui, la clé pour décoder le message ? Étudions le système de chiffrage à clés...

E4-10 Chiffrage (clés publiques/clés privées)

Pour chiffrer un message et le masquer aux regards indiscrets, on applique un algorithme arithmétique utilisant une clé spécifique de codage. La solidité de la clé est directement dépendante de sa longueur. Plus elle est longue et plus il sera difficile de la retrouver (la casser) et de pirater le message[1].

Il existe deux modes de chiffrement. Le mode symétrique et le mode asymétrique.

Le mode symétrique est le plus simple. Le codage et le décodage du message utilisent la même clé. Cette clé doit être transmise dans le plus grand secret à son destinataire.

© Éditions d'Organisation

---

1. Les clés actuelles de 128 bits offrent une sécurité suffisante pour les usages les plus courants.

Le second mode, dit mode asymétrique, est bien plus performant. Il utilise deux clés : la clé publique pouvant être diffusée sans risque et servant au codage du message, et la clé privée servant à son déchiffrement. Prenons un exemple : vous souhaitez me faire parvenir un document confidentiel. Je crée deux clés : une première dite privée que je conserve secrètement et une seconde dite publique que je vous fais parvenir. Vous chiffrez le document avec la clé publique. Il ne pourra alors être déchiffré qu'avec la clé privée dont je suis le seul détenteur. La clé publique peut être diffusée librement. Elle ne sert qu'au chiffrement. Il est impossible de l'utiliser pour déchiffrer le message ou déduire la clé privée[1].

Pour aller plus loin

À visiter sur le Web
http://developer.netscape.com/docs/manuals/security/pkin/index.htm
Ce site décrit dans le détail le principe des clés asymétriques (anglais) et de ses utilisations (certificats, signatures).

> **C**omment prouver que la clé de codage reçue est bien celle de mon correspondant ? Les certificats sont justement là pour authentifier le propriétaire d'une clé publique...

E4-11 Certificats

Pour envoyer en toute sécurité un message chiffré à un correspondant, il suffit de lui demander au préalable sa clé publique. Comme nous l'avons vu ci-dessus, seul le détenteur de la clé privée pourra décoder et lire le message.

---

1. Un message codé avec l'une des deux clés ne pourra être décodé qu'avec l'autre clé. La même clé ne peut pas servir aux deux opérations pour un même message.

Mais qui vous prouve que la clé publique reçue provient de votre correspondant ? Elle pourrait en effet provenir d'un pirate qui aurait usurpé l'identité de votre correspondant. Pour éviter cela, il existe les certificats. Un certificat est émis par un tiers de confiance et associe officiellement une clé publique à une identité bien définie.

Le certificat contient tous les éléments pour identifier l'émetteur : nom et coordonnées, date de validité du certificat, et les clés publiques nécessaires à l'échange.

Pour aller plus loin

À visiter sur le Web

Pour plus d'informations sur les certificats, consulter le site de *www.verisign.com* (anglais).

> **L**es messages échangés sur le réseau peuvent être d'une grande importance et même quelquefois servir de preuve juridique. Comment authentifier l'émetteur d'un message ? En lui demandant simplement de le signer. Étudions le principe de la signature électronique...

E4-12 Signature

La signature sert à authentifier l'auteur d'un document. Le principe est fondé là aussi sur l'utilisation des clés asymétriques et des certificats. Le principe : l'émetteur d'un document code une partie ou la totalité du message avec sa clé privée. Il envoit ce message avec son certificat et la clé publique. Le message ne peut être décodé qu'avec la clé publique fournie avec le certificat. Le destinataire a ainsi la preuve formelle que l'auteur est bien le détenteur du certificat joint. La signature électronique, utilisant le principe des certificats décrit ci-dessus, est aujourd'hui reconnue juridiquement.

Pour aller plus loin
À visiter sur le Web

http://www.legifrance.gouv.fr/citoyen/
jorf_nor.ow?numjo=JUSC0120141D Le texte du décret d'application.

> **P**our faciliter les échanges sécurisés sur l'Internet, notamment lors d'achat en ligne, il existe un protocole spécifique SSL...

E4-13 SSL (Secure Socket Layer)

SSL a été conçu par Netscape Communication pour protéger les transactions sur l'Internet. Il intègre l'authentification du serveur, celle du client, et le chiffrement des messages échangés. Il est principalement utilisé par les sites commerciaux lors de l'échange des coordonnées bancaires[1].

Le protocole SSL s'appuie sur les certificats*(E4-11) et le système de codage à double clé (Chiffrage*[E4-10]). Dans le modèle en couche du réseau Internet de la figure 2.E-9, SSL se place juste au-dessus de la couche TCP. Il protège l'ensemble des protocoles de niveau supérieur, comme HTTP (Web) ou FTP (téléchargement de fichiers).

Pour aller plus loin
À visiter sur le Web

http://developer.netscape.com/tech/security/ssl/howitworks.html
Comme son nom l'indique, le site décrit le principe et le fonctionnement de SSL (anglais).

© Éditions d'Organisation

---

1. Lors d'un échange sécurisé, le navigateur affiche un petit cadenas en partie basse et le terme HTTP précédant l'adresse du site est remplacé par HTTPS.

Le manque de confiance lors d'un paiement en ligne est peut-être la principale cause de la réticence du public à utiliser le commerce électronique. L'avenir du B2C est conditionné par la mise en place de moyens de paiement sécurisés. Les réseaux bancaires travaillent à ce sujet. Ils rencontrent encore quelques difficultés à se fédérer autour d'un concept commun et simple d'emploi. Le protocole SET est opérationnel.

E4-14 SET (Secure Electronic Transaction), C-SET

Principe de fonctionnement simplifié

SET est un protocole dédié au paiement en ligne soutenu par le GIE carte bancaire. Lors d'un achat en ligne, au moment du règlement, le client ne communique pas ses coordonnées bancaires au commerçant. Il passe par une banque en ligne intervenant comme intermédiaire. Une fois la transaction financière validée, la banque informe le commerçant de la régularité du règlement. Celui-ci peut alors débloquer la livraison. Les deux parties, client et commerçant, sont authentifiées par certificat.

Note : la variante C-SET authentifie le client par la puce de sa carte bancaire (à condition de disposer chez soi du terminal adéquat). Avec C-SET, les transactions ne seront plus contestables.

Pour aller plus loin

À visiter sur le Web

www.setco.org Le site de référence de SET (anglais). Principe de fonctionnement détaillé.

Protéger les accès au système d'information

Avec l'Internet, les systèmes d'information s'ouvrent sur le monde extérieur. Pour éviter toute intrusion illégale par l'Internet, les entreprises s'équipent de *firewall* ou pare-feu.

E4-15 Firewall *(pare-feu)*

Le *firewall* est un ordinateur placé en amont du réseau de l'entreprise. Il filtre toutes les entrées et élimine les accès non autorisés. Il est ainsi, théoriquement en tout cas, impossible d'accéder illégalement aux systèmes et données internes, depuis l'extérieur en passant par l'Internet. Il sera bien sûr totalement inefficace pour tous les messages ne passant pas par lui, notamment lorsque les utilisateurs de l'entreprise disposent de leurs propres connexions en direct à l'Internet. Ce cas existe et il peut être paradoxalement rencontré lorsque la politique sécurité appliquée est trop drastique, et limite au-delà du raisonnable les échanges avec l'extérieur. Certains trouvent alors rapidement la parade et se connectent en direct avec un simple accès téléphonique. La protection offerte par le *firewall* est alors flouée.

Pour aller plus loin

À visiter sur le Web

http://www.zdnet.fr/securite/ Le dossier de la revue *Pc expert* consacré à la sécurité comporte de nombreuses informations et références (français).

M. Fordermaier, A Stolz, *Firewall*, Micro-Application, 2001. Principes de fonctionnement et d'utilisation des *firewalls*.
Chapman et Zwicky, *Firewall*, O'Reilly éditeur, 1997. Définion et principe d'installation.

Quelques types d'attaque

Après avoir survolé quelques moyens de protections, il est utile de connaître les types d'attaque les plus courante.

E4-16 Back door *(Porte dérobée)*

C'est un point d'entrée à l'intérieur d'un système ou d'un programme installé sur un poste de travail. Ce point d'entrée est accessible depuis l'extérieur. Un poste distant peut ainsi intervenir sur le système d'un client, en passant par ce port resté ouvert, sans que ce dernier en ait conscience. Quelquefois, il ne s'agit que d'un oubli des équipes de développement. Le problème n'en est pas moins grave.

E4-17 Cheval de Troie (Trojan horse)

Les chevaux de Troie sont des programmes qui, en apparence, semblent présenter des fonctions utiles mais camouflent, en réalité, une capacité à détruire. Elle se déclenchera en fonction d'un événement particulier. Une nouvelle variante de chevaux de Troie profite d'une communication Internet pour communiquer l'adresse IP du poste à un site déterminé. Ce dernier pourra alors, en utilisant un **port TCP*** resté ouvert, pénétrer le système de l'utilisateur[1].

---

1. Certains éditeurs de logiciels ont déjà été tentés d'installer ce type de contrôle pour vérifier l'usage des licences...

> *Un **port** est un point d'entrée applicatif au niveau de la couche TCP. Chaque service : Web, messagerie, file transfert, utilise des ports différents (voir Internet E3-2).*

Remarque : *plusieurs sites (anglo-saxons), spécialisés dans la sécurité et la fourniture de* firewalls *personnels, proposent d'étudier votre perméabilité. Pour cela, ils interrogent les ports TCP de votre machine et vérifient leur étanchéité. Si ces tests vous intéressent (sous votre responsabilité), vous trouverez les sites en exécutant une recherche sur l'Internet.*

E4-18 Bombe logique

Les bombes logiques sont des programmes « malfaisants » mis en sommeil, et se déclenchant sur un événement, le plus souvent à une date précise.

E4-19 Virus

C'est un petit programme malveillant se greffant sur des programmes sains. Il possède le don de réplication. Il se propage en silence d'un programme à l'autre, endommage les données et provoque des pannes de l'ordinateur en s'attaquant aux fichiers systèmes. Il en existe différentes variantes selon leur mode de propagation, le type d'attaque ou les stratégies développées pour rester camouflés.

E4-20 Ver

Un ver est aussi nuisible qu'un virus. Il se propage par le réseau, notamment par la messagerie. Contrairement au virus, il n'a pas besoin d'être hébergé par un programme hôte.

La grande majorité des sinistres ont une cause interne à l'entreprise...

Figure 2.E-16

Maîtriser la vie du Système d'Information

Ajuster les technologies à la création de valeur n'est pas un vain mot. Avec l'explosion actuelle du secteur, le marché offre un vaste choix de solutions technologiques fort séduisantes. Mais il ne s'agit pas pour autant d'adopter une technologie sans tenir compte de ses impacts sur le système existant, les enjeux stratégiques ou encore les attentes des utilisateurs. Les informaticiens de la DSI sont justement là pour identifier et mettre en œuvre les solutions technologiques les plus adaptées à la stratégie de l'entreprise. Pour les assister, de nouvelles méthodes voient le jour et les outils de conception sont toujours en évolution. Étudions chacun de ces points...

Ce chapitre est structuré en 3 sections :

Le métier d'informaticien est en mutation. Nous étudierons la nouvelle définition des métiers liés aux technologies à la section :

§ Métiers

Les méthodes évoluent et s'adaptent à la complexité des projets informatiques actuels. Nous étudierons ce thème à la section :

§ Méthodes

Pour réaliser les systèmes d'information actuels, de nouveaux outils s'imposent. Nous étudierons les outils informatiques et plus généralement les langages à la section :

§ Outils

Métiers

Les hommes de l'informatique :
des métiers en mutation

Le système informatique a longtemps été jugé comme un mal nécessaire. Il est d'ailleurs habituellement considéré comme un centre de coûts subi par l'ensemble des services et unités. Avec l'avènement de la micro et les opérations de *downsizing*[1], le lien pouvait être tranché et les divisions de bon nombre d'entreprises n'ont pas hésité. Elles ont choisi de s'affranchir de la tutelle de la DSI (département informatique) pour gérer localement leurs propres investissements technologiques.

Mais actuellement, le système d'information change de finalité. Il n'est plus un simple instrument de production mal cerné et peu rentable, mais devient le support des nouveaux processus de l'entreprise. Et si encore aujourd'hui, perpétrant la logique de cloisonnement, certaines entreprises trouvent avantage à isoler les activités émergentes, comme l'e-business, du reste de l'informatique, il est temps de remettre un peu d'ordre. La parcellisation et l'hétérogénéité du système compromettent la réussite de l'entreprise intégrée. Il est du ressort de la DSI d'assurer la cohérence globale du système d'information. C'est un rôle essentiel.

© Éditions d'Organisation

---

1. *Downsizing* technologique : de l'ordinateur centralisé au réseau de micro.

✱ F1-1 La DSI[1] *(Direction des Systèmes d'Information) et le changement de rôle du métier d'informaticien d'entreprise*

1. Quoi ? *(Quel est son nouveau rôle ?)*

La DSI a pour rôle principal de maintenir la cohérence de l'infrastructure technologique en accord avec les besoins de l'entreprise. C'est une lourde tâche qui ne se limite pas uniquement aux problèmes purement techniques. La DSI doit aussi assurer l'alignement des technologies avec les objectifs de l'entreprise. Pour cela, elle doit parfaitement comprendre la stratégie en jeu et mesurer les apports, en terme d'accroissement de valeurs, de la mise en œuvre des technologies choisies.

2. Pourquoi ? *(Pourquoi ce nouveau rôle ?)*

L'importance prise par les technologies dans les nouveaux processus a quelque peu déstabilisé l'organisation des entreprises et, plus particulièrement, les services informatiques. L'informatique n'est plus un simple outil que les utilisateurs, n'en voyant pas la finalité, subissent avec résignation. Aujourd'hui, les technologies sont les supports de l'entreprise étendue et des nouveaux processus commerciaux comme l'e-business. La DSI se trouve investie d'un rôle étendu et de nouvelles responsabilités.

3. Comment ? *(Comment exercer son nouveau rôle ?)*

Un métier en mutation

Le métier d'informaticien d'entreprise vit de profonds changements au gré du passage à la société technologique. Reprenons par quelques points les principales causes de cette évolution des rôles.

---

1. L'acronyme DSI (Directeur/Direction des systèmes d'information) s'utilise autant pour désigner le directeur informatique (CIO *Chief Information Officer*) que le département informatique de l'entreprise. Nous traiterons ici plus spécifiquement du rôle de la direction et du métier d'informaticien.

© Éditions d'Organisation

		Hier	*Aujourd'hui*
1	**Quelle est la portée des projets ?**	Chaque projet est limité à la résolution d'un problème ponctuel et à un périmètre départemental.	Le projet s'inscrit dans une démarche globale étroitement liée à la stratégie.
2	**Quels sont les impacts des projets ?**	Les projets ont des impacts limités sur les usages et habitudes.	Les projets sont liés à l'instauration de nouveaux processus.
3	**Qu'attend-on de l'informaticien d'entreprise ?**	Une compétence exclusivement technique. Son rôle se limite à l'installation de la technologie.	En plus de la compétence technique, il doit aussi savoir **quels** sont les apports de la technologie et **comment** les inscrire dans le système global.
4	**Quelle est la perception des technologies par les dirigeants ?**	Les technologies sont un mal nécessaire. C'est un centre de coûts.	Les technologies sont le support de l'entreprise et de sa stratégie.
5	**Quelles sont les dérives ?**	On achète une technologie, et non une réponse à un besoin.	On n'achète plus la technologie car on ne la comprend pas...

De nouvelles compétences

La compétence technologique, bien que toujours nécessaire, n'est plus suffisante. Qu'un informaticien soit un bon technicien n'est plus aujourd'hui l'avantage différentiateur comme cela a pu l'être par le passé.

Avec le passage à la société technologique, on attend beaucoup plus de la DSI, qui devra cultiver de multiples compétences. Le cadre suivant propose quelques-unes des compétences attendues des informaticiens aujourd'hui.

> **Quelques compétences attendues**
> **des informaticiens de la DSI :**
> • *expert technique,*
> • *consultant fonctionnel,*
> • *gestionnaire,*
> • *conseil,*
> • *accompagnateur du changement,*
> • *coordinateur des projets,*
> • *responsable,*
> • *vigie technologique,*
> • *manager...*

Comprendre le pourquoi des projets...

Pour définir et conduire un projet, l'informaticien ne se limite plus à l'analyse exclusive du cahier des charges. C'est en adoptant un profil de consultant fonctionnel qu'il mesure avec précision la pertinence de la solution en fonction des services apportés aux utilisateurs et de son orientation client.

... afin qu'ils contribuent à la création de valeurs...

Les technologies sont en effet au service des processus et des utilisateurs dans une démarche globale d'accroissement de valeurs. L'informaticien, en parfait gestionnaire, évalue chaque projet en terme de rentabilité. La rentabilité ne s'exprime pas uniquement par un calcul de ROI, difficile à mesurer, mais

aussi selon la qualité de la réponse apportée aux enjeux stratégiques de l'entreprise[1].

... lorsqu'ils sont bien utilisés

Le projet ne s'arrête pas une fois la solution technologique en
place. Les nouveaux projets ont des impacts conséquents sur
les usages et habitudes des utilisateurs. Il ne suffit pas de se
référer à un supposé bon sens des utilisateurs. La mise en
place de chaque solution technologique s'intègre dans une
démarche globale de conduite du changement.

De nouvelles responsabilités

Avec l'importance prise par les technologies, de nouvelles
responsabilités incombent la DSI. Ces nouvelles responsabilités, encore mal définies aujourd'hui, sont d'ordre commercial,
juridique et plus globalement éthique.

Prenons quelques exemples[2] :

- **responsabilité commerciale** : le contrat avec un client
  ou un fournisseur peut exiger une qualité de service. Qui
  est responsable lorsque celui-ci n'est pas rempli ?

---

1. C'est un point important. La mesure de la rentabilité est utile pour arbitrer les projets en attente en situation de pénurie de compétences. Elle permet aussi de vendre les
projets à la direction (rôle de conseil). Car si la grande majorité des directions générales
ont bien compris le rôle essentiel des stratégies (ligne 4 du tableau), elles hésitent à
s'engager sur des solutions dont elles mesurent mal les résultats potentiels (ligne 5).
Passer d'une notion de centre de coûts à celle d'investissement n'est pas si simple.
2. Actuellement, il n'est pas facile d'avancer des réponses précises dans tous les cas.
C'est pour cela que j'adopte un mode de présentation sous forme de questions. Avec
l'évolution attendue de la cyber société, un grand nombre de ces responsabilités
incomberont à la DSI.

- **responsabilité juridique** : quel est le responsable lorsqu'il n'existe pas de gestion des risques efficace et que la sécurité du système n'est pas assurée dans tous les cas[1] ?
- **responsabilité éthique** : lorsqu'un informaticien rapproche des fichiers de données personnelles pour un usage qui porte atteinte aux libertés individuelles, n'est-il pas concerné par les règles élémentaires de l'éthique ?

4. Quelles tendances ?

Décloisonner

Le décloisonnement de la fonction informatique devient une réalité. La compétition avec les autres divisions n'est pas pour autant de l'histoire ancienne, mais l'intégration par l'informatique ne sera réussie qu'avec la symbiose entre informaticiens et fonctionnels. Les concepteurs d'applications performants ne seront plus exclusivement des techniciens mais aussi des spécialistes ou en tout cas des passionnés de leurs domaines fonctionnels d'intervention[2].

5. Remarques et commentaires

La panne est interdite

L'informaticien n'est plus le dépositaire des technologies. Ce n'est pas un service qu'il rend en maintenant un système opérationnel. Les technologies sont désormais essentielles pour le

---

1. Lorsqu'un centre serveur se laisse piller les numéros de cartes bancaires de ses clients par déficience de sécurité, qui est responsable ?

2. Par exemple, les ingénieurs et mécaniciens de grands prix sont des passionnés de mécanique et de courses automobiles. Ainsi ils comprennent et anticipent les besoins de la conduite. Ils ne sont pas confinés dans un monde à une seule dimension : la technique. Avec le développement de la programmation orientée objet*, les concepteurs d'applications sont soulagés de nombreuses contraintes purement techniques, prises en charge par des composants logiciels*. Ils sont plus disponibles pour résoudre les problèmes fonctionnels.

bon fonctionnement de l'entreprise et la moindre panne peut compromettre l'avenir. Avec le développement de l'e-business, une déficience technique ou un retard de mise en exploitation d'un nouveau système pénalisera les utilisateurs internes. Mais le sinistre ne sera pas circonscrit à ce niveau. Les partenaires interconnectés dans le cadre de l'entreprise étendue, les clients passant commande en ligne, et dans une moindre mesure, les prospects visiteurs des sites Web commerciaux seront aussi sanctionnés.

Mesurer la performance pour une meilleure maîtrise des projets
Bâtir un modèle économique de création de valeurs fondé sur les technologies est plus facile à dire qu'à faire. Un vaste chantier attend les DSI. Il ne pourra être réglé en un jour, ni même en six. La mise en place de techniques de mesure du progrès comme les tableaux de bord de pilotage*(D1-4) et la définition d'une métrique précise et pertinente, sont indispensables.

6. Pour aller plus loin
À visiter sur le Web
www.cio.com Un site portail destiné au métier de DSI (anglais).
www.cigref.asso.fr Le site du club des grandes entreprises françaises (francophone).

7. Concept voisin
Tableaux de bord (D1-4).

Évolution des métiers liés aux technologies
Les anciens métiers de l'informatique évoluent, de nouveaux métiers apparaissent. Ils présentent tous la caractéristique de cumuler les compétences techniques, fonctionnelles et relationnelles.

Étudions un métier anciennement très technique comme l'administrateur de base de données...

F1-2 Administrateur de base de données

L'administration d'une base de données demande des compétences techniques pointues. L'administrateur est en effet chargé d'installer, de configurer et d'organiser les bases de l'entreprise. Sa tâche ne se limite pas uniquement à cet aspect technique. Il doit aussi s'intéresser aux besoins précis (et fonctionnels) des applications et des utilisateurs afin d'optimiser le paramétrage (*tuning*) des bases.

> **U**n autre métier, essentiellement technique, comme le responsable de la sécurité, doit aussi développer des aptitudes au relationnel pour communiquer avec l'ensemble des utilisateurs et prévenir les sinistres.

F1-3 Responsable de la sécurité des systèmes (RSSI)

Avec l'ouverture des systèmes d'information au-delà des frontières de l'entreprise, le RSSI assure un rôle de premier plan dans l'entreprise. Il prend en charge l'ensemble des aspects de la gestion des risques et participe en tant qu'expert à l'élaboration des nouveaux projets. Pour une véritable politique de prévention, il communique avec l'ensemble des utilisateurs sur les précautions minimales à suivre pour maintenir l'intégrité du système.

> **D**e nouveaux métiers comme le gestionnaire des connaissances sont eux totalement orientés vers l'utilisation des techniques au service des hommes de l'entreprise...

F1-4 Gestionnaire des connaissances (Chief Knowledge Management)

Le gestionnaire des connaissances pilote le processus de capitalisation et d'échanges des connaissances de l'entreprise. Il s'occupe des aspects purement techniques liés au stockage et à la gestion des flux d'information. Il dynamise la pratique de la gestion et du partage des connaissances auprès de l'ensemble des utilisateurs.

> **D**'autres métiers des nouvelles technologies exigent de multiples compétences. Prenons le cas du webmestre...

F1-5 Webmestre (webmaster)

Il a pour rôle de maintenir le site Web de l'entreprise. La toute première génération du Web est maintenant oubliée. À cette époque, les entreprises ne croyaient pas au succès commercial de l'Internet et investissaient le minimum pour être présentes sur le Web. Un stagiaire sachant programmer en HTML était parachuté comme Webmestre. C'était suffisant pour bâtir un site vitrine. Aujourd'hui, le contexte a changé. Il s'agit d'un vrai métier conjuguant des compétences techniques, éditoriales et ergonomiques. C'est un métier complet, de plus en plus souvent pratiqué en équipe pluridisciplinaire.

Figure 2.F-1

Méthodes

Quel que soit le domaine, un projet d'ampleur ne peut être mener à bien sans l'assistance d'une méthode adaptée. Les projets informatiques ne dérogent pas à cette règle. Le choix de la méthode de gestion de projet d'informatisation est d'ailleurs un sujet de conversation récurrent chez les informaticiens...

★ ### *F2-1 Méthode*

1. Quoi ?

Une méthode peut être définie comme la formalisation des règles de réussite d'un projet. Elle permet de faciliter la transcription d'une problématique humaine en solution technique. Fondée sur l'étude des expériences passées et l'analyse des bonnes pratiques (*processus inductif*), la méthode propose un cadre de travail précis et balisé pour conduire le projet à son terme (*processus déductif*). Généralement, une méthode comporte au moins les 4 caractéristiques suivantes :

1. Un vocabulaire précis pour formaliser le problème à traiter et les étapes du déroulement.
2. Une description des rôles et responsabilités de chaque acteur du projet.
3. Un phasage[1] du projet et une description précise de chacune des phases.
4. Une métrique pour évaluer la performance en matière de maîtrise des délais et de gestion de la qualité.

MERISE ou SDMS sont des exemples de méthodes de conception des systèmes d'information.

© Éditions d'Organisation

---

1. Phasage : découpage du projet en phases. Chaque phase a un début et une fin parfaitement identifiées. Le phasage peut être complété d'instruments de planification et d'ordonnancement.

2. Pourquoi ?

Traduire une problématique humaine en solution technique ne s'improvise pas. Le parcours est parsemé d'embûches et autres chausse-trappes. Néanmoins, les problématiques à traiter sont peu différentes les unes des autres et la plupart des pièges sont déjà connus. Appliquer une méthode permet justement de profiter de l'expérience des concepteurs et de suivre un parcours déjà balisé. Mais une méthode, ce n'est pas qu'un simple fil rouge. Le formalisme proposé par la méthode éclaire la problématique sous l'angle de sa transcription en concept technologique. Il rapproche ainsi les concepteurs et les donneurs d'ordre autour d'une vision commune. La méthode est un outil de communication.

3. Comment ?

Les points essentiels de la conduite de projet

La méthode va nous aider à mener le projet d'informatisation, en plaçant l'accent sur les points essentiels.

1. Avant de commencer un projet, il faut déjà s'entendre sur le problème proposé et la manière de le traiter par l'informatique. Le formalisme et les capacités de modélisation[1] de la méthode vont contribuer à éclairer le propos. Au terme de cette étape, la problématique et son traitement par l'informatique sont, en toute logique, clairement exprimés, compris et acceptés par l'ensemble des partis. La méthode facilite le dialogue entre les acteurs du projet. C'est une étape fondamentale.

2. En second lieu, il faut répartir les tâches et définir, avec précision, les différents rôles des acteurs du projet. La méthode va contribuer à la définition des rôles pour

---

1. Lorsque la méthode dispose d'une modélisation. Ce qui n'est pas le cas de toutes les méthodes.

qu'en toute situation les réponses aux questions : « Qui fait quoi et à quel moment, qui est responsable, qui contrôle qui et quoi ? » soient claires et précises.

3. Puis, une fois le projet lancé, pour éviter le « trou noir »[1] et bien garder les yeux ouverts, la méthode propose un découpage en phase pour organiser les tâches et baliser l'avancement.

4. À la fin de chaque phase, l'avancement est mesuré en termes de réponse au problème et de consommation des budgets (temps et moyens).

Note : la méthode est le référentiel de travail. Il est important que les donneurs d'ordre en connaissent parfaitement le formalisme et le déroulement.

De Merise aux méthodes objets

Durant de longues années, **Merise*** a dominé le marché des méthodes de conception des systèmes d'information. Son approche, fondée sur un modèle systémique de type entité/relation, a bien marqué son époque. Orientée essentiellement automatisation des processus de gestion d'entreprise, Merise sépare les données des traitements. Ce principe était, il y a peu encore, tout à fait adapté à la conception des systèmes d'information d'entreprise. Les traitements de gestion étaient relativement simples et les concepteurs pouvaient se focaliser sur l'organisation des données. Depuis, le contexte a évolué et les systèmes d'information sont maintenant bien plus complexes. Les nouvelles approches objet*(F3-5), dans la lignée d'UML*(F2-2), semblent prometteuses pour traiter les nouvelles générations de systèmes d'information.

---

1. « Surtout ne nous dérangez pas... On travaille et tout se passe bien. On se reverra à la recette. »

> **Merise** *a depuis évolué avec Merise 2, un modèle plus dynamique qui intègre les flux, puis avec Merise 3, une adaptation de la méthode à l'orientation objet*(F3-5).*

4. Quelles tendances ?

Les méthodes sont-elles suffisantes pour réussir ?

Les méthodes d'informatisation ont pour objectif plus ou moins avoué d'assurer l'automatisation et la répétabilité du processus de conception. Nous serions alors en droit d'espérer que l'utilisation correcte de la méthode adaptée conduise immanquablement à un résultat conforme.

Mais la question du sens accordé au terme de conformité se pose. Lorsqu'il s'agit de la réalisation d'un logiciel répondant à un besoin connu et bien cerné, comme une comptabilité, il y a peu de doute sur la notion de conformité. En revanche, pour réaliser un système d'information plus complexe, de portée stratégique, déterminant pour prendre l'avantage concurrentiel, il sera plus prudent de ne pas se reposer exclusivement sur une méthode « universelle » pour garantir le résultat. Les enjeux peuvent évoluer en cours de projet, et les singularités susceptibles justement d'apporter ce petit plus qui peut faire gagner, ne seront peut-être jamais mises en évidence avec les méthodes classiques. Le cadre de réalisation se révélera trop contraignant et probablement un peu étriqué pour répondre aux ambitions des entreprises actuelles.

Méthodes universelles ou spécialisées ?

Les méthodes comme Merise proposaient de couvrir l'ensemble du cycle de vie du projet : conception, réalisation, maintenance.

Pour une meilleure efficacité et une appréhension plus pertinente de la complexité croissante des projets, on s'oriente plus aujourd'hui vers un découpage et une spécialisation des méthodes pour les différentes phases et niveaux du projet :

- modéliser : avec UML* ;
- réaliser : avec méthodes orientées objet compatibles UML ;
- gérer : avec des méthodes spécifiques de conduite de projet et de gestion de plan qualité.

5. Remarques et commentaires
Une méthode n'est pas une doctrine
L'usage des méthodes informatiques a fortement contribué au déploiement des technologies dans les entreprises. En rationalisant efficacement le processus de conception, les méthodes ont démystifié l'usage des technologies pour assister les processus. Cependant, l'application à la lettre des méthodes a détourné de nombreux concepteurs des réels besoins des entreprises. Une méthode ne saurait devenir une doctrine apportant une réponse à tous les problèmes. Elle n'est pas une fin en soi. Le but ultime du projet reste, et doit toujours rester, la réponse à un besoin spécifique. Pour cela, il faut privilégier l'accord entre l'avancement du projet et les enjeux de l'entreprise, aux dépens du respect article par article de la méthode.

Changer de méthode
De toute façon, nous sommes dans un monde en perpétuelle évolution. Il n'existera pas de méthode définitivement universelle. Il faut quelquefois vivre de saines ruptures qui réforment les habitudes précédentes pour mieux répondre aux besoins présents[1].

---

1. Il est curieux de noter comment chaque nouveauté est soutenue par un engouement irraisonné s'appuyant sur un rejet en bloc de ce qui existait précédemment. Comme disait l'autre, on brûle aujourd'hui ce que l'on encensait hier...

Une méthode peut évoluer et s'adapter tant que son postulat de départ reste valable. Une fois que celui-ci n'est plus dans la logique du temps, il faut savoir changer de monture. C'est comme cela que les nouvelles méthodes sont adoptées.

6. Pour aller plus loin

À visiter sur le Web

Deux sites francophones assez complets sur la conduite de projet et les méthodes associées (dossiers éditoriaux, liste de liens, présentation d'outils...).

www.gestiondeprojet.com

www.managementprojet.com

À lire

Chaque méthode à succès est l'objet d'une littérature abondante. Mais quelle que soit la méthode, il sera toujours préférable de lire en priorité l'ouvrage écrit par les concepteurs. Par exemple pour la méthode Merise, lire :

Tardieu, Colletti, Rochfeld, *La méthode Merise*, Éditions d'Organisation (poche).

7. Concepts voisins

UML (F2-2), RAD (F2-3).

UML (*Unified Modeling Language*) a actuellement le vent en poupe. Orienté modélisation et langage standard, UML présente l'avantage de poser les fondements d'une réflexion méthodologique sur la conception des SI...

⭐ F2-2 UML (Unified Modeling Language) *Langage de modélisation unifié*

UML est une démarche orientée objet*(F3-5). Elle est née de la fusion de trois méthodes orientée objet, Boosh, OMT (*Object*

Modeling Technique) et OOSE (*Object-Oriented Software Engineering*)[1]. Après étude et analyse des avantages et inconvénients de ces trois méthodes, les concepteurs d'UML ont focalisé leur énergie sur deux aspects majeurs : la **modélisation** et la **formalisation.** Au contraire des méthodes classiques, UML ne propose pas de démarche de réalisation de l'application. Elle est indépendante des langages de programmation. La modélisation et la formalisation de la problématique à l'aide d'un vocabulaire standard orienté objet sont des phases essentielles. Elles permettent de lisser les incompréhensions entre les différents acteurs du projet, donneur d'ordre et concepteur, autour d'une vision commune. Construire une image commune, comprise et acceptée par tous les acteurs est, en effet, le principal jalon de la réussite du projet[2]. Par la suite, quelle que soit la méthode utilisée pour la réalisation proprement dite, l'ensemble des acteurs du projet pourront, à tout moment, se référer aux différents modèles construits et juger de la pertinence de travail effectué et des orientations choisies. Une fois le problème modélisé et formalisé, les méthodes classiques de gestion qualité sont suffisantes pour conduire le projet. L'absence de cadre rigoureux de développement n'est pas un handicap. Elle laisse au contraire toute latitude pour choisir une méthode de développement adaptée favorisant l'innovation et la valorisation des processus spécifiques de chaque entreprise.

---

1. Pour être plus précis, ce sont les pères eux-mêmes de ces trois méthodes qui ont mis en commun leur expérience pour créer UML (Grady Boosh, Jim Rumbaugh et Ivar jackobson).

2. La modélisation offre une représentation de la complexité du problème à traiter en termes informatisables. La modélisation peut être vue comme un réducteur de complexité. Elle est, en tout cas, un réducteur de complication (complexité : il existe de nombreux liens entre les différentes entités, complication : difficile à comprendre) !

Pour aller plus loin

À visiter sur le Web

http://www.rational.com/uml/index.jsp Site de référence sur UML.

À lire

P.-A. Muller, N. Gaertner, *Modélisation objet avec UML*, Éditions Eyrolles, 2000.

Concepts voisins

Méthodes (F2-1), Approche objet (F3-5).

Figure 2.F-2 L'intérêt de modéliser et d'utiliser
un formalisme commun

Une autre approche, la méthode RAD, permet de développer beaucoup plus rapidement les projets orientés applications utilisateurs.

F2-3 RAD (Rapid Application Development[1]) *Développement rapide des applications*

Il n'est plus concevable aujourd'hui de se lancer dans des projets de longue haleine, comme nous avons pu le faire par le passé. Les besoins évoluent en permanence, et les solutions doivent être mises en œuvre très rapidement sous peine d'être dépassées et inutilisables. Il est donc important de bien évaluer les attentes des utilisateurs avant d'entreprendre le projet. La généralisation de Windows a ouvert la porte à une nouvelle génération d'outils de développement autorisant la création rapide d'applications[2]. L'interface utilisateur et le schéma relationnel seront réalisés en priorité et en équipe mixte : concepteurs et futurs utilisateurs. L'usage des différentes fonctions prévues est ainsi apprécié sur pièces à partir d'éléments concrets. Une fois concepteurs et utilisateurs en phase sur le fonctionnement de l'outil et la manière de l'utiliser, le développement proprement dit peut commencer[3]. Chaque module sera validé au fur et à mesure de sa mise à disposition. Ces projets ne sont pas pour autant exonérés d'un suivi méthodologique. Rapidité ne signifie pas précipitation. Les méthodes adaptées à ce type de développement garantissent le parallélisme entre le suivi permanent des besoins et la réalisation des traitements.

Il y a quelques années, certains ont cru bon de qualifier ce type d'applications de « jetables ». Cette notion de « jetable » voulait mettre l'accent sur la vie éphémère des applications

---

1. James Martin est l'inventeur du concept.
2. L'ensemble des éditeurs d'outils de développement micro, comme Borland ou Microsoft, pour ne citer qu'eux, propose des outils visuels.
3. L'interface proposée n'est pas une maquette. Une maquette est par définition inutilisable. Au contraire, l'interface utilisateur proposée constitue l'ébauche de la solution (un prototype). Elle sera complétée des différentes fonctions jusqu'au terme du projet.

actuelles, en opposition aux approches plus anciennes incitant à bâtir pour l'éternité. Le mot était malheureux, il a surtout été compris comme produit de basse qualité[1]. Cette connotation péjorative ne motivait pas les concepteurs. Un projet développé en approche RAD doit lui aussi respecter les règles de base du suivi qualité et de pérennité.

Pour aller plus loin

À visiter sur le Web

www.rad.fr Le site complémentaire de l'ouvrage cité ci-dessous (français).

À lire

J.-P. Vickoff, *Piloter les projets informatiques de la nouvelle économie*, Éditions d'Organisation, 2001. Un livre de référence sur les méthodes RAD et leur évolution.

Outils

Tout artisan a ses outils. Les langages informatiques sont les outils des informaticiens. Ils permettent d'entrer en contact avec l'ordinateur et de parler la même langue que lui. Mais son vocabulaire de base est bien limité ! Les langages dits évolués proposent un vocabulaire plus riche et plus adapté aux traitements des différentes problématiques rencontrées par le programmeur. Avec la complexité croissante des projets, les outils informatiques sont en évolution constante pour améliorer la qualité et accélérer les développements[2].

---

1. On jette rarement de bon cœur des produits de qualité !

2. « Ce n'est pas l'outil qui fait l'artisan ». Si les outils sont puissants et efficaces, on n'oubliera pas pour autant les vieux dictons populaires...

★ *F3-1 Langage (évolué)*

1. Quoi ?

Un ordinateur ne sait exécuter qu'un nombre limité d'instructions plus ou moins élémentaires. Pour faciliter le travail du programmeur, les langages informatiques proposent un niveau d'abstraction plus proche de leurs préoccupations. Une fois le programme écrit en langage évolué, il sera traduit automatiquement en une suite d'instructions machines.

Pascal*(F3-2), C*(F3-3), C++*(F3-6), Java*(F3-9), SQL*(F3-4) sont des langages évolués.

2. Pourquoi ?

Les premiers ordinateurs se programmaient exclusivement en langage machine. Le développeur devait directement traduire sa problématique en une suite d'instructions machines très élémentaires. Ce type de programmation très lourd ne permet pas la mise au point d'algorithmes trop complexes. Les langages informatiques proposent des instructions de plus haut niveau, beaucoup plus proches des préoccupations des développeurs. Les programmes sont plus rapidement conçus et plus faciles à maintenir.

3. Comment ?

Une fois le programme écrit en langage évolué, il est traduit en instruction machine directement compréhensible par l'ordinateur[1].

---

1. Deux outils sont chargés de rendre un programme exécutable : le compilateur et l'éditeur de liens. Le compilateur traduit les instructions de haut niveau en instructions machine et l'éditeur de liens (linker) rapproche les différents modules du programme lorsque ce dernier est écrit en plusieurs parties, et résout les questions d'emplacement mémoire.

On classe habituellement les langages informatiques en 4 catégories plus ou moins chronologiques, qualifiées de générations.

1ère génération : les langages machines.

Ce sont les outils des pionniers de l'informatique. Ils étaient difficiles d'emploi. Le programmeur était tenu d'entrer directement les instructions en code binaire et calculait à la main les emplacements mémoires. Ce mode de programmation n'est plus utilisé.

2nde génération : les langages assembleurs.

Pour faciliter le travail du programmeur, les langages assembleurs utilisent des mnémoniques[1]. Avantage de taille, l'éditeur de liens calcule les adresses mémoires de localisation des différents modules du programme. Ce mode de programmation n'est plus utilisé que très exceptionnellement.

3ème génération : les langages évolués.

Ce sont des langages de haut niveau orientés applications. Ils soulagent le programmeur d'un grand nombre de contraintes techniques pour lui laisser un peu plus d'énergie afin de mieux traiter son propre problème. Le langage Fortran *(Formula translator),* un des langages majeurs des années 70 (et début 80), était à l'origine un langage de résolution de problèmes mathématiques. Le langage Cobol, autre figure de cette époque, est un langage particulièrement adapté aux questions de gestion d'entreprise.

Dans cette génération, on peut définir une première sous-catégorie constituée par les langages dits procéduraux.

© Éditions d'Organisation

---

1. Mnémonique : « qui sert à aider la mémoire ». Les langages assembleurs sont quand même réservés aux spécialistes. Un langage assembleur utilise des mnémoniques de type mov, jmp, jsr, add, shl...

Les langages **procéduraux** imposent par leur syntaxe des modes d'écriture structurés. Ils permettent d'éviter les dérives de certains programmeurs se laissant aller à écrire des logiciels incompréhensibles et difficiles à maintenir. Pascal*(F3-2) et C*(F3-3) sont des langages procéduraux. Les langages **objet***(F3-5) constituent une seconde sous-catégorie. Toujours dans la logique de mieux rationaliser le processus de conception des programmes, les langages objet orientent la réflexion vers une représentation plus proche des préoccupations humaines. Nous traiterons ce point important au cours du prochain paragraphe.

4ème **génération** : les langages déclaratifs, les L4G.

Avec cette famille de langages, on change de logique. L'utilisation n'est plus (théoriquement) réservée à un spécialiste. Avec un langage de 4ème génération, l'utilisateur n'est pas tenu de décrire les moyens d'accéder aux données comme avec un langage classique. Il ne se préoccupe que de la donnée elle-même. L'utilisateur peut interroger directement le système en lui soumettant une syntaxe très proche de l'expression naturelle de la question. SQL*(F3-4) est le principal représentant de cette famille de langages.

4. Quelles tendances ?

Assistance visuelle et langages objet

Les problèmes traités par l'informatique sont de plus en plus complexes. S'il y a quelques années, nous pouvions encore développer des applications complètes en assembleur, aujourd'hui la question ne se pose plus. les langages doivent être de plus en plus puissants et apporter une abstraction suffisante des contraintes matérielles pour que le développeur puisse pleinement se consacrer au problème à traiter. Les éditeurs d'outils de programmation proposent, depuis quelque temps, des ateliers de développement visuel. Ces ateliers offrent une batterie d'outils et de fonctions automatisées pour assister au maximum le développeur. Le concepteur dispose les objets (graphiques ou non) sur l'écran et établit, visuellement en interactif, les liens entre chacun d'eux. Une grande partie du code est automatiquement générée. Ce sont des applications directes de la programmation orientée objet et des composants logiciels.

5. Remarques et commentaires

L'informatique est entrée en phase d'industrialisation. La réalisation d'un logiciel comme Windows 2000 exige des équipes de plusieurs centaines d'informaticiens[1]. Tous les logiciels n'exigent pas une telle somme de moyens et de compétences. Mais avec les contraintes actuelles, comme l'intégration des dernières technologies et le raccourcissement des délais, le processus de conception devient un véritable travail d'équipe. Il sera de plus en plus difficile de réaliser un logiciel sans utiliser des outils de développement orientés travail en groupe (proches du groupware*[D3-1]) et gestion de la qualité[2].

6. Pour aller plus loin

À lire

Kernighan, *La programmation en pratique*, Éditions Vuibert, 2001. Ce livre contient ce que tout programmeur devrait connaître.

7. Concept voisin

Approche objet (F3-5).

---

1. Pour comparer, le produit de bases de données sous Apple, 4ème Dimension, a été à l'origine conçu par un seul homme (L. Ribaudière), au début des années 80.

2. L'artisanat du développement n'est pas mort pour autant. Il existe encore des développeurs indépendants, solitaires et performants. Mais avec l'explosion des technologies, la masse de connaissances à maîtriser dépasse les capacités d'un seul homme. Le stress est devenu leur véritable compagne.

Deux exemples de langages procéduraux encore en usage aujourd'hui : Pascal et C.

F3-2 Pascal

Pascal est un langage informatique inventé par Niklaus Wirth au début des années 70. Pascal impose une structure rigoureuse. C'est un langage procédural. Les langages de la génération précédente, comme le Fortran, manquaient de rigueur et étaient peu adaptés à la construction de programmes longs ou complexes[1]. Pascal a été adopté bien au-delà des espérances de son concepteur qui ne l'utilisait que comme outil d'enseignement à la programmation.

F3-3 C

Le langage C est un langage structuré, inventé par D. M. Ritchie, l'un des concepteurs du système Unix. Pour concevoir le système Unix, il fallait un langage proche de la machine, mais suffisamment structuré pour une programmation claire et efficace. Sur ces points, le langage C est une réussite. Encore aujourd'hui, c'est un des langages les plus employés. C est aussi un langage procédural, mais moins rigoureux que Pascal. Son utilisation est moins contraignante pour le programmeur averti.

Pour aller plus loin
À lire

Kernigan et Ritchie, *Langage C*, Éditions Dunod, 2000. Le livre que tout programmeur C a lu (ou devrait avoir lu !). C'était (et c'est peut-être encore) l'ouvrage le plus simple pour aborder ce langage.

© Éditions d'Organisation

---

1. On parlait alors de programmation spaghetti. L'abus de l'instruction « goto » rendait le programme incompréhensible. Construit sans aucune logique, il était difficile à maintenir.

On a beaucoup parlé au chapitre traitant des bases de données du langage SQL. SQL est en effet étroitement lié au traitement relationnel. Ce langage est d'une logique différente des langages procéduraux dont nous avons parlé jusqu'à présent.

F3-4 SQL* (SEQUEL Structured english query language)

SQL est depuis les années 70 le langage standard d'utilisation des bases de données relationnelles. C'est aujourd'hui un langage normalisé. Avec SQL, au contraire d'un langage classique, l'utilisateur ne décrit pas à l'ordinateur *comment* il faut faire pour atteindre les données. Il se contente de préciser *quelles* sont les données qu'il souhaite visualiser. Ainsi, la question : « Donnemoi la liste des vendeurs ayant dépassé 1MF de chiffre d'affaires au mois de février » se traduira en SQL presque textuellement[1] :

> Select Nom, CA From table-vendeur
> Where CA>1000000 and mois = « Fevrier »

> *SQL utilise une algèbre relationnelle. Le langage propose des opérations élémentaires pour mettre en relation les données de la base et en tirer le maximum d'enseignement.*

SQL est un langage très complet. Il est suffisant pour toutes les manipulations intervenant sur une base de données. Il propose ainsi deux niveaux d'instructions :

> Un premier niveau baptisé DDL (*Data Definition Language*) pour construire les tables et les structures.

© Éditions d'Organisation

---

1. Avec un langage procédural comme le C ou le Pascal, il faut ouvrir la table, créer une boucle qui balaie la table et comparer à chaque ligne et le montant et le mois.

Un second niveau baptisé : DML (*Data Manipulation Language*) pour utiliser les données enregistrées (lecture, écriture, modification).

Depuis sa création, le langage SQL n'a cessé d'évoluer pour rester en accord avec les SGBD modernes. SQL est encore pour longtemps le langage de manipulation des SGBD et les nouvelles versions sont régulièrement normalisées.

Remarque : la syntaxe de SQL devient un peu lourde lorsque les requêtes sont trop complexes et trop complètes. Les requêtes portant sur de très nombreuses lignes sont difficiles à relire, donc à maintenir. Les experts SQL oublient parfois l'importance de la relecture des programmes déjà écrits.

Pour aller plus loin

Le langage SQL est indissociable des bases de données relationnelles et... vice versa. Les références données au paragraphe base de données sont aussi valables pour étudier le langage SQL.

À visiter sur le Web

http://www.sqlcourse.com/ Le site propose une formation à SQL en ligne (anglais).

À lire

M. Hernandez, J. Viescas, *Introductions aux requêtes SQL*, Éditions Eyrolles, 2000. Un guide d'apprentissage simple et clair.

> **L**es langages procéduraux ne se prêtent pas aisément à des développements de grande envergure. Pour mener à bien les projets actuels, il faut mettre en place une gestion du processus de conception bien plus rationnelle. Les langages objet présentent des caractéristiques intéressantes pour une véritable industrialisation des projets informatiques...

F3-5 Approche objet, langages objet (OOP Object Oriented Programming)

1. Quoi ?

Un objet est un module autonome disposant de son propre comportement, d'une identité et d'un état défini. Une fois l'objet construit et validé, le programmeur n'a plus à se préoccuper de son fonctionnement interne. Il accède à son comportement et à ses données en utilisant des fonctions bien spécifiques : les méthodes ou services.

Par analogie, un concepteur d'une carte électronique ne se préoccupe pas du fonctionnement interne des composants qu'il souhaite implanter. Seule la fonction remplie par le composant guide son choix. Pour construire le système, il ne doit connaître que les particularités de l'interface du composant. La programmation objet permet de développer des applications dans le même esprit[1].

> *La question n'est pas : « Comment ça marche ? »*
> *mais : « Comment on l'utilise ? ».*

Un langage objet est, comme son nom l'indique, un langage informatique particulièrement adapté à la conception d'objets et à la construction de programmes à partir d'objets. C++*(F3-6) ou Java*(F3-9) sont des langages objet.

© Éditions d'Organisation

---

1. En prenant l'analogie à contre-pied, avec le principe de la programmation classique, le concepteur de la carte aurait à « inventer » et à réaliser la totalité de l'électronique.

2. Pourquoi ?

Les langages classiques ne permettent pas de structurer les applications en différents niveaux d'abstraction. Que ce soit l'interface utilisateur, les traitements de gestion ou les questions purement techniques comme les accès systèmes, toute la logique d'un programme doit être considérée sur le même plan par le développeur. L'approche objet, au contraire, isole bien les préoccupations. Lors de la conception d'un objet particulier, les développeurs seront uniquement préoccupés par la fonction remplie par l'objet (la plus standard possible). Ensuite, lors du développement de l'application proprement dite, les développeurs utilisent les objets précédemment conçus. Ils peuvent alors se focaliser sur les fonctionnalités attendues sans être (trop) perturbés par des considérations de base.

L'approche objet est une réponse efficace à la croissance en taille et en complexité des logiciels. Elle facilite l'industrialisation du processus de conception.

3. Comment ?

Pour comprendre le principe, prenons un exemple d'application de la programmation objet.

Construire une application objet

Vous avez tous vu, en passant à proximité d'une raffinerie de pétrole, les grands bacs de stockage. Pour le gestionnaire, il est important de connaître avec précision la quantité de produit contenue dans chacun des bacs en termes de volume et de poids. Pour cela, chaque bac est équipé d'un capteur optique qui mesure la hauteur de produit. Le volume peut alors être calculé en fonction de la circonférence du bac. En réalité, le calcul est un petit peu plus complexe que cela. Le volume varie en fonction de la température et du type de produit, et le bac en métal se déforme plus ou moins selon la quantité de produit contenu. Mais pas de crainte, le programmeur ne rencontrera pas de difficultés majeures. L'algorithme de calcul est connu et chaque bac est étalonné par les poids et mesures.

Pour écrire l'application d'état des stocks avec un langage procédural comme le C ou le Pascal, le programmeur va au préalable définir l'ensemble des tables contenant toutes les caractéristiques des bacs et des produits. Puis, il écrira chacune des fonctions les unes à la suite des autres[1].

En programmation objet (voir figure 2. E-3), le programmeur commencera par définir un type objet bac (**classe***). Chaque objet de ce type, correspondant à un bac, contiendra (**encapsulera***) des méthodes internes et des méthodes utilisables depuis l'extérieur de l'objet, comme les calculs du volume et du poids du produit dans le bac. Aucune donnée propre aux bacs, comme les valeurs d'étalonnage, n'est accessible depuis l'extérieur[2]. Pour connaître le volume de produit d'un bac, il suffit d'appeler la méthode calcul de volume pour le bac considéré. Si de nouveaux bacs, d'une conception plus moderne et nécessitant un algorithme de calcul différent, sont installés, le programmeur ne va pas tout réinventer. Il va créer un nouveau type d'objet (une classe) **hérité*** du type précédent. Il ne modifiera que les paramètres différents de la classe initiale.

---

1. En programmation classique, on sépare toujours les traitements et les données.
2. Elles ne servent qu'aux calculs internes à l'objet. Aucun élément extérieur n'a besoin d'y accéder. Pour les mettre à jour ou les modifier, l'objet contiendra des méthodes spécifiques. Cela limite les erreurs.

Pour terminer l'application, le programmeur ajoutera d'autres objets communicant avec les précédents, comme des objets visuels de l'**IHM*** par exemple. Autre avantage de la programmation orientée objet, le programmeur peut **réutiliser*** des objets créés pour des applications précédentes ou achetés dans le commerce.

IHM : *Interface homme/machine.*
Ce sont les commandes et les affichages.

---

4 caractéristiques fondamentales de la programmation objet :

1 La **classe** est le concept fondateur de la technologie objet. Une classe décrit les caractéristiques et comportement d'une famille d'objets.

2 **L'encapsulation** isole les propriétés de l'objet. Les méthodes et autres attributs ne sont accessibles qu'au travers d'une interface définie.

3 **L'héritage.** Les avantages apportés par la fonction d'héritage justifient à elles seules l'utilisation de la programmation objet. L'héritage permet de construire une nouvelle classe d'objets dérivés d'une classe déjà définie. Par héritages successifs, il est possible de créer des objets très complexes qui seraient inconcevables autrement.

4 **La réutilisabilité.** Autre avantage majeur de la programmation objet : les objets sont **réutilisables**. Des objets déjà créés remplissant une fonction bien déterminée peuvent être introduits dans un programme. Le programmeur ne se préoccupera que de l'interfaçage de l'objet avec son application.

Méthodes accessibles depuis l'extérieur

Méthodes internes

Données internes

Méthode calcul du volume

Méthode calcul du poids

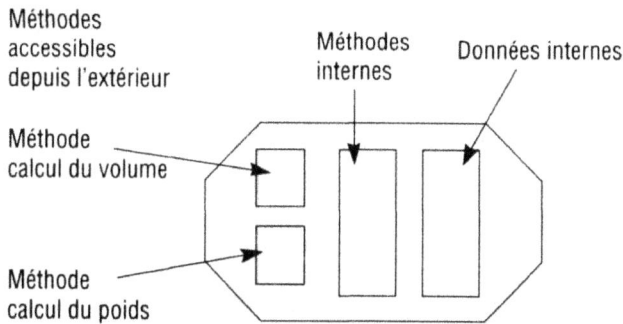

L'objet bac. Les données et méthodes internes sont inaccessibles depuis l'extérieur

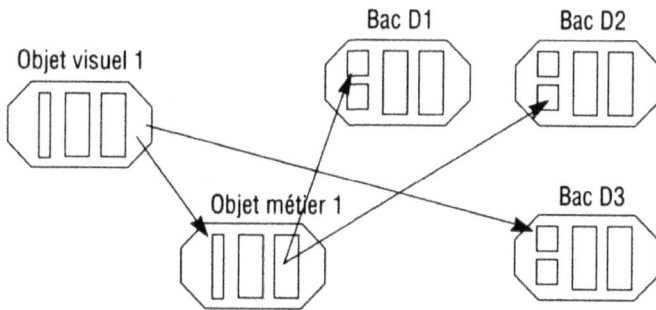

Bac D1

Bac D2

Objet visuel 1

Objet métier 1

Bac D3

Les objets communiquent...

Figure 2.F-3 La programmation objet

4. Quelles tendances ?

Avec la programmation objet, les applications ressembleront de plus en plus à un assemblage de composants métiers (les objets). Le marché des composants est en pleine explosion. L'orientation prise par les EJB (*Enterprise Javabean*), par exemple, est à suivre de près.

La programmation objet n'est pas récente. Des langages comme Simula datent des années 60. L'arrivée du langage C++ a réellement propulsé ce mode de programmation au-devant

313

de la scène. Il est en effet le premier à apporter une réponse concrète à la complexité croissante des logiciels.

5. Remarques et commentaires

L'approche objet n'est pas innée. Bien que la représentation objet soit plus proche du réel, nos esprits cartésiens ont quelques difficultés à adopter une réflexion fondée sur les relations plutôt que sur le découpage et la hiérarchisation. Mais après une période d'adaptation plus ou moins longue, les développeurs sont bien plus efficaces et les réalisations plus pertinentes.

Pour aller plus loin

À visiter sur le Web

http://www.sei.cmu.edu/str/descriptions/oopl.html Une présentation de la programmation objet (anglais).

À lire

Courbon, Debancourt, *Initiation à l'algorithmique objet*, Éditions Eyrolles, 2001. Un ouvrage destiné à l'origine aux étudiants mais pouvant être lu par tous ceux qui sont prêts à s'investir un peu.

7. Concepts voisins

Composants logiciels (E4-6), C++ (F3-6), Java (F3-9).

✴ F3-6 C++

C++ est un langage objet. Il se présente comme un sur-ensemble du langage C[1]. Il a été inventé par Bjarne Stroustrup, chercheur au laboratoire Bell d'AT&T au début des années 80. C++ est à

---

1. ++ est l'instruction d'incrémentation (+1) du langage C. C++ est donc juste après C.

l'origine de la généralisation de la programmation objet dans la communauté informatique. Avant le C++, il existait bien peu d'applications industrielles écrites en langage objet. Les langages précédents étaient d'une utilisation plus confidentielle et réservés le plus souvent à des chercheurs et des universitaires. Le C++ a été conçu, non pas dans un but de recherche, mais bien d'utilisation pratique. Pendant quelques années, on a réellement cru que le C++ se généraliserait à tous les domaines pour devenir le langage de programmation universel. Mais le C++ est un langage complexe et exigeant. Il peut être efficace et performant mais la rigueur imposée déroute plus d'un programmeur. La qualité de programmation s'en ressent. Le langage Java semble, pour le moment, relayer la vocation d'universalité. Il est vrai qu'il présente l'incomparable avantage d'être plus jeune. Il corrige ainsi quelques défauts de son prédécesseur.

Pour aller plus loin

À lire

Bjarne Stroustrup, *Le langage C++*, 2001, Interédition.

F3-7 VB (Visual Basic)

Visual Basic est l'atelier de développement visuel de Microsoft basé sur le langage Basic. Dédié à Windows, il applique un mode de programmation événementiel[1]. Depuis ses origines, le langage Basic a évolué. Il est désormais servi à la sauce objet. D'un abord relativement simple, il est malheureusement trop souvent utilisé pour des développements dont la complexité dépasse ses capacités (faible performance et maintenance difficile).

----

1. Avec la programmation événementielle, le programmeur définit pour chaque objet (bouton, fenêtre, zone graphique) son comportement en fonction d'un événement : passage de la souris, click droit, double click...

F3-8 Delphi

Delphi est un atelier de développement visuel fondé sur un langage objet très proche de la syntaxe du Pascal. Il est plus abordable que le C++ (mais moins puissant) et particulièrement adapté au développement d'interface utilisateur en méthode RAD. Delphi est encore aujourd'hui le produit phare de Borland[1].

★ F3-9 Java

1. Quoi ?

Java est un langage récent. Il est né au début des années 90 dans les laboratoires de Sun Microsystem[2]. La première version opérationnelle a été proposée en 1995. Java est un langage objet, qui comme le C++, est basé sur le langage C. Il présente les caractéristiques attrayantes d'être portable sur différentes plates-formes et de générer un code relativement concis. Il est particulièrement adapté au développement Internet et plus spécifiquement pour les applications orientées Web.

Java tire son nom de la forte consommation de café de ses concepteurs (Java est un synonyme de café).

1. Pour la petite histoire, Philippe Kahn, le fondateur de Borland, était un proche de Niklaus Wirth, inventeur du langage Pascal. Il a marqué son époque au début des années 80 en proposant le premier compilateur Pascal (turbo pascal) sur micro à un prix très léger. Aujourd'hui, il ne fait plus partie de Borland. Il a été « remercié » lorsque l'entreprise a rencontré ses premiers déboires financiers.
2. À l'origine, l'équipe de développement de Java, sous la direction de James Gosling, voulait mettre au point un langage simple et portable spécifiquement adapté à la programmation de petits systèmes comme l'électro-ménager. Le projet commercial initial n'a pas abouti. Dans le même temps, l'Internet commençait son expansion et curieusement, le langage en cours de conception semblait particulièrement adapté à ce nouvel environnement. Java était né...

2. Pourquoi ?

Plus récent que le C++, il profite de son expérience et réduit la complexité des développements en langage objet. Il est d'un apprentissage beaucoup plus simple que son illustre aîné et permet de développer tout type d'application, de la plus simple à la plus complexe. Sa vocation naturelle pour le développement Web est aussi l'une des principales raisons de son succès.

3. Comment ?

Java a été développé dans une optique de mise en œuvre multi plates-formes. Un programme écrit en Java s'exécute de la même façon, quelle que soit la machine cible (Sun, Windows, Linux...). Le **compilateur*** Java ne génère pas le code machine mais un code intermédiaire, le Pcode. Le Pcode est indépendant de toute plate-forme. Il ne s'exécute que sur la JVM (*Java Virtual Machine*). La JVM est un utilitaire se plaçant au-dessus du système d'exploitation*(E1-15) et pouvant même parfois le remplacer. Chaque constructeur ou éditeur de système d'exploitation peut réaliser sa propre JVM adaptée à ses produits et ainsi exécuter du code Java standard. Sun a en effet choisi un mode de diffusion libre[1].

> *Le **compilateur** est un utilitaire qui traduit un programme écrit en langage évolué en une suite d'instructions machines.*

Java est naturellement orienté développement d'application Web. Il intègre des fonctions de communications et génère un

---

1. Le kit de base Java est d'ailleurs disponible depuis le site de Sun en simple téléchargement.

code très compact. Il est ainsi possible de construire des petites applications, les *applets,* répondant à un besoin fonctionnel limité, et téléchargeables sur les pages Web. La plupart des navigateurs, comme Internet Explorer de Microsoft, contiennent une JVM et peuvent exécuter le pcode contenu dans l'*applet.*

Sur le plan du langage, Java corrige certaines difficultés de programmation en C++, comme la gestion mémoire ou la notion d'héritage multiple[1] (un véritable casse-tête en C++).

Java permet aussi de construire des applications complexes et performantes. Il intègre directement au niveau du langage la gestion des **threads***(E1-21). Cette capacité d'optimisation de la construction des programmes, justifie, à elle seule, le choix de Java comme langage de développement.

> *La programmation* multi-thread *propose un découpage du programme en unités indépendantes. Java dispose des ressources pour synchroniser les différentes unités :* les **threads*** *(E1-21).*

4. Quelles tendances ?

Les grandes applications et les composants distribués

L'avenir des systèmes d'information appartient au développement modulaire distribué sur le Web. Le langage Java est parti-

---

1. L'héritage multiple offre à un objet la capacité d'hériter des caractéristiques de plusieurs classes à la fois. Cette fonction séduisante sur le principe conduit à une très grande complexité des applications. Elle est génératrice de nombreux conflits très difficiles à résoudre. Notons que la nature se contente de l'héritage des caractéristiques de deux parents uniquement.

culièrement adapté au développement de composants comme les EJB *(Enterprise Javabean)* et à leur déploiement multi plates-formes pour des applicatifs d'envergure. Son avenir semble assuré... Mais on suivra quand même de près l'essor du concurrent : C#*(F3-10) proposé par Microsoft.

5. Remarques et commentaires

Sun a choisi de faire de Java un langage libre d'utilisation. Cette stratégie n'est pas étrangère à son succès. Le langage bénéficie aujourd'hui d'une forte communauté de développeurs. Il existe de nombreux sites dédiés au langage Java et les forums d'échanges sont très actifs. Les grands éditeurs comme Oracle ou IBM ne sont pas en reste. Ils ont choisi de supporter Java en adaptant les produits existants et en développant des outils spécifiques à ce nouvel environnement. De son côté, Microsoft n'a jamais vu cet engouement d'un bon œil. Il ne le supporte que contraint et forcé par sa propre clientèle.

6. Pour aller plus loin

À visiter sur le Web

www.sei.cmu.edu/str/descriptions/java.html Une présentation rapide du langage Java (anglais).

http://java.sun.com Le site de référence du langage Java (anglais).

À lire

G. Cornell, C. Hortsman, *Au cœur de Java*, Éditions Campus Press, 2000.

A. Tasso, *Le livre de Java 1er langage*, Éditions Eyrolles, 2000. Un guide d'initiation à la programmation avec le langage Java comme support.

7. Concepts voisins

Approche objet (F3-5), C++ (F3-6).

F3-10 C# (C sharp)

C# semble être la réponse de Microsoft à Java. Il s'agit là aussi d'un langage s'appuyant sur le C et le C++ et orienté développement Web. C'est le langage de support de la stratégie de serveurs d'applications*(E4-5) sur le Web de Microsoft appelé .Net. Le langage C# présente l'avantage majeur d'être né après tous les autres (Java en l'occurrence). Il intègre nativement l'accès aux protocoles évolués de l'Internet et supporte l'XML. Affaire à suivre...

Pour aller plus loin

À visiter sur le Web

http://msdn.microsoft.com/vstudio/nextgen/technology/csharpintro.asp

À lire

G.Leblanc, *C# et .Net*, Éditions Eyrolles, 2001. Présentation de l'architecture .Net et description du langage C#.

★ F3-11 Bug (bogue[1])

Ce terme, propre à la technologie informatique, est passé dans le langage courant. Cette popularité est-elle due au trop fameux bug de l'an 2000 ou alors est-ce la consonance curieuse pour une oreille francophone (beug) qui a retenu l'attention ?

---

1. Un Bug est, en anglais, un insecte nuisible susceptible de créer des dommages lorsqu'il se promène au milieu des circuits électroniques (c'était le cas lors des premiers ordinateurs à lampes). Le terme a été traduit en français par le mot « bogue » par similitude de sonorité. Il n'a rien à voir avec l'enveloppe d'une châtaigne.

© Éditions d'Organisation

En tout cas, chacun de nous, pour peu qu'il ait d'aventure un jour posé les mains sur un clavier d'ordinateur, peut proclamer haut et fort : « Le bug existe. Je l'ai rencontré ! »[1]. Les *bugs* sont en effet inhérents à tout développement informatique. Ils alimenteront nos conversations pendant encore pas mal d'années.

Un bug est une erreur de programmation entraînant des effets non prévus plus ou moins conséquents lors de l'utilisation des programmes. Lorsqu'il y a bug, le programme est en fait dans un état inconnu, en tout cas non prévu par les concepteurs.

Pourquoi alors, me diriez-vous à juste titre, ne pas prévoir et tester plus soigneusement un produit avant de le mettre sur le marché ? Tout simplement parce que c'est impossible. Les programmes sont de plus en plus complexes. Un progiciel comme Windows 2000 comporte plus de 30 millions de lignes de codes. La durée de développement d'un produit d'une telle envergure se calcule en siècles/homme. Un programme vierge de bugs n'est pas raisonnablement envisageable.

En revanche, il est tout à fait possible d'adopter des mesures préventives et de limiter, au moment de la conception, les causes génératrices de bugs. Il existe des méthodes orientées qualité et règles de l'art, pour programmer efficacement et proprement[2]. Une fois le programme écrit, les tests avant livraison éliminent une grande partie des erreurs. Ils ne peuvent malheureusement rechercher à être exhaustifs au risque de mobiliser de nombreuses équipes pour une durée trop longue. De plus, rien ne vaut un test en situation réelle. Cette phase de mise au point se prolongera donc directement chez

---

1. Cette rencontre est d'ailleurs toujours ponctuée d'un mot de 5 lettres.
2. Elles ne sont, malheureusement, pas toujours employées.

des clients, choisis et volontaires, qui utiliseront en conditions réelles le produit. Il est alors en phase de béta-test. Les béta-testeurs reportent aux concepteurs les erreurs rencontrées. Là encore, les béta-tests ne peuvent durer éternellement. Le produit définitif est alors mis sur le marché. Il n'est toujours pas exempt de bugs, loin s'en faut. Simplement, l'éditeur a défini que le nombre et le type de bugs contenus par le produit livré sont à un niveau acceptable[1] pour la plupart des clients.

Remarque 1 : pour certains programmes critiques[2], il n'est pas admissible de se retrouver dans une situation imprévue. Le programme comporte alors des fonctions de reprise pour le replacer en état connu et stable.

Remarque 2 : les développements communautaires comme le logiciel libre*(E1-23) (*Open source software*) améliorent sérieusement la qualité et la pertinence des tests effectués sur le code[3]. Ce dernier est publié en ligne et des milliers de testeurs confirmés vont le vérifier et l'améliorer. Les produits *Open source* comme Linux*(E1-22), Apache ou MySQL[4] sont des produits très robustes.

---

1. Le client et le fournisseur ne sont pas toujours d'accord sur la définition du terme « acceptable »...

2. Comme le pilotage industriel par exemple. Un bug dans un programme de métro automatique ne doit pas conduire au drame...

3. Il y a quelques mois, l'éditeur Borland a décidé de publier les sources de son serveur de base de données Interbase. En peu de temps, la communauté des développeurs a mis en évidence un bug (une *back door**(E4-16)) datant de 1994 !

4. Linux est un système d'exploitation, Apache est un serveur Http, MySQL est un gestionnaire de bases de données relationnelles.

3 RÉUSSIR L'INTÉGRATION DES TECHNOLOGIES

Après avoir passé en revue les concepts technologiques essentiels pour l'entreprise actuelle, il est maintenant temps de se pencher sur leur mise en œuvre. Ce n'est pas en quelques lignes que la question sera traitée. Mais je vous invite à découvrir dans ce chapitre suffisamment d'éléments de réflexion pour poursuivre plus en avant votre étude sur la gestion de projet (vous trouverez à la fin du chapitre une liste de référence).

Anticiper les obstacles

Un manager averti en vaut 2, 3, n ?

Il n'existe pas de statistiques officielles pour comptabiliser le taux de projets réussis. La mesure est difficile. Si les responsables aiment, à juste titre, vanter leurs réussites, ils préfèrent ne pas ébruiter leurs échecs. Officieusement, certains analystes avancent des chiffres qui font froid dans le dos. Le nombre de projets abandonnés, tronqués, dérivés de leur rôle initial, ou jamais terminés, dépasserait toutes les estimations les plus pessimistes.

L'intégration des technologies n'est pas seulement une question technique. Les travaux de restructuration de l'entreprise et d'accompagnement des hommes, pour mieux appréhender le changement, sont conséquents. Ils peuvent dépasser, en termes d'ampleur et d'énergie, les efforts consacrés à la réalisation du projet technique lui-même. Ce point est important. Lorsque cet aspect multi-facettes du projet n'est pas considéré à sa juste valeur, la technologie peut devenir un véritable amplificateur de problèmes. Il n'est pas rare qu'une entreprise, au grand désespoir de sa direction, fonctionne bien plus mal après informatisation qu'avant !

Il serait ambitieux de chercher à définir toutes les causes d'échecs et d'établir des règles de réussite assurée. L'histoire ne se réécrit pas toujours et, en tout cas dans le monde des projets informatiques, la nouveauté et ses embûches sont toujours au coin de la rue. Pourtant, à l'analyse des projets réalisés, on identifie un nombre de causes typiques et récurrentes. Elles méritent que le manager s'y attarde à titre préventif.

Maintenir un modèle d'organisation inadapté

Penser que la technologie va simplement améliorer l'existant en rationalisant les cycles est une attitude assez courante aux conséquences pouvant devenir dramatiques. Tout projet d'informatisation impose un nouveau modèle organisationnel. La répartition et la définition des rôles et fonctions dans l'entreprise seront modifiées. Il faudra changer les habitudes et les modes de relation interpersonnels[1]. Ces adaptations doi-

---

1. À un niveau plus trivial, on peut quelquefois se poser la question de savoir si l'informatique est au service des hommes ou, au contraire, si ce sont les hommes qui sont au service de l'informatique. La réponse restera ambiguë. Si les nouveaux processus informatisés contribuent à une plus grande efficacité globale, les systèmes informatiques ne sont jamais totalement automatisés et imposent de nombreuses nouvelles tâches pour assurer leur bon fonctionnement.

vent être entreprises dans le même temps que la mise en
œuvre technologique.

Se laisser mener par la technique

C'est une des principales causes d'échec. Avec l'arrivée constante et permanente de nouveaux concepts et produits, plus ou
moins compatibles, les informaticiens sont accaparés à 110 %
par les questions techniques. Ils ne disposent pas d'assez de
temps ou d'énergie pour considérer, d'eux-mêmes, le projet
selon d'autres dimensions. Il faudra donc en permanence
recentrer le système en fonction des enjeux initiaux (d'ailleurs
susceptibles d'évoluer) et le confronter avec les attentes des utilisateurs, des clients et de l'ensemble des partenaires.

Ne pas inscrire la démarche dans une dimension de quête de richesse

Il est aussi très risqué d'entreprendre un projet « nouvelles
technologies » sans en avoir précisément évalué les apports en
terme concret de création de valeurs. Ce cas arrive plus souvent qu'on ne le pense, notamment lorsque l'équipement est
imposé par le marché ou par les principaux clients. Il ne faut
surtout pas s'en tenir à cette unique raison. Toutes les autres
formes d'accroissement de valeurs pour l'entreprise susceptibles d'être générées par le nouvel équipement seront évaluées
conjointement à la raison initiale du projet.

Confondre collaboration et coopération

À chacun sa stratégie, à chacun sa vie. L'ensemble des acteurs
directs ou indirects du projet ne partagent pas uniformément
les mêmes ambitions. Chacun aspire à un objectif différent. Il
ne faut pas s'attendre à ce que tout le monde adhère spontané-
ment avec enthousiasme à l'objectif affiché, aussi légitime soit-
il. Il n'y a rien de moins naturel que la collaboration. Il faut au
contraire admettre cette multitude d'objectifs et rechercher le

dénominateur commun dans la réussite du projet. La mobilisation des énergies est un travail à plein temps !

Sous-estimer le coût des investissements

Les projets d'informatisation sont complexes par définition. Les coûts seront particulièrement difficiles à estimer *a priori*. Il faut pourtant les évaluer exhaustivement pour définir le budget attribué au projet. Il est important d'apprécier à leur juste valeur les travaux dits annexes, comme la formation et plus généralement les préparations à l'accompagnement souvent sous-estimées. Il est aussi préférable de limiter au maximum les impasses : « On ne comptabilise pas tout dans un premier temps, on verra plus tard comment cela se présente ». Il y aura suffisamment de surprises et d'inconnues pour ne pas prendre le soin de débroussailler le terrain déjà balisé.

Dissocier les mots de l'action

Adopter une orientation client, ce n'est pas uniquement choisir le meilleur outil de CRM. Lorsque la notion de client n'a pas été bien comprise, l'équipement technologique n'apporte pas d'avantages significatifs. Au contraire, il peut être la cause d'un certain effet pervers conduisant à un relâchement de l'effort : « Puisque nous sommes équipés, nous nous occupons de nos clients ! » L'intégration des systèmes n'est pas une fin en soi. Pour garantir la validité d'un nouveau modèle économique fondé sur le service au client, elle doit s'accompagner d'un profond changement culturel.

Considérer clients (et utilisateurs) comme des entités abstraites...

Trop souvent encore, les services commerciaux et marketing développent des efforts conséquents pour faire entrer les clients dans des cases bien connues et remplacer ainsi leurs réactions, *a priori* erratiques, par un comportement prévisible et standardisé. Mais est-ce bien ce qu'attend le client ? Se sent-il réellement à l'aise, lorsqu'il est considéré en ménagère de moins de 50 ans ? L'écart entre les attentes réelles des clients et les études comportementales a tendance à se creuser. Ainsi, encore trop d'acteurs du commerce en ligne ne se sont jamais placés en position de client. Ils portent leur masque de vendeur, ou de développeur, et présentent fièrement le site de commerce en ligne, censé appliquer les dernières méthodes en vogue, pour attirer et capter les clients. Ce nouveau système n'est pourtant pas difficile à tester. Il suffit d'ôter le masque pendant un instant pour redevenir un client « lambda ». Ils pourraient alors se poser des questions élémentaires comme : Est-ce que je m'attarderais sur ce site ? Serais-je tenté de remplir la fiche d'information ? (Non ? Alors pourquoi en mettre une ?) Suis-je prêt à acheter[1] ? » En pratiquant ainsi régulièrement, le système devient rapidement plus performant.

...et ne pas chercher à comprendre leur point de vue

Client et fournisseur n'ont pas le même point de vue. Le fournisseur souhaite capter des visiteurs, les transformer en clients, transformer les plus rentables en fidèles et les plus fidèles en agent marketing. Le client attend tout autre chose. Il n'achète que lorsqu'il trouve un certain intérêt au produit et à son mode de vente (prix, qualité, délai de livraison, renommée de la marque...).

---

1. Si les concepteurs ne répondent pas par l'affirmative à la dernière question, ils sont tout à fait comparables à un chef de cuisine qui, au moment du coup de feu, suspendrait son service pour aller dîner chez un concurrent... Quel regard porteriez-vous sur les plats servis après avoir surpris son manège ? Reviendriez-vous ?

Il souhaite aussi accéder à l'information avant (comparatif, conseil, avis), pendant (suivi de commandes) et après (service et aide à la mise en œuvre). Le fournisseur ne satisfera ses désirs qu'une fois ceux du client comblés[1].

Ne pas ajuster le système de performance avec ses objectifs

Les traditions en matière de mesure de la performance ont la vie dure. Trop d'entreprises encore conservent un système de mesure de la performance accusant un décalage flagrant avec leurs ambitions. Elles cherchent à développer la coopération ? Elles mesurent l'effort personnel. Elles cherchent à améliorer le service client ? Elles comptent les plaintes et non la qualité des réponses apportées. La liste peut s'allonger à votre gré[2]. N'oublions pas que :

1. On ne pilote que ce l'on mesure. Ce qui n'est pas mesuré reste dans l'ombre.
2. On améliore que ce que l'on mesure. Si on ne mesure que la performance individuelle, il ne faut pas s'attendre à une amélioration de la coopération.

S'engager à reculons

Il est vrai que personne n'aime essuyer les plâtres. Les technologies sont jeunes et on ne dispose pas d'un recul suffisant pour juger en toute connaissance de cause leur pérennité. Il est vrai aussi que la règle définissant qu'un marché appartenait aux premiers arrivants a été plutôt mise à mal ces derniers temps. Les inévitables « exceptions à la règle » ont opéré quelques coupes franches dans les rangs des innovateurs et refroidi

---

1. Se mettre à la place du client, c'est aussi utiliser ses outils. Il est intéressant d'étudier les résultats proposés par des site d'aide à l'achat en ligne ou les shopping robots.
2. Déjà en 1975 Steven Kerr publiait un article sur cette question intitulé « On the folly of rewarding A, while hoping B », *Academy of Management Journal 18.*

bien des ambitions. Mais si le succès franc et massif n'était pas au rendez-vous, les précurseurs ont cumulé une expérience de grande valeur qui fera toujours défaut aux hésitants et réticents. Le monde technologique avance très vite, et comme pour un concours de saut à la perche, personne ne vous empêche d'attendre un moment qui, à votre avis, sera plus opportun pour tenter votre premier essai. Mais plus vous attendez, plus la barre est haute.

Conduire le projet : une démarche entrepreneuriale

Lorsque l'on exerce un métier à risques, il est dangereux de travailler sans filet

Manager un projet, ce n'est pas uniquement passer commande des progiciels nécessaires, confier la prestation à un spécialiste et suivre, confortablement installé à son bureau, l'avancement depuis son tableau de bord. Le projet ne se déroulera pas sans encombre. Le manager devra le porter sans relâche. En véritable entrepreneur, il devra s'engager ; le plus souvent au moment le moins opportun et sans maîtriser tous les risques. Bien sûr, il prendra soin d'appliquer une méthode adaptée. Il existe à ce sujet une documentation assez complète, aussi bien sur le Web qu'en librairie (voir à la fin du chapitre). Mais, c'est l'imprévu qui guette le manager et la solution ne sera pas contenue dans les livres. Il faudra alors décider vite et bien. Une des principales raisons de dérive des projets tient justement aux décisions un peu trop hâtives, prises sans discernement, dans le feu de l'action. Sur le terrain, le manager dispose de trop peu de temps pour s'informer et prendre le temps de raisonner. Le projet prend rapidement du retard et la panique guette. La constitution au préalable d'un référentiel, élaboré à partir de l'expression des enjeux du projet, limitera le nombre de décisions prises à l'emporte-pièce, plus proches d'un coup de poker que du fruit d'une véritable réflexion. Son élaboration commencera bien avant le lancement du projet et se poursuivra au cours de sa réalisation.

Dans tous les cas, la qualité de la préparation du projet conditionne sa réussite. Pour le placer sur la rampe de lancement et dérouler le compte à rebours sans trop d'appréhension, c'est-à-dire avec une bonne maîtrise des risques, j'attire votre attention sur 5 points essentiels.

1. *Définir et sélectionner les enjeux*
« Je vous ai donné des réponses, j'exige des questions ! » ou
comment choisir les moyens avant d'établir les besoins...
Pourquoi un nouveau projet ? La réponse n'est pas toujours simple à exprimer. D'ailleurs, encore trop souvent, des managers peu avertis préfèrent commencer par choisir les solutions dites « gagnantes ». Ils étudieront ensuite les conditions de leurs applications dans l'entreprise. Ce n'est pas la meilleure méthode. Une solution technologique peut se révéler source de bénéfices pour une entreprise et être un véritable fiasco pour une autre, sans que pour autant, la gestion du projet puisse être remise en question. Le projet doit être présenté comme la réponse à des enjeux identifiés et clairement exprimés[1]. Cette identification préalable est primordiale. Le manager l'utilisera tout au long du projet comme grille de références.

La technologie n'est pas porteuse de valeur en soi. Seule son application à un besoin parfaitement identifié est susceptible de générer un bénéfice mesurable. À l'aune de cette grille, le

---

1. Il ne suffira pas d'avancer une soit-disante orientation client. Il faut exprimer dans le détail chacun des points.

manager évaluera la pertinence de l'ensemble des solutions suggérées.

> *Ce n'est pas parce qu'on peut le faire qu'on doit le faire.*

2. Mesurer la valeur du projet

De l'investissement à la rentabilité : un enchaînement pas si simple !

Robert Solow, prix Nobel d'économie, émettait en 1987 quelques doutes sur la rentabilité des systèmes informatisés[1]. Ses propos laissent encore aujourd'hui plus d'un décideur songeur. S'il est vrai que l'on a pu parfois se demander où pouvait bien se nicher l'amélioration de rentabilité apportée par certains systèmes informatisés, il ne faut pas non plus trop dramatiser. Le retour sur investissement des projets informatiques n'est pas aussi aisé à évaluer que dans le cas d'équipement traditionnel de production. Il est important de rappeler que l'augmentation de productivité n'est plus l'objectif exclusif des applications des nouvelles technologies. La compétitivité de l'entreprise se joue de moins en moins sur ce terrain. Les projets s'inscrivent dorénavant dans une démarche globale et stratégique de quête permanente d'avantages concurrentiels ou en tout cas d'adaptation aux nouveaux modes de business[2]. Le mode de mesure de rentabilité utilisé pour les équipements classiques de production ne peut plus servir de juge de paix

© Éditions d'Organisation

---

1. « *You can see the computer age everywhere but in the productivity statistics.* »
2. Un projet de gestion de la connaissance ou de business intelligence, lorsqu'il est bien conduit, sera un investissement profitable. Il améliorera concrètement la réactivité de l'entreprise. Il sera cependant difficile de mesurer avec précision la part de gains redevable à la technologie.

pour le lancement des projets s'inscrivant comme support de cette politique. Il faut définir une nouvelle méthode d'évaluation, à base d'analyse de la valeur, mesurant précisément et dans le détail les apports du projet, non plus exclusivement en terme de retour financier mais aussi et surtout en terme de contribution aux enjeux précités. Le manager appliquera cette méthode pour cadrer le projet et le maintenir sur les rails.

3. Vendre son projet

Ou comment remplacer l'attentisme sceptique des partenaires par une participation constructive...

Un projet d'informatisation ou de e-business ne se résume pas à la simple mise en place d'un progiciel. Le système à concevoir modifiera profondément les modes de fonctionnement dans l'entreprise. Pour placer un maximum d'atouts de son côté, le manager va commencer par « vendre » son projet. Il facilitera ainsi son adoption par l'ensemble des partenaires. Comme un bon commercial, il devra préparer un argumentaire adapté pour chaque « client »[1]. Par exemple, la direction marque une certaine préférence pour les faibles dépenses, les retours rapides sur investissements et les apports concrets et directement exploitables. Il est important d'affûter ses arguments (et son projet !) pour être en accord avec leurs attentes. Le soutien actif de la direction tout au long du projet sera une condition de réussite. Le manager procédera de même pour les utilisateurs et les informaticiens et son argumentaire fera ressortir les points forts les plus à propos selon les attentes et les motivations de chacun. Cet effort de « commercialisation »

© Éditions d'Organisation

---

1. Bien qu'il soit établi que les avantages des technologies en matière d'amélioration du fonctionnement global de l'entreprise ne font plus aucun doute, il sera préférable d'éviter les propos trop généralistes pour présenter le projet. L'exercice mettra d'ailleurs en évidence sous un autre éclairage les points positifs et concrets du projet. Il permettra d'ajuster le référentiel.

sera entretenu tout au long du projet et étendu à l'ensemble des partenaires. Il facilitera grandement les opérations d'accompagnement tout en plaçant un nouvel éclairage sur les points positifs et concrets du projet. Il permettra d'ajuster le référentiel.

4. Construire et gérer les équipes

En paraphrasant Minsky, on pourrait se demander pourquoi le rapprochement d'êtres aussi peu intelligents que des fourmis forme une organisation supérieurement intelligente, alors que le rapprochement d'hommes, disposant chacun de plusieurs milliards de neurones, peut aboutir à la bêtise la plus primaire ?

Il ne suffit pas de rapprocher des compétences pour bâtir une équipe efficace. Sous nos latitudes, il n'y a rien de moins naturel que le travail en groupe[1]. Et pourtant, la réussite est totalement dépendante de la qualité du travail réalisé en commun. Le manager devra déployer des efforts conséquents, avant d'atteindre le stade où le cumul de compétences se traduit par une addition et non une soustraction. Lorsque l'effort coopératif est bien conduit, la qualité du travail fourni par le groupe dépasse largement la somme des individualités. Pour cela, il faut motiver et sensibiliser les développeurs au partage de la connaissance (et utiliser les outils de groupware), tout en cadrant leurs travaux selon les enjeux du projet. C'est d'ailleurs ainsi que le manager gagnera ses galons de leadership[2].

---

1. Ce propos est d'autant plus vrai pour les informaticiens plus habitués à échanger avec leurs machines qu'avec les autres membres de l'équipe.

2. Le leadership ne se décrète pas. Nous ne sommes plus dans une dimension où le « chef » à une supériorité de savoir. Les projets de nouvelles technologies rapprochent des compétences pointues en provenance d'horizons divers (SSII, indépendants, fournisseurs, clients...) avec des intérêts différents.

> *On ne dirige pas une équipe, on la construit.*

5. Piloter le projet par les enjeux

Le projet est bien séduisant sur le papier. Qu'en sera-t-il une fois le système conçu ?

Trop souvent encore, les projets sont conduits en accordant la primeur aux aspects techniques. Les informaticiens, souvent accusés de cet état de fait, ne sont pas les seuls responsables. Il est vrai que par nature, ils marquent une préférence pour l'automatisation poussée. Les algorithmes sont bien plus stimulants à concevoir[1]. Mais cette polarisation technique, principale cause d'échec, se retrouve aussi dans les manières de penser des décideurs de l'entreprise. Pour les décideurs, les applications des nouvelles technologies sont encore considérées exclusivement selon une dimension de rationalisation des processus. Pourquoi dans ce cas demander aux utilisateurs ce qu'ils pourraient bien souhaiter ? « Nous leur donnerons ce qu'il leur faut ![2] ». Ce raisonnement n'est pas nouveau et date des origines de l'entreprise industrielle. Mais nous ne sommes plus dans une quête exclusive d'amélioration de productivité. La compétitivité est aujourd'hui directement dépendante de l'usage du Système d'Information et de la mise en commun des ressources, comme le partage de la connaissance. Pour dépasser ce raisonnement trop bien ancré et anticiper au mieux les risques d'échec, le manager gardera un œil constant sur les enjeux du projet.

© Éditions d'Organisation

---

1. Ils n'ont d'ailleurs pas été formés à autre chose. Encore aujourd'hui, les ingénieurs suivent un cursus fortement connoté « technique » et très distancié de l'usage proprement dit des technologies.
2. Même les travaux des ergonomes sont dans cet esprit. Ils réfléchissent plus à la problématique de la perception qu'aux attentes réelles des utilisateurs.

Il accordera aussi une attention particulière au juste équilibre entre les trois axes principaux de développement :

- *rationalisation des cycles* : accélérer et améliorer les processus ;
- *réactivité à tous les niveaux* : fournir aux utilisateurs tous les outils pour agir et réagir ;
- *adaptabilité et cohérence du SI* : assurer l'intégration et la pérennité du système conçu.

Le tableau de bord reflétera les axes de pilotage.

Quelques suggestions d'ouvrages et de sites de référence pour poursuivre son étude et conduire son projet avec succès
Pour bien aborder la question des nouveaux modes de management orientés projet, je vous recommande le site et les trois ouvrages suivants :

www.pmi.org Site du Project management institute. Pôle de ressources sur la conduite de projet : références, documents et travaux de recherche (anglais).

A. Bloch, *Déjouer les pièges de la gestion de projet*, Éditions d'Organisation, 2000. Une étude qualitative et analytique des pièges rencontrés au cours d'un projet, et des pistes pour les déjouer.
T. Hougron, *La conduite de projet*, Éditions Dunod, 2001. Un ouvrage pratique et complet sur la conduite d'un projet. L'auteur propose et décrit 81 règles pratiques.
R. Buttrick, *Gestion de projet en action*, Éditions Les Échos, 2000. Un peu de pragmatisme ne fait pas de mal pour une conduite de projet efficace. Cet ouvrage est orienté management en mode projet. Il traite notamment de la question de la conduite de plusieurs projets en parallèle.

Pour comprendre le pilotage des projets par la valeur, je vous recommande la lecture de l'ouvrage suivant et de la norme associée :

R. Chanut, *Conduire un projet de développement de produit*, Éditions d'Organisation, 2001. Le management par la valeur appliquée. Le livre explique concrètement la conduite d'un projet dans le cadre du management par la valeur tel que le décrit la norme NF EN 12973.
La norme NF EN 12973 Management par la valeur, disponible auprès de l'AFNOR.

Pour manager son équipe dans les meilleures conditions, je vous conseille les références ci-après :

P. Audebert-Larochas, *Les équipes intelligentes*, CRC, Éditions d'Organisation, 1999. Un travail d'étude et de recherche sur les équipes performantes.

http://www.ianr.unl.edu/pubs/misc/cc352.htm
http://www.teamtechnology.co.uk/tt/h-articl/tb-basic.htm
http://www.mcn.org/a/lc/lcartic3.html#HowToBuildATeam
3 textes d'introduction sur le *team building* pour la formation d'équipes performantes (anglais).

Pour connaître et choisir les bons outils, vous pouvez visiter les deux sites suivants et lire le livre ci-après :

H.-P. Maders, *Conduire un projet d'organisation*, Éditions d'Organisation, 2000. Méthodes et outils pour conduire son projet.

www.Gestiondeprojet.com
www.Managementprojet.com Deux sites francophones sur la conduite de projet et les méthodes associées.

Liste alphabétique des concepts
et définitions